《政务微博的16个要诀》
编委会

新媒体科学管理丛书

政务微博的16个要诀

薛国林　王厚启　主编

暨南大學出版社
JINAN UNIVERSITY PRESS

中国·广州

图书在版编目（CIP）数据

政务微博的16个要诀/薛国林，王厚启主编．—广州：暨南大学出版社，2013.6
（新媒体科学管理丛书）
ISBN 978-7-5668-0830-1

Ⅰ.①政… Ⅱ.①薛… ②王… Ⅲ.①电子政务—研究—中国
Ⅳ.①D630.1-39

中国版本图书馆CIP数据核字（2013）第257962号

政务微博的16个要诀
主　　编　薛国林　王厚启

出 版 人　徐义雄
策划编辑　杜小陆　史学英
责任编辑　王碧凤
责任校对　史　阳
出版发行　暨南大学出版社（广州暨南大学　邮编：510630）
网　　址　http：//www.jnupress.com　http：//press.jnu.edu.cn
电　　话　总编室（8620）85221601
　　　　　营销部（8620）85225284　85228291　85228292（邮购）
排　　版　广州市铧建商务服务有限公司
印　　刷　佛山市浩文彩色印刷有限公司
开　　本　787mm×960mm　1/16
印　　张　15.25
字　　数　264千
版　　次　2013年6月第1版
印　　次　2013年6月第1次
印　　数　1—3000册
定　　价　35.00元

前　言

从远古时候的击鼓传递信息到烽火传军情，从鱼雁传书到近现代邮驿制度的建立，从电报电话的发明到今天互联网和移动通信设备的普及，人类每一次重大的进步几乎都和信息传播方式的变革息息相关。近年来，随着信息时代步伐的逐渐加快，信息海量涌现，传播方式不断更新。在这种环境下，一种新的传播变革呼之欲出。

微博一出现，顿时风生水起，一时间微博上的世界热闹非凡。这说明微博在一定程度上顺应了时代发展的潮流，更重要的是创新了互联网时代人们沟通交流的途径。“小”微博可以创造“大”力量，微博不但加快了信息在社会各阶层的流通速度，而且赋予了平民百姓更多的话语权，“人人都有麦克风”造就了人声鼎沸的舆论场，微博——一个虚拟的网络平台，竟然构建了如此“真实”的世界！

随着国内微博数量呈几何级增长，除个人微博外，其他类型的微博层出不穷，政府部门和一些公共服务部门也开始了利用微博与民众沟通的新探索；与此同时，民众“微博问政”的情绪高涨，亦使得政府部门越来越重视微博这一新兴的媒体形式。政务微博正是在这种情况下产生并迅速发展的，各级政府部门积极利用微博办公蔚然成风。在这种情况下，如何从“微博问政”发展为“微博执政”也成为政府关心的重要议题。

2011 年政务微博大热且热度持续不减，显示着政府部门越来越看重微博平台上信息的快速到达和有效与民沟通的功能，政务微博热的动力最终也来源于网民对政务微博的追捧，传达着民众对政务信息公开和实现与政府直接对话的诉求。在这种情况下，政务微博不仅需要将政务信息及时通过微博快速传递出去，更需要加强与网民沟通，做到释疑解惑，把政务微博打造成官民直接对话的交流平台。同时，我们也欣喜地看到在一些重大事件发生之后，政务微博逐渐发挥出社会“减压阀”的重要作用。从官方网站到政务微博，不断活跃着的“官民”沟通新形式正为打造我们的和谐社会发挥着重要作用。

在经历了2011年政务微博元年之后，2012年新浪平台上的政务微博除了数量持续增长以外，覆盖面也不断扩大，微博质量、应用水平、综合影响力等不断提升。其中，一大批高人气的政务微博，或以亲民务实的姿态与网友侃侃而谈，或以幽默诙谐的语言风格给网友提供生活资讯，在虚拟的网络世界中塑造出一个个灵动、鲜活的政府形象。微博改变世界，而政务微博正改变着中国政府的执政理念。

然而，政务微博依旧是一个新兴事物，对政府部门来说，如何运用政务微博来与民众进行交流沟通；在突发和危机事件面前，如何用好政务微博来消解舆情和引导舆论；政务微博该怎样应对网络谣言；在日常的运营工作中，政务微博又该如何“说话”以及“有话可说”……这些都是摆在案上的问题。这些问题对政府来说，既是挑战，也是机遇。因此，政府部门需要有一套好的政务微博使用方法体系来应对微博时代社会管理的新挑战。

本书针对政务微博写作与管理上常见而又重要的问题，梳理出16个方面进行深入研究，分别总结了比较全面到位的应对方法，并且结合大量最具典型性的案例，力图让全书更加实用，简洁明了，针对性强，旨在为政府机构政务微博管理人员、领导干部以及公务人员利用微博这一新兴的即时传播工具服务于民提供有益的参考和借鉴。

此外，本书所阐述的对象——“政务微博”专门指政府机构开设的官方认证微博，而随着政务微博讨论和研究的不断深入，政府官员个人开设的微博也被纳入“政务微博”体系之中，为此，“新媒体科学管理系列丛书”特意推出了《政府官员开微博的16个要诀》一书，专门为政府官员微博的使用和管理提供一套科学的方法体系。同时出版的还有《企业和社会公益组织开微博的16个要诀》一书，欢迎大家共同关注！

薛国林

2013年4月

目　　录

第一章　政务微博在中国

根据中国互联网络信息中心（CNNIC）发布的《第 31 次中国互联网络发展状况统计报告》显示，截至 2012 年 12 月底，中国网民数量达到 5.64 亿，全年共计新增网民 5 090 万人。手机网民规模达到 4.20 亿，较 2011 年底增加了约 6 440 万人。同时，我国微博用户规模为 3.09 亿，较 2011 年底增加了 5 873 万，网民中的微博用户比例较上年底提升了六个百分点，达到了 54.7%。微博平台的发展态势依旧迅猛，其中，政务微博增幅最为强劲，5.8 万个覆盖了各地、各部门的基层政府机构和公职人员的微博成为政务微博发展中的中流砥柱。通过微博与公众进行及时的信息沟通和互动交流，为他们答疑解惑，由应对式的被“问政”到主动探索信息时代的新型沟通方式，政务微博蓬勃的发展，开启了一个执政创新、迅速反应、双向沟通的新“微政时代”。

一种并不“微薄”的微博之力成为信息公开、阳光执政的重要保障，我们不禁要问：到底是何种能量让微博蕴藏了如此大的威力？微博和政务微博究竟有何区别和联系？接下来，我们将就这些问题进行初步的探讨。

一、无“微”不至——微博与政务微博

（一）微博的发展历程与现状

1. 什么是微博

在维基百科中这样定义微博：微博客（micro blog 或 micro blogging）是一个基于用户关系的信息分享、传播以及获取平台，用户可以通过 WEB、WAP 以及各种客户端组建个人社区，以 140 字左右的可更新文字信息，实现即时分享。相比传统博客那种需要考虑文题、组织语言修辞来叙述的长篇大论，以“短、灵、快”为特点的微博几乎不需要很高的成本，无论你是用电脑还是手机，只需三言两语，就可记录下自己某刻的心情、

某一瞬间的感悟，或者某条可供分享和收藏的信息，这样的即时表述显然更加适合我们快节奏的生活。

2. 微博的发展历程

说起微博，就不能不提到 Twitter（推特）。2006 年 3 月，微博的鼻祖 Twitter 在美国诞生。Twitter 由 blogger. com 的创始人威廉姆斯（Evan Williams）推出，其英文原意为“小鸟的叽叽喳喳声”，Twitter 选用一只蓝色的小鸟作为形象标识，很容易让人联想到 Twitter 用户群充满活力、富有朝气、善于分享、轻声愉快地传递信息等特征。截至 2012 年 7 月 1 日，Twitter 注册用户量为 5. 17 亿，约为 Facebook 用户总数的一半，是用户人数第二多的社交网站，其中 1. 418 亿是美国用户。Twitter 大多数的用户都来自于美国以外的市场，Twitter 消息也是如此。①

（1）微博网站频更迭

Twitter 在国外的飞速发展，吸引了国内众多有识之士的眼光。在中国，微博网站始创于 2007 年。从 2007 年第一家具有微博色彩的饭否网的开张，到后来出现的随心微博、叽歪网，再到腾讯滔滔的上线，国内众多企业都想在“微型王国”中分一杯羹。在巨大利润的诱惑下，微博市场如雨后春笋般建立起来。自 2009 年 2 月始，嘀咕网、即时网、聚友 9911 等一批网站蜂拥上线，但由于缺乏系统的管理、经营不善等，许多网站很快便由盛转衰。

2009 年 8 月 14 日，新浪网推出“新浪微博”内测版，它通过关注、转发、评论、多媒体界面、名人效应、发起微话题等策略，依托其门户网站，一跃成为国内微博市场的领头羊。在新浪微博的示范作用下，腾讯、搜狐、网易等国内知名门户网站纷纷开辟自己的“微战场”，成为微时代的新生力量。

（2）新浪微博率先领跑，名人草根齐上阵

根据美国互联网流量监测机构 Hitwise 2011 年 12 月的数据显示，中国已成为世界上使用微博最活跃的国家和地区之一，其中新浪微博在所有行业中访问量最大。中国每 106 个访问中就有 1 个访问来自于新浪微博。在

① Twitter 注册用户量超 5 亿，仅次于 Facebook，http://tech. sina. com. cn/i/m/2012 - 07 - 31/00387445367. shtml。

香港，新浪微博的访问率已经超过 Twitter 的访问率。而 2012 年新浪微博用户发展报告的数据显示，截至 2012 年 10 月，新浪微博用户数已达 3.68 亿。毫无疑问，新浪微博是微时代最大的赢家。然而，腾讯、网易、搜狐等大牌门户网站也不甘落后，一场争夺战就此拉开序幕。

在这场争夺战中，各大门户网站对名人的争夺成为竞争的关键点，这些门户网站纷纷使出浑身解数招揽各行各业的名人进驻，以此来提高本品牌微博的影响力与号召力。同时，各界名人也利用微博这个广阔的平台畅所欲言，通过“织围脖”、转发与评论等方式聚集人气，从而赢得较高的关注度。创新工场董事长兼首席执行官李开复的微博是当下名人微博中影响力最高的，他的微博紧跟时代热点，评论精辟，对一些敏感的社会问题风趣调侃，不时也会转发一些轻松幽默的励志博文。目前，李开复的粉丝已超过了 5 170 万人，累计发微博 13 740 篇（数据截至 2013 年 10 月 11 日）。新浪微博名人影响力榜中排名前三的名人微博粉丝数量均已超过1 000 万。

微博之所以受到网友的热切追捧，除了可以关注自己喜欢的名人，了解最新动态以外，还因为它为草根阶层提供了一个展现自我的平台，许多草根通过开通微博聚集了大量的人气，成为某一领域名副其实的“舆论领袖”。微博是一个传声筒，平民百姓可以用这个传声筒发出自己的声音，这种深刻的参与感和认同感是很多草根热衷微博的主要原因。

（3）政务微博初露端倪

如果说2010 年是“微博元年”，2011 年则是名副其实的“政务微博元年”。自 2011 年始，通过新浪认证的政务微博数量急剧增长，粉丝关注度也越来越高，不仅如此，在有影响力的事件发生之后，政务微博已经成为公众寻求权威信息的重要途径。“7 · 23 甬温线动车事故”、“7 · 21 北京暴雨”、“上海死猪事件”等事件发生后，网友用“@官方微博”的方式促使相关部门关注事件，被称为是“@出来的民意”。

在“上海死猪事件”成为媒体关注的焦点后，2013 年 3 月 7 日，网友“@少林寺的豬 1986”发了一条微博（见图 1 - 1），并配有三张死猪横尸江边的图片。这条微博一经发出便被网友转发了 458 次，评论 55 条。

随后，“@上海发布”发布于 3 月 8 日回应了网友“@少林寺的豬 1986”的微博，并在 3 月 11 日、13 日、15 日、17 日（见图 1 - 2）、18 日这就是我们喝的水！！！黄浦江上游横潦泾段一级水源保护地，江里到处可见动物的尸体，附近恶臭连连，不知道我们的有关部门在干吗！！！这种事情已经不是一次两次了，我们的有关部门总是无动于衷。@金山水到渠成 @上海微闻 @上海发布 @新民晚报新民网 @陈烦烦陈小烦就是烦 @电台梦晓 @恰伐消_糖小姘

3月7日 19:01 来自新浪微博　　转发(458) | 收藏 | 评论(55)

图 1－1　“@少林寺的猪 1986”的微博

多次发微博公布有关部门对黄浦江水质的监测结果。“@上海发布”也持续关注黄浦江死猪漂流事件，不断更新事件的进展。

【后续】本市漂浮死猪打捞工作向上游水域推进，同时对省界水域浙江一侧已发现的漂浮死猪及时进行跨界打捞，防止其向本市水域流动。截至今天15时，新打捞起漂浮死猪495具，全部做无害化处理。同时确保出厂水水质安全，相关水厂进水原水和出厂水中加测的6种病毒及5种细菌均为阴性，水质稳定。

3月17日 17:49 来自 新浪微博　　转发 (371) | 收藏 | 评论 (203)

图 1－2　“@上海发布”官方微博 3 月 17 日截图

政务微博日益成为各级政府部门问政的新平台，这改变了以往单纯由主流媒体强势传播信息的局面，公众可以通过微博这个平台表达自己的观点和看法，与政府互动，参与到社会的管理中来。这种格局的形成改变了传统传播方式下的力量对比，向着有利于公众的方向发展。

（二）政务微博的发展历程与现状

1. 什么是政务微博

政务微博，又称政府机构官方微博，是指以政府机构的名义开通的发布政务信息以及与公众进行沟通交流的微博平台；广义上的政务微博概念

还包括政府机构的公职人员经过认证后的个人微博，但本书研究的对象仅限于政府机构的官方微博。

政务微博是政府部门与公众进行信息交流的平台，主体是政府机构，它担负着向公众发布政务信息、与公众互动交流等任务。一般来说，将政务微博按照行业分为公安、交通、司法、医疗卫生、政务、市政、科教文、环卫、旅游等几大类。其中，公安微博中比较著名的有“@江宁公安在线”、“@上海铁警发布”、“@公安部打四黑除四害”等；交通微博中以“@上海地铁 shmetro”最为知名；司法微博中的“@豫法阳光”、“@梅陇法宣”、“@和谐肇庆”等也极具特色。政务微博的繁荣为政府的政务公开添上了有力的一笔。

2. 政务微博的分布情况

早在2009年下半年，湖南桃源县政府就已开通“@桃源网”，被认为是国内首个开通的官方微博。“@微博云南”作为云南省委宣传部的官方微博紧随其后。接着，以“@平安肇庆”、“@平安北京”为代表的公安微博迅速发展，为政务微博的发展拓宽了空间。随后，各级政府以及职能部门的微博如雨后春笋般开通，政务微博迎来了欣欣向荣的局面。据统计，到2012年，全国共有22个省级政府开通了新浪官方微博。

（1）地域分布

据2012年新浪政务微博报告数据显示，截至2012年10月31日，新浪微博共认证党政机构官方微博34 539个，公务人员微博25 525个。从地域分布上来看，党政机关开设的政务微博基本上覆盖了全国各省、自治区和直辖市。其中，江苏省政务微博总数达到6 222个，占全国政务微博总数的1/10，成为我国政务微博数量最多的省份，也是全国唯一一个政务微博总数超过6 000的省份。广东、浙江、山东、河南的政务微博数量排名也名列前茅。

（2）部门分布

人民网舆情监测室在对新浪微博认证通过的官方微博分析后得出结论：在政务微博的部门分布上，公安系统的官方微博数量高居榜首，其次为团委，再接下来是旅游、医疗卫生、司法、工商税务、交通、市政、招商和涉外。公安微博之所以在部门微博中拥有绝对的优势，与其能及时提供警务资讯、积极开展法制宣传、广泛收集舆情民意、及时通报事情真相的传播特点有很大的关系。与之相比，其他一些部门官方微博发展滞后，因此学习先进经验办好官方微博是当务之急。

（3）行政级别分布

在行政级别上，县处级以下的党政机构官方微博数量最多，其次是县处级，然后是厅局级，最后是省部级。党政机构官方微博数量与行政级别呈“反相关”（见图1－3），这与我国行政干部数量分布相吻合。从这一点我们可以看出，抓好基层党政机构官方微博的建设至关重要，这对引导公众舆论走向、倾听民众呼声、树立政府形象、鼓励群众参政议政都可起到积极的作用。

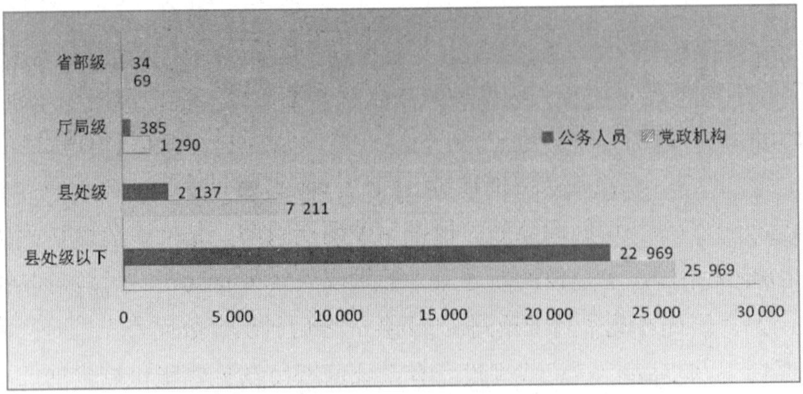

图1－3　2012年新浪政务微博报告

3. 微博问政

早在2006年，就有代表、委员开设博客倾听建议、集纳民意，并获得了积极的反响。当时的“博客议政”这一方式也获得了网民的肯定。在2010年的“两会”中，微博作为“与会”的新生事物，成为部分委员和代表与民沟通的工具，同时也带动了众多网友“微观”国家大事的积极性。如全国政协委员、杭州画家何水法在当年“两会”召开前发布了一条微博，表示希望接受博友们的提案建议，而在随后的几天里，何水法通过自己的微博收到了上千条来自网民的建议，内容包括医疗、食品安全、教育等问题①；新华社也开通了新华视点两会微博，对部分与会代表、委员的谏言

① 陈磊：《微博问政两会》，南方人物周刊，http://news.nfmedia.com/nfrwzk/content/2010－03/16/content_10149366.htm，2010年3月16日。

进行摘录或全文转载，丰富了“微博问政”实现的渠道，为老百姓通过网络连通两会提供了更多的现实落点。

到了2011年的“两会”召开之际，当时入驻新浪微博的政府机关及官员微博“已经超过3 000个”[①]，使用微博（新浪微博平台、人民网微博平台）的委员和代表人数大大增加。其中，新浪微博还开设了“微观两会”、“2011年全国地方两会”等专题。据统计，2011年中国各级政务机构微博和官员微博高速攀升，增长率超过200%。经过新浪网认证的政府机构及官员微博已近2万个，其中政府机构微博超过1万家。可以说，2011年成为了中国的“政务微博元年”[②]。

2012年的“两会”，“微博问政”这一概念更加深入人心，“织围脖”成为征求民众意见的重要手段之一，“秒传”、“互动”使微博在意见表达方面具有了其他传播媒体无法匹敌的优势。在当年两会召开前夕，人民网舆情监测室根据网络调研，分别设立了“十大全国政协委员微博推荐榜”和“十大全国人大代表微博推荐榜”，更有如《广州日报》、新浪网等媒体专门进行了两会微博问政策划。根据相关调查得知，超七成公众认为网络表达将成为中国民主建设的新通道，近六成人认为有助于拉近政府与民众的距离[③]。因此有观察人士预测，“两会”今后将从少数代表委员向网民征求意见，逐步向多渠道、成规模、有系统的网民意见收集机制发展。这也将为当前政府力倡的“网络问政”提供更多的现实落点[④]。

4. 政务微博，悬在头上的达摩克利斯之剑

2011年，政务微博在我国取得了突破性的进展。政务微博的繁荣一方面带来了媒介格局的重要转变，另一方面也体现了中国共产党与时俱进、信息公开、阳光执政的新理念。在互联网上搭建起的“群众路线”深刻改变了党和群众的沟通方式。在这样的时代背景下，党政机构和职能部门是

---

① 卢金珠：《两会上的微博问政》，人民网，http://media.people.com.cn/GB/40647/40651/17372163.html，2012年3月13日。

② 金真：《2012，期待微博问政更重视群众智慧》，中安在线，http://ah.anhuinews.com/qmt/system/2012/01/16/004711899.shtml，2012年1月16日。

③ 柴燕菲：《“人人都是参政者”2012两会微博问政成时尚》，人民网，http://leaders.people.com.cn/GB/17305526.html，2012年3月16日。

④ 沈嘉：《各地政协委员“织围脖”预热中国“两会”》，新华网，http://news.xinhuanet.com/local/2010-02/28/content_13066545.htm，2010年2月28日。

否开通微博，以及微博运营状况的好坏成了衡量党政机构与时俱进程度的重要标准。不少党政机构负责人对微博仍然存有疑虑：一是微博传播信息虽然方便快捷，可以达到“广而告之”的效果，但是微博作为以互联网为背景的新型沟通工具，信息的安全性是不得不考虑的问题；二是开通微博以后迫使党政机构和职能部门必须接受公众的监督，若是信息公布不及时或是回应滞后，是否会引起责骂、投诉，使矛盾升级。

（1）信息安全不容小觑

信息安全问题可以说是互联网普及的副产品，目前的信息环境确实值得担忧。据韩联社报道，2013 年 3 月 20 日下午，韩国 KBS、MBC、YTN 等主要广播电视台以及新韩银行、农协等部分商业银行的计算机网络出现了全面瘫痪的情况。经过调查，韩国政府证实瘫痪由恶意代码所致。同时我国的信息环境也不容乐观，国家互联网应急中心 2013 年 3 月 19 日发布报告，经抽样监测，去年境外约有 7.3 万个木马或僵尸网络控制服务器参与控制我国境内 1 419.7 万余台主机。目前，国内的微博平台主要建立在新浪网和腾讯网等主流网站之上，党政机构和职能部门不能独立运营和维护，其建设、运行、管理和后期维护在很大程度上依赖运营商的技术支持，因此政府很难有效控制平台的安全性和稳定性。

我国国内就曾出现过政务微博账号被盗事件。2012 年 6 月 18 日上午 8 时 9 分，“@ 中国武汉东湖”发布了一条“男老师对上课睡觉女学生很气愤”的黄段子，所讲内容为男女之事，一语双关。仅隔一个小时，该账号又发布了一条“脱衣女郎看妇科”的黄色笑话，还配有比基尼美女图片。浏览该政务微博账号相近一周的微博发现，17 日和 18 日，有 4 条黄段子。另外，从 15 日起，该账号上开始出现大量关于星座研究的微博，有些内容也与性有关①。政务微博发布黄段子，引来不少网友的调侃。后来，该政务微博的负责人回应说，“@ 中国武汉东湖”的账号密码于 6 月 15 日被盗取，由于工作人员周末休息，未注意微博上发布的内容，现已找回密码，并删除了不良信息。而后，“@ 中国武汉东湖”在其官方微博上发布了一封道歉信，希望网友谅解。

① 《东湖风景区政务微博频发雷人“黄段子”原是账号密码被盗》，亿房网，http://news.fdc.com.cn/bbdt/448389.htm，2012年6月19日。

政务微博发黄色段子虽然没有产生很严重的后果，但是也确实给东湖生态风景区的形象造成了一定的影响。该事件给我们的启示是：保护账户安全至关重要。

面对账号安全问题，政府部门应该有安全意识，通过设置密码保护和密码提示问题来进行保护，并不定期更换登录密码，发现账号异常以后及时与运营商联系，将危害降到最低。

（2）直面"挨骂"

互联网是一个极具包容性的平台。在多元价值取向的今天，网络上的言论尺度也越来越宽。通过微博表达自己对事件的看法，参与政府工作的讨论，抒发感情或是发泄情绪都是可以理解的。在微博上的转发和评论有时候难免言辞过激，有的官员甚至这样安慰自己"打是亲骂是爱"，这样宽广的胸怀的确不易得。

案例：

"7·21"北京暴雨

北京大雨时我的微博被骂翻了。家里人说：关了，咱不当这受气的官了！发生灾难，老百姓有怨气要发泄，就让他们骂一骂呗。只要坚持为老百姓服务，今天明天不被理解，总有一天会被理解。

——北京市政府新闻办主任、市政府新闻发言人王惠

"7·21北京暴雨事件"让首都北京再次成为全世界关注的焦点。北京各相关机构的政务微博发文称持续关注北京暴雨事件的进展，作为北京市政府新闻办主任、市政府新闻发言人王惠也通过自己的微博发布有关北京暴雨的最新消息。很多网友一开始对官方消息有很强烈的排斥心理，总是默认为只要出现突发事件，政府公开的信息都是无关痛痒"做姿态"，在回应官方信息时也表现得不太理智。"@北京王惠"于2012年7月22日发布了一条什邡市向北京市捐款100万元的微博（见图1-4），很多网友立刻予以回应，言辞激烈（见图1-5）。

事后，王惠接受南方周末的采访，在问及对网友激烈的评论会不会受不了的时候她是这样回答的：发生灾难，老百姓有怨气要发泄，就让他们骂一骂呗，一时的气话算不了什么，日子长了大家就明白了。后来有网民

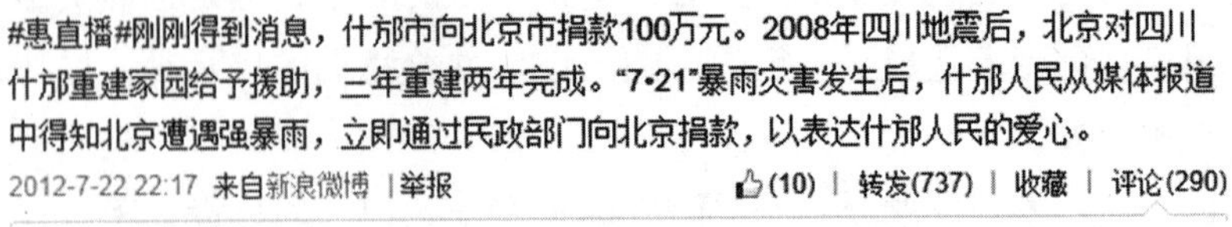
#惠直播#刚刚得到消息，什邡市向北京市捐款100万元。2008年四川地震后，北京对四川什邡重建家园给予援助，三年重建两年完成。"7·21"暴雨灾害发生后，什邡人民从媒体报道中得知北京遭遇强暴雨，立即通过民政部门向北京捐款，以表达什邡人民的爱心。

2012-7-22 22:17 来自新浪微博 |举报 (10) | 转发(737) | 收藏 | 评论(290)

图 1－4 “@北京王惠”微博

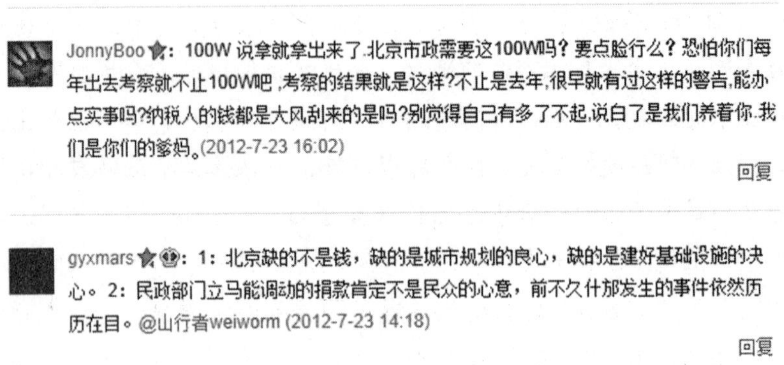
JonnyBoo：100W 说拿就拿出来了.北京市政需要这100W吗？要点脸行么？恐怕你们每年出去考察就不止100W吧，考察的结果就是这样?不止是去年,很早就有过这样的警告,能办点实事吗?纳税人的钱都是大风刮来的是吗?别觉得自己有多了不起,说白了是我们养着你.我们是你们的爹妈。(2012-7-23 16:02)

回复

gyxmars：1：北京缺的不是钱，缺的是城市规划的良心，缺的是建好基础设施的决心。2：民政部门立马能调动的捐款肯定不是民众的心意，前不久什邡发生的事件依然历历在目。@山行者weiworm (2012-7-23 14:18)

回复

图 1－5 网友对“@北京王惠”7 月 22 日 22:17 微博的回复

到我的微博上来道歉。其实政府的努力百姓也都看在眼里了。我们从没提出过删拍砖帖的要求。我坚信，只要我们坚持为老百姓服务，今天不被理解，明天不被理解，有一天总会被理解。看我这条微博认为是作秀，看下一条还认为是作秀，总有一天会明白不是作秀，是诚心诚意的服务。

在一些突发事件面前，政务微博在很大程度上可以充当社会舆论的“减压阀”，适时地让老百姓发发牢骚甚至骂一骂也不无裨益。如果因为惧怕挨骂、怕面子挂不住而删除网友的评论则很有可能引发更大范围的舆论声讨。作为党政机构，作为政府官员，要以博大的胸怀包容“骂声”，要敞开胸襟，广开言路，摆正心态，才能把群众的批评转化为不断前进的动力。

二、“微”言大义——政务微博的主要特点与实用功能

（一）政务微博的特点

有网友曾经发过这样一篇博文：“突然想到了曾经看到的一句关于描

述微博的话，不知各位可否有这种感觉？早晨起来看微博，确实很容易让人产生一种皇帝批阅奏章，君临天下的幻觉。国家大事潮水般涌来，需要迅速作出各种判断，提出各种建议，各种转发，各种忧国忧民，各种踌躇满志，万物皆备于我。每个人心中都藏着一个披星戴月上朝堂的皇帝，微博把人的这种情结激活了。”这样风趣的描述在某种程度上确实说出了微博的某些特点：随时随地传递新鲜信息，原创、转发、信息分享，人人都能发声，人人都能被关注，公众可以通过微博实现“参与性满足”。政务微博作为微博的一种特殊形式，到底有何特点呢？

1. 消息源具有较强的权威性

党政机构和职能部门的权威性决定了政务微博所发布信息的权威性。政务微博的主体是党政机构和政府官员，它与名人微博、草根微博最大的区别在于政府信息的传播伴有公权力，从而也就具有了其他消息源不具有的资源优势。政务微博可以通过可靠的信息渠道获得有关事件进展的最权威、全面、准确的信息，在政府部门未公布事件消息之前，媒体获取的信息多是零碎的、不完整的，只能作为预测给公众提供参考。对于其他组织和个人的微博来说，政务微博相当于“信息灯塔”，发出权威的声音。

2. 双向交流，聆听与发布共存

互动性是政务微博与政府网站、政府举报电话等其他政府信息公开方式相区别的显著特点。在政务微博中，政府机构通过信息发布使公众了解政府的最新动态和相关政策，公众则通过回复评论、转发等方式表达自己对某些事情的看法。政务微博把一个个受众连接在一起，一个个受众又连接着粉丝，树形的传播路径把政务微博变成一个有传又有受的闭合舆论圈。它不仅是现实政务的真实反映，更是政务在现实中的延伸，同时弥补了传统信息反馈中存在反馈滞后的问题，实现了及时与公众互动，为人民排忧解难。

3. 碎片化的表达方式，网络体扮靓小微博

微博的特点在于一个“微”字，140 个字限制下的微博内容，观点庞杂、数量巨大，这就促使政府积极探索一套妥当的表达方式。随着时代的不断进步，人们对网络语言的包容度越来越大，在选词造句上更加轻松随意，同时网络用语也逐渐渗透到政务微博当中。淘宝体、咆哮体以及最近流行的甄嬛体的大量应用，使政府逐渐摆脱了冷冰冰的训诫面孔，变得更

加亲民，吸引了大批网民的目光。

“@成都发布”在2011年4月26日发布了一条微博“成都的春天嫁给了夏天”，用颇有成都味道的调侃鼓励粉丝以平静的心态面对成都的高温天气，这看似简单的一句话，却带来了政府与民众对话方式的变革。“成都的春天嫁给了夏天”被众多网友认为是“很潮很时尚”。邯郸公安网络发言人的“甄嬛体护考”也颇具特色。2012年6月4日，“@邯郸公安网络发言人”发布了一条微博提醒考生考前注意事项，当时电视剧《甄嬛传》正在热播，该微博采用了“甄嬛体”，别样清新（见图1－6）。

#甄嬛提醒#方才查看日期，惊觉高考已近，私想着又是万千小主们进场赶考的日子了。大伙儿平日里得空儿就背书做题，头晕目眩，加之暑热难当，必是心绪难平，这几日注意休息、放松心情才是最好的。

2012-6-4 16:10 来自微博桌面　　转发(22) | 收藏 | 评论(4)

图1－6 “@邯郸公安网络发言人”“甄嬛体护考”

（二）政务微博的实用功能

随着民主进程的加快以及互联网的飞速发展，政府与微博的联姻是大势所趋。政务微博以公众最喜欢的方式，与公众进行信息的沟通与交流，开辟了一个新的公共领域。政务微博并不像很多人起初担心的那样“昙花一现”，而是在发展中不断壮大，通过直接与公众对话，探索为民服务的新模式。

1. 快捷的信息发布

随着时代的进步，信息的传播方式不断革新，从古代张贴在城墙外和闹市区的公告，发展到今天的新媒体，经历了几千年的变革。相比传统的政府公报、新闻发布会、报刊以及广播电视等信息发布手段，微博的出现进一步加快了信息流通的速度。以前，政府借助新闻媒体向公众传递信息，由于媒体在选择报道事实以及对事实的报道程度上，很难做到完全客观，所以在信息传递过程中难免“失真”。政务微博作为一种新型的信息管理手段，是对政府信息公开方式的有益补充，它可以做到即时发布新闻资讯，节约时间成本，第一时间获取反馈信息，拉近了政府和群众的距离。

2. 信息互动，方便服务你我他

政务微博的信息服务功能也不容小觑。在现实生活中，公众随时会遇到各种各样需要与政府打交道的问题，比如办理护照和港澳通行证、缴纳医疗或养老保险、子女入学、买卖房产等。如果不了解办理相关业务的手续和流程，可能会耽误很多时间，多跑很多冤枉路。这样的问题看似无足轻重，却和百姓的生活息息相关。自政务微博出现以后，公众可以通过“@”官方微博的方式向相关部门提问，极大地提高了政府解决问题的速度。同时，政府还可以通过收集分析公众的意见和提问，了解公众迫切需要解决的问题，这是倾听群众呼声最便捷、最有效的方式。

三、“微”聚民心——政府部门开设微博的必要性

2012 年 2 月 17 日，首届政务发布微博模式探讨高峰论坛在三亚举行。报告充分肯定了政务微博在服务民众、亲民沟通、网络问政、舆情引导、应急救援、宣传推广等方面的积极作用。互联网的诞生拓宽了表达民意的渠道，同时也成为监督政府执政的重要手段。新媒体的盛行使政务微博成为现在最为流行的问政渠道，运营好政务微博对党政机构是十分必要的，主要表现在以下几个方面。

（一）建设创新型社会，加强社会管理的需要

创新是一个民族进步的灵魂，是一个国家兴旺发达的不竭动力，也是一个政党永葆生机的源泉。2011 年 2 月 19 日，胡锦涛总书记在中央党校省部级主要领导干部社会管理及创新专题研讨开班式上发表重要讲话，指出“要完善信息网络服务管理，营造良好的社会环境”。政务微博的兴起正是创新型社会在虚拟世界中的体现，是建立政府与人民群众互信的创新实践。

小微博可以凝聚大力量。政务微博在解答群众疑惑、疏导公众情绪、创新社会管理中起到了重要的作用。党政机构和职能部门通过运营政务微博，了解民情民意、为民办事，促进政府的工作转型，有利于维护人民群众的根本利益，提高党的执政能力，为构建社会主义和谐社会添砖加瓦。

（二）打造政府新形象的需要

政府形象是政府公信力的重要组成部分，良好的政府形象在赢得公众

支持、履行政府职能中发挥着重要的作用。随着品牌理论的深入，如何打造亲民的政府品牌成了越来越多的学者研究的课题。政府形象本身是一种“推销”手段，用良好的形象作为“外包装”更能打动公众的心。政务微博在即时传播和互动反馈方面表现出来的强大能力，更有利于塑造亲民、服务、公开、透明的政府形象。

在政务微博中，党政机构和职能部门可以通过文字、音频和视频等多种手段介绍执政理念、本土文化、历史渊源、风土人情等，用灵动的方式立体展现政府形象。另外，政府可以利用微博这一平台良好的互动性，及时解决处理公众的问题，想人之所想，急人之所急，线上问题，线下处理，对塑造服务型政府的形象大有裨益。

（三）提高政府危机应变和处理能力的需要

随着时代的不断进步，公众对于关乎切身利益的公共事件的关注程度逐渐加深。公共事件发生以后如果不加以关注和疏导很有可能演变为危机事件，造成更大范围的影响。在危机事件的处理过程中，微博上往往会聚集各种各样的声音，蕴含了巨大的信息量，而一旦舆论引导的速度滞后，就很可能给谣言以可乘之机。因此，政府以专业的视角预知危机、判断事情发展走势、控制事态进一步恶化的能力至关重要。在微博这一开放性平台上，人人都是记者，人人都是编辑，将自媒体的特性发挥到了极致。政务微博在搜集信息、引导舆情、处理危机方面发挥了重要的作用。一言以蔽之，政务微博可以提高政府的危机应变能力，对于维护社会的稳定起到了积极的作用。

（四）传播主流价值观念的需要

一种传播媒体从创立到拥有 5 000 万用户，电视用了 13 年，微博只用了 14 个月。由此可以看出，微博作为新兴的“自媒体”对公众有强大吸引力。微博更新频繁、信息量巨大、信源众多、传播主体多元，使得微博成为一个巨大的舆论场，来自各方的声音簇拥在一起，一时间很难分辨信息的真伪。

在虚拟世界里，很多网友把网络当成了诉苦的平台，把遇到的不平事纷纷发到网上寻求舆论支持。久而久之，诉苦的声音越来越多，不公正待遇泛滥，阴暗的声音一旦压过了阳光的声音很容易给公众造成一种假象：世界是黑暗的。政务微博作为来自官方的权威声音，负有引导新媒体完善其主流价值取向的责任。面对新媒体“锐气逼人”的局势，政务微博要像传统媒体一样，占领新媒体舆论场的制高点，引导舆论，弘扬主流价值取向，构建社会主义核心价值体系。

因此，党政机构和职能部门有责任和义务充分利用微博这一平台，主动开通微博，积极参与到舆论讨论中来，以亲民的形象、负责任的态度发出主流的声音，弘扬社会的正能量。

第二章 民众期待什么样的政务微博

2011年以来，政务微博快速发展，已然成为政府了解社情民意、回应社会关切的重要平台。作为一个新生事物，政务微博从诞生到现在不过数年时间，也就在这数年时间里，政务微博从一开始的政府部门被动接受到现在的主动追求，从一开始的针对网民网络问政的热情而感到束手无策和疲以应对，发展到现在的渐显从容，政务微博已经崭露头角，逐渐成为各级政府进行社会管理的新工具。

不过，在这个过程中，政务微博的一些问题也开始逐渐暴露出来：不少政务微博只是作为政府网站的翻版，“公文语言”让人亲近不得；一些政务微博“线上热、线下冷”，甚至线上线下都比较冷的现象，让人望而却步；只开通不发声的“僵尸”微博还依然处于“休眠”状态……或许也正应了“路漫漫其修远兮，吾将上下而求索”的话，在浩瀚无垠的网络世界里，理性与非理性的声音交织在一起，真相与谎言一时难以分辨，政务微博在未来发展的道路上，如何才能走得更稳、走得更好、走得更远，成了一个摆上案头的话题。

一、从一项调查数据看民众喜欢和期待什么样的政务微博

究竟什么样的政务微博才是民众所期待和喜爱的？为了探究这个问题，暨南大学新闻与传播学院数位研究生[①]，于2012年11月至2012年12月开展了一项名为“广州政务微博传播效果及改进方法”的社会调查活动，在广州市区十余个街道、小区发放问卷200余份，回收有效问卷195份，通过人工录入的方式输入统计分析软件SPSS19.0，经软件分析后得出

① 调查小组成员包括张素杰、徐庭芳、林慧中、李景、方晨、魏巍等，指导老师为陈致中副教授。

调查结果。

在调查过程中，一些老年人及部分中年人一开始就表示对微博的不了解，所以有效问卷中，以 20 ~ 30 岁年轻人居多，占样本总数的 83%。另外，对问卷结果中受访者学历背景的统计结果显示，大专生和本科生居多。此外，受访者使用互联网的年限以 5 年以上居多，使用微博年限也集中在 1 ~ 2 年。

下面把与本章内容相关度较大的调查结果展示如下，以期通过数据分析来解读受访者对于政务微博的接触动机和使用情况，为政府开设和管理政务微博提供一定的决策依据，帮助政务微博更好地进行功能定位和获得民众认可。

（一）您通常接触政务信息的渠道

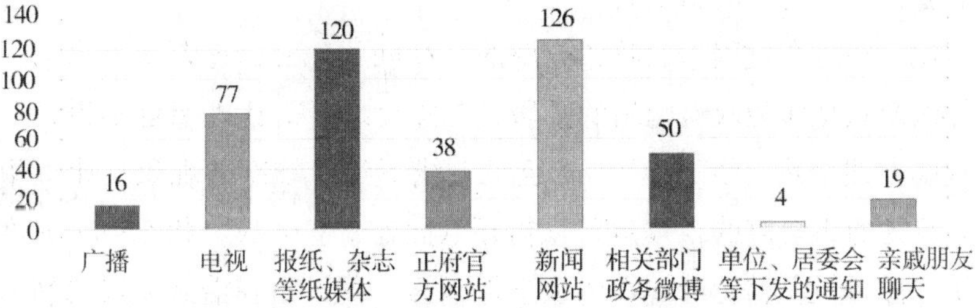

图 2 – 1　民众接触政务信息渠道的调查数据图①

从调查数据可以看出（图 2 – 1），从新闻网站获取新闻信息的人最多，达到了 65%，其次是报纸、杂志等纸质媒体，而通过政务微博来获取政务信息的人数只占样本总数的 25% 左右。这说明大多数受访者仍然选择通过媒体渠道来获取政府信息，政务微博还没有成为主要的获取政务信息渠道，政务微博在运作方面仍有极大的提升空间。

同时，此项调查数据也为政务微博的管理提供了一些有益的思考。例如，政务微博可以利用人们较多关注的热点话题进行议程的交叉设置，借用这些话题来进行官方信息的澄清、解释和互动，或者借助自身的信息优势和决策力发布更加具体详尽的信息和问题解决方案，从而使得民众不断将注意力转移到政务微博上来。

① 数据总量大于样本数的调查项为不定项选择，下同。

（二）您通常得知政务微博的途径

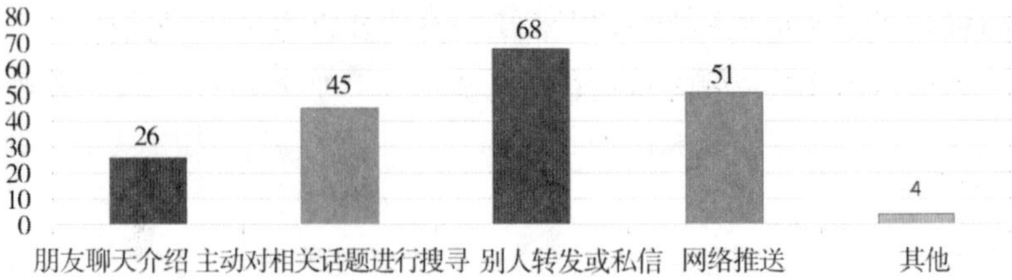

图2－2　民众得知政务微博途径数据图

在关注政务微博的途径选择上（见图2－2），多达35%的受访者选择了“别人转发或者私信”。那么，在什么情况下，才能让网民们自觉转发政务微博的信息并私信告知他人呢？对此，一个重要的启示是政务微博要抓住重大社会事件后的发声时机。社会重大事件发生后，政务微博要及时发声。这一方面是政府部门做好信息公开和进行必要舆论引导的需要，另一方面，网民们对于事件进展和真相的追逐，会使其对政务微博发布的相关信息给予极大的关注热情，这些因素都将促使网民不断地转发和评论微博信息，这一过程既传播了政府的声音，也增加了政务微博的知名度。

由此可见，对热点话题进行适时播报和回应，引起网民的关注和转发有助于提高政务微博的知名度，增加粉丝量。

（三）您关注政务微博的原因

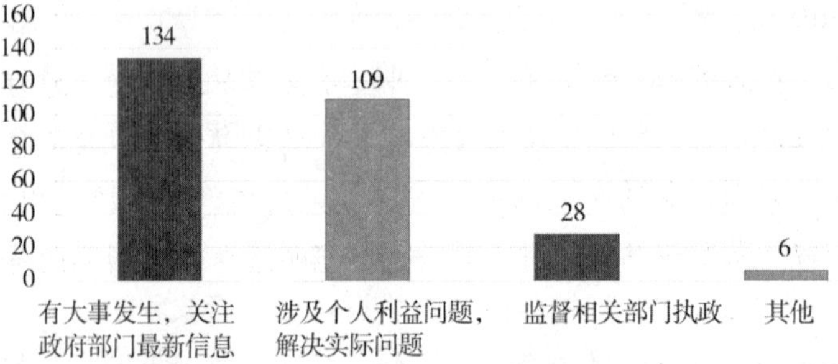

图2－3　民众关注政务微博原因数据图

由图2－3可以看出，受访者关注政务微博的动机，更多的是因为有重大事件的发生，想看看政府的表态和对事件进展的通报。其次是涉及个人利益，想要通过政务微博来解决实际问题。因此，从这个角度来讲，政务微博不仅需要在重大社会事件发生时发出声音，进行表态和引导也十分必要。另外对于最新的政务信息和涉及广大民众切身利益的信息也要及时公开。

（四）您已经关注哪些类型的政务微博

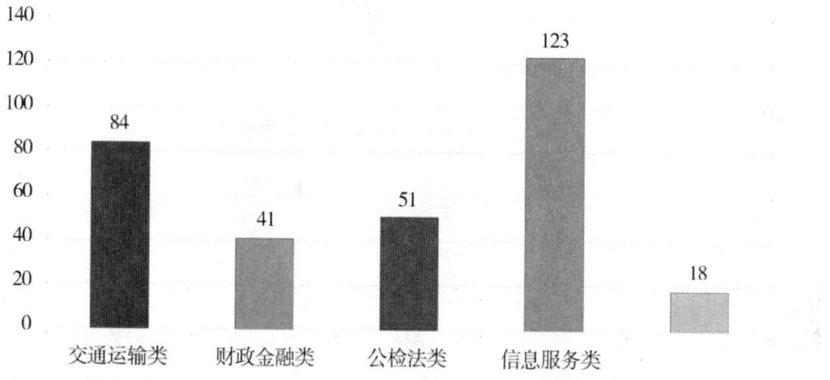

图2－4　民众对各类型政务微博关注度数据图

图2－4显示，受访者关注最多的微博类型为信息服务类[①]和交通运输类[②]。其中，信息服务类达到了63%之多。可以看出，受访者关注的主要是跟自身日常生活密切相关的政务微博，例如天气状况，出行时的交通信息和用水用电以及消防安全等微博。它们能够为生活带来指导和参考，让生活更加便利。因此，微博信息的实用性是目前促使大多数网友使用微博的最主要原因。

对于党政机关类[③]政务微博，由于网民可能“先入为主”地认为该类微博比较“庄严肃穆”，另外这些微博由于自身定位问题以及信息发布方式比较单一等原因，受到网民的追捧度还不是很高，粉丝数也相对较少。因此，这类政务微博在发布及时、有效、更能贴近百姓生活的政务微博信

① “信息服务类”在问卷中标注为“@广州环保”、“@广州天气”、“@广州消防”、“@广州教育”、“@广州水务”、“@广州自来水”以及综合性较强的“@中国广州发布”等生活服务类政务微博。

② “交通运输类”在问卷中标注为“@广州交警”、“@广州地铁”、“@广州交通”等交通服务类微博。

③ “党政机关类”在问卷中标注为“@广州民政”、“@广州审计”、“@广州共青团”等政务微博。

息内容来满足受众的需求时，也要注重推广，更需要注重微博的发布形式，可以适当利用网络语言跟网友“卖卖萌”；加强信息的可读性，拉近与网民的距离；这样政务微博才不会受到“冷落”。

（五）您认为政务微博以哪种媒介形式发布更合适

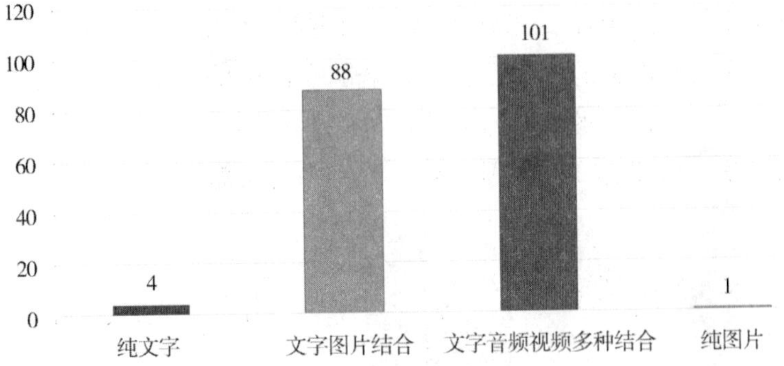

图 2－5　民众对政务微博发布的媒介形式认可度数据图

由图2－5 看出，选择“文字音频视频多种结合”和“文字图片结合”选项的人占大多数，并且选择前者的人更多，达到了 52%。这无疑给了相关部门一个启发：多样化的信息发布形式能够使得微博更加生动，更能引发网友的关注兴趣，从而吸引更多民众关注政务微博。

（六）您最喜欢哪种文字风格的政务微博

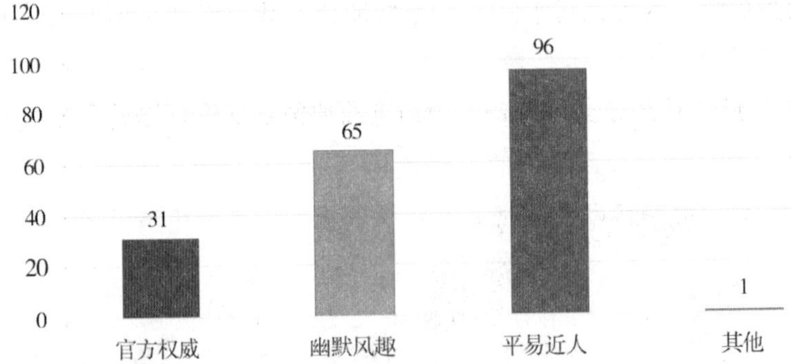

图 2－6　民众对政务微博文字风格喜好度调查数据图

图2－6 显示，选择“平易近人”文字风格的网友人数最多，其次是

"幽默风趣"，这些都要高于对"官方权威"的选择。因此，政务微博的文字风格应更加灵活，越是刻板的文件式语言越会引发网民对政务微博的抗拒心理。只有掌握网民喜闻乐见的"微语言"，才能被网民接受和喜爱，使政务微博发挥更大作用，这也是当下很多政务微博大量地灵活使用网络语言的原因。

不过，并非不"卖萌"的政务微博就不受欢迎，相反，如果"卖萌发嗲"过度也不好。这个需要充分考虑受众的接受程度，在"卖萌"的同时，不能失去政府机关的严肃性，如果能够在内容的丰富性上下足功夫，那么即使是"严肃性"的内容也会受到网民的认可。

（七）"我"认为政务微博是"我"获取政务信息的重要途径

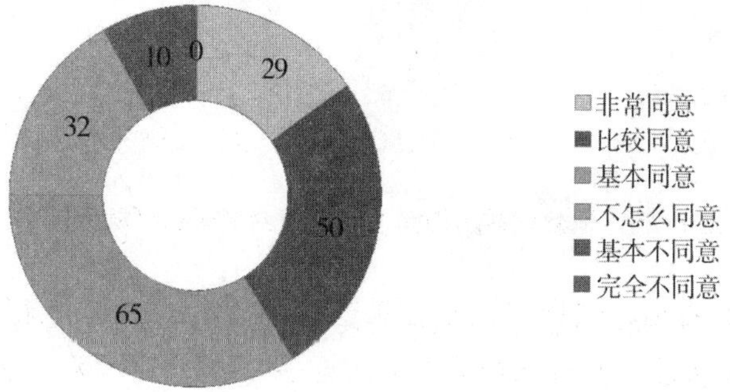

图2－7 民众对能否从政务微博获取政务信息同意度调查图

从图2－7看出，选择基本同意及以上的占到了56%，这说明，在"政务微博提供信息"方面，绝大部分受访者还是认为可以通过政务微博获取到政务信息。因此，对于民众的这种期待，政务微博更需要在公开政务信息上努力。

（八）"我"认为政务微博是一个为老百姓解决实际问题的平台

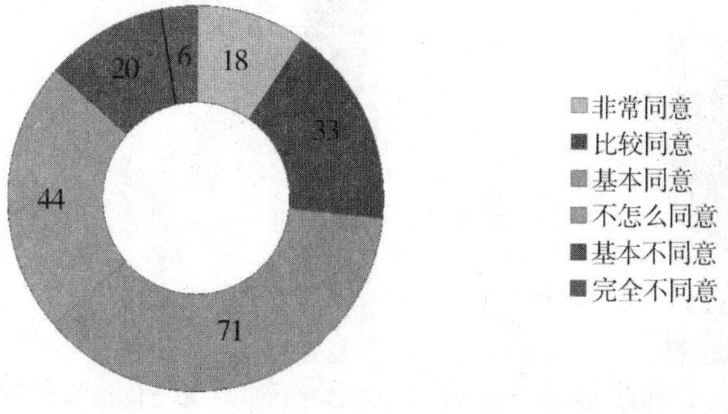

图2－8 民众对政务微博是否为老百姓做实事同意度调查图

图2－8 所示，“基本同意”的人占的比例较大，并且“基本同意”及以上的占到了 56%。这说明绝大多数受访者还是认可政务微博能够为老百姓做实事的。

政务微博如果只是作为发布信息使用，与新闻媒体相比，除了有当事人权威性的优势以外，并没有其他方面的优势。但如果要担当好为民办事的平台，政务微博则任重而道远。

（九）“我”认为政务微博发布生活知识和一句话格言是合适的

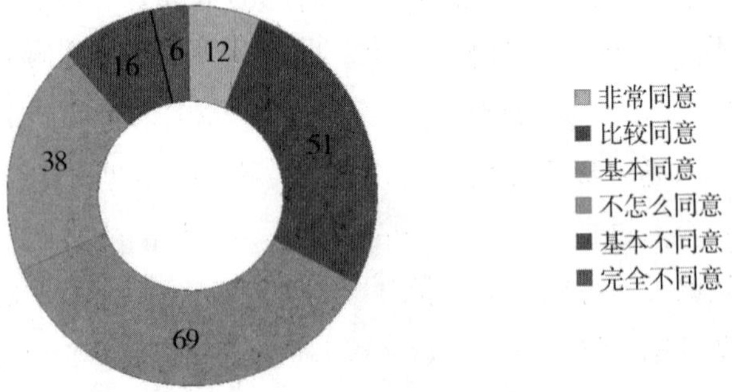

图2－9　民众对在政务微博发布生活知识和格言的同意度调查图

67.7% 的人同意在政务微博的平台发布一句话格言（见图 2－9）。这也从一个侧面反映了受访者对于政务微博的内容形式充满了较大的“包容性”，这是许多政务微博经常发布一些励志或者幽默段子的原因，主要目的就是增强网友的亲近感。

（十）您认为政务微博在以下哪个方面可以做得更好

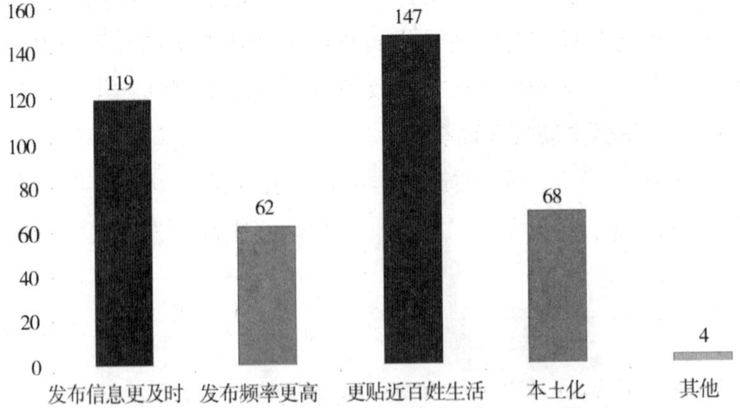

图2－10　民众期待政务微博提高的几个方面调查图

75%的受访者选择了“更贴近百姓生活”（见图2－10），对应前面的调查数据可以发现，无论是从内容、表达方式还是媒介形式上，受访者都希望政务微博能够“接地气”，从百姓视角发现问题，用百姓语言来说话，最重要的是能够多发布一些实用的信息。

二、政务微博应该如何来满足民众的期待

政务微博的开通，体现着政府与民沟通、为民服务的愿望，同时这也是建设服务型政府的一个手段。有文章认为，“政务＋微博＝更健康的微博＋更亲民的政务”。在纷繁复杂的网络舆论面前，只要政务微博放下身段，坚持真诚沟通、实话实说，政务微博的粉丝就会越来越多，并可以带动更多人在微博上讲真话、负责任的话、理性的话，党和政府将成为互联网上的意见领袖。政务微博的传播效果，根本上还取决于政府实际工作的好坏，只有做到网上网下一致，政务微博才能赢得更多公众信任，其所传播的信息也才能为更多公众接受。[①] 还有文章指出，政府和官员应当放低姿态，平等与网民交流；政务微博应用平实、生动活泼的语言传递信息，不可用公文体；政务微博要多关注民生；政务微博应积极与网民互动，积极回应诉求[②]。有人从多个维度给出了应对策略：一是准确定位，并在此基础上积极主动地发布信息，做好与公众的互动，起到舆论引导作用；二要加强培训，提高政府机构与官员“微博问政”的专业性；三要推进微博问政的常态化、规范化和制度化建设；四应循序渐进推进微博问政。[③]

以上的建议或方法主要从政府形象的树立、政府与民众的互动、政府执政能力的提升等角度进行阐述，下面我们将结合本次调查活动得到的数据与具体案例，对民众期待什么样的政务微博进行梳理和分析：

（一）能够积极主动公开政务信息

从源头上讲，开设政务微博是政务信息公开的需要，这也是在新时期，特别是网络技术迅猛发展、网络问政热情不断高涨的时代背景下，广

---

① 霍小光、华春雨、杨金志、万一：《政务微博力行“织博为民”》，《人民日报》，2011年12月9日。

② 邹理：《政务微博如何有效传播》，《光明日报》，2012年7月16日。

③ 吴晓菁、郑磊：《政务微博运营管理现状与对策研究》，《电子政务》，2012年第6期。

大民众对参政议政和政府工作透明公开的要求。

在 2013 年 3 月 26 日，新一届国务院第一次廉政工作会议上，李克强总理就谈到："现在社会已经是一个透明度很高的社会，我国微博的用户有数以亿计，有些政府信息不及时公开，社会上就议论纷纷，甚至无端猜测，容易引起群众的不满，产生负面影响，给政府工作造成被动。""我们要及时公开相关信息，主动让人民群众了解真实情况，接受人民群众和媒体的监督。"①

根据人民网舆情频道数据显示，近年来政务微博开始写入政府工作报告。2013 年 1 月 27 日上午，陕西省代省长娄勤俭代表陕西省政府向大会作工作报告时，谈到"着力加强作风建设，全面推进政务公开"，娄勤俭说："要继续坚持网民留言办理、公民代表走进省政府和大学生见习制度，进一步办好政务微博，不断畅通联系群众的渠道。"虽然政府工作报告中关于政务微博只有一句话，却引起很多网友的关注，其中公安部打拐办主任陈士渠敏锐地注意到了这个细节的意义，并在自己的微博进行了发布，称"政务微博是信息化时代党政机关密切联系群众、落实群众路线的重要载体"②。

政务公开已越来越被政府所重视，同时这也是民众的呼声。政务微博的出现，恰好为政务信息的公开搭建了一座畅通宽广的桥梁，连接了政府与民众。因此，政府部门能够通过政务微博积极主动地公开政务信息成了民众关注政务微博的主要原因。

（二）不当摆设不沉默，能够有回音办实事

开通政务微博不能够成为"赶时髦"或者应付上级要求之举，开通后如果不加以维护更新，成了"僵尸"微博，那就如同摆设，根本无法发挥政务微博应有的作用，并且开放的政务微博不仅仅是网民获取信息的平台，它更应成为公民参与公共事务管理的互动平台。

在本次调查中，针对"您关注的政务微博是否开通了私信功能"的问题，有近 54% 的受访者认为没有。政务微博关闭私信功能，就等于关闭了

---

① 郭金超：《李克强谈政务公开：要向群众"说真话、交实底"》，中国新闻网，http://www.chinanews.com/gn/2013/03-26/4678154.shtml，2013 年 3 月 26 日。

② 庞胡瑞：《政务微博写入政府工作报告意义重大》，人民网，http://yuqing.people.com.cn/n/2013/0129/c210118-20364469.html，2013年1月29日。

图2－11　政务微博不能当摆设（作者：李敏）

与网民沟通的一条重要渠道。针对政务微博开通私信的话题，2012 年 8 月 20 日《新快报》“官博”版曾载文《政务微博们，你们为什么还不开通私信?》，指出政务微博在促进互动、提升社会管理水平方面有着诸多进步，但如果“官博”不开通私信，便是不愿与民互动的一个明显表现，这样一来，“官博”极有可能就变成了“自说自话”，而很难做到有的放矢。

因此，政务微博要受到民众欢迎，就需要积极与民互动，及时发现民意的同时还应对网民反映的问题作出有效的回应。呼应民意需求则要求政府一改往日高高在上的姿态，“放下架子”。此外，政府还应提升应对公众诉求的速度和力度。政府越是聆听和吸纳网民的意见，网民网络问政的热情就会越高，对政府部门的认可度也会越高。政府根据网民意见及时调整工作，多做实事，便能有效开展工作并获得民意支持，从而达到双赢。

此外，民众最期待的，还是政务微博能否办实事的问题。对此，政务微博不能说一套做一套。在本次调查活动中，针对“您是否向政务微博提出意见或寻求帮助”的问题，约 85% 的受访者回答没有。针对“您提出的实际问题是否被解决”的问题，69.2% 的受访者认为没有。这说明了大多数人还没有把政务微博当作是一个可以给他们提供帮助和有效解决问题的平台。政务微博要扭转民众的这种印象，就需要积极回应网民的投诉、举报、咨询等。同时要跟进落实情况，对于线上的问题，线下应给予及时到位的解决。

政务微博能够为民办实事，还体现在主动出谋划策，利用微博平台动员社会力量帮助社会弱势群体解决困难方面。一些政务微博帮助菜农、瓜农解决销路问题起到了实质性作用并得到了网民好评就是很好的佐证。倘若政务微博能够充分了解基层动态和群众遇到的问题，实实在在地为民众排忧解难，自然就会走进民众的心里。

在这个自媒体盛行的时代，“@”政务微博进行投诉、举报逐渐成为很多网民的习惯。这些对政务微博管理来说是日益增加的压力。政务微博不同于个人微博，它面对的问题多是公共性的、普遍性的，从甄别、汇总网友的意见到把个别问题上升到普遍问题再最终通过自身决策力促成问题解决，需要一定的周期，只有完善政务微博的管理制度，才能提高其应对效率。

（三）关键时刻能够及时发声，公布真相引导舆论

清华大学公共关系与传播战略研究所“@政务微博观察”的官方微博曾于2011年11月30日组织了一项网络调查，这项调查题为“什么样的政务微博您乐于接受”，结果有70%的网友选择了“舆情发布：对突发事件给出事实真相说明”，这就说明公众对政务微博及时发布突发事件详情是十分期待的。因此，政务微博应该更多地考虑把微博作为收集民意的平台，同时借此把政府办事的机制和体制公开化。[①]

在2012年9月，中国多个城市发生了针对日本的抗议示威游行活动，面对网络和街头的民意大潮，多地政府新闻办和公安系统的官方微博陆续发声，呼吁市民理性爱国，并表示将严肃处理趁机起哄闹事的违法犯罪行为。不过，在长沙、西安、青岛等城市，面对一些激进分子打砸日系车和日式餐馆的过激行为，“@青岛发布”（青岛市人民政府新闻办）和“@青岛公安”（青岛市公安局）均保持沉默。对此，人民网载文指出：在突发事件和敏感议题上，政务微博有责任及时回应民众，表明政府立场，稳定人心，促进官民之间顺畅沟通和良性互动。一些政府新闻办和公安系统的官方微博意外失语，置混乱舆论形势若罔闻，不能说是一种负责任的举动。[②]

---

① 柳霞：《政务微博火了之后》，《光明日报》，2011年12月8日。

② 吴心远：《各地政务微博就涉日游行发声　青岛西安保持沉默》，人民网，http://society.people.com.cn/n/2012/0916/c1008-19020787-1.html，2012年9月16日。

《新京报》曾载文指出，政务微博的“真”体现在“求真”，即公布真实的情况，特别是在突发事件中能够第一时间公布政府所掌握的真相，这是取得民众信任的长久之道。在今天，互联网不断倒逼政务公开，在政府的日常工作中，只有把公开政务信息常态化，在突发事件和网络舆论汹涌澎湃之际，能够尽快主动出击，公布真相，引导舆论，并把这不断强化为政府的“规定动作”，是民众之所期，也是政务微博谋取长足发展而必须跃过的龙门。

（四）能善辨有包容，能表态有立场

“能善辨”是指在网民众多的意见、建议和复杂的网络舆情下，能够辨识最集中的民意和舆情，然后进行有针对性的回应和引导。微博是一个巨大的舆论场，言论信息纷繁复杂，政务微博只有拥有一双“善辨”的慧眼，才能有的放矢地引导好舆论。

“有包容”是指面对网络围观和质疑，甚至是网民的批评和谩骂，能够心平气和，不参与无端争论，更不应与网民大打口水战。因为“粉丝”们是带着自己的想法、情绪来的，他们有各自的态度和诉求，难免会有表达过激的时候，这时候与其跟网民“一争高低”，还不如将政务微博打造成一个聆听民意、平等对话的舆论平台，这样既让公众感到被理解和被尊重，也有利于解决现实问题。

图2－12　民众更喜欢有亲和力的政务微博形象（作者：李敏）

在一些重大社会事件面前，政务微博的表态也显得很重要，一方面民众对政务微博能够在重大社会事件中发声十分期待，另一方面它在一定程度上代表了政府的立场，能够起到积极引导舆论的作用。

2012年12月17日晚，“@广州公安”在转发关于河南光山“冷对”22名（实应为23名）小学生被砍伤事件的微博时，一时难掩心中正义之火，留言曰：“出了这么大的事，只会封锁消息，混账！”“还‘安’啥！心难安！”此举连夜引发无数网友围观，有网友大赞：“一个对生命、人性有关切，能对民众痛楚有感同身受的广州公安，是广州之幸，市民之福。”知名意见分子“@厦门浪”力撑这位微博值班员：“人心都是肉长的，‘@广州公安’官博值班员如此讲也没有什么不妥啊？公安机关也是政府组成的一部分，是为社会大众服务的，支持‘@广州公安’！”连“@王小山”和“@李开复”也都说：“广州公安，为这句话敬你们一杯。”“广州公安威武。”不过在次日一早，“@广州公安”的这条微博却不见了……对于“@广州公安”删微博这件事，“@新华社中国网事”以“光山县封锁学生被砍消息引发广州公安微博冲冠一骂”为题点评道：“23名小学生被砍伤，当地政府封锁消息冷漠应对，引发广州公安官方微博冲冠一骂：混账！最终却在压力下删帖。官方微博板脸说教，惹人生厌；冲冠一骂，叫好一片。上级部门对待新生事物何妨宽容宽松，要让官方微博讲实话、表心声。别做‘假大空’。”①

“@广州公安”作为一个政府官方微博，如此表态，按照常理来说，是极为不妥的。《羊城晚报》记者采访“@广州公安”相关民警后获悉，这可能是微博值班员的一时“冲动”所为，最后，接到上级有关部门要求才删帖。以删帖收场，表明如此情绪化的表态是不符合政府部门立场的。但为什么这个举动又能够引起网民叫好声一片呢？这表明此条微博迎合了民意，说明网民们更呼唤这样一种能接地气的政务微博：能够表态，并且敢“为民请命”。在这种状况下，越是用避重就轻般的话语维护政府形象，就越会引发网民的逆反心理，只有转换角度，说出民众“如鲠在喉，不吐不快”的话，才能够说到人们的心坎里，使民众信任政府，以利于舆情的引导。“@广州公安”此举不值得也不能够提倡，但通过这件事，我们又

① 丘欣，谢亮辉：《@广州公安冲冠一骂　网友叹惜“删帖收场”》，《南方都市报》，2012年12月19日。

可以看到民众对政务微博接地气、讲真话、懂民意的期许。同时，这也从侧面说明，政务微博也需要适时、适当地表达其对某一新闻或热点事件的评论，做到理性引导舆论。这不仅可以为自己增加人气，更能够拉近与网民的距离。

（五）微博内容形式需生动多样

为了让网民们“喜闻乐见”，政务微博应在以大气为主的情况下适当俏皮一下。“卖卖萌”是提倡的，关键是要在大气和“卖萌”之间取得一个平衡，这样既会让网友感到有亲和力，又不失自己的庄重。

如何才能体现生动多样？目前，政务微博内容的侧重点主要包括政务信息发布、网络问政和民生服务，而休闲励志类的内容也在政务微博上屡见不鲜。政务微博该如何运用好这些内容形式使其受到欢迎？对此，中山大学传播与设计学院张志安认为：一个好的政务微博可能需要把这三种模式的特点加以融合，然后突出某一方面。因为政务信息发布、网络问政和民生服务这三类微博内容各有其优势和弊端。例如，走信息发布这种模式的政务微博的好处是权威、大气，它的缺点在于宣传味道比较浓；民生服务型的就比较注重发布衣食住行的信息，它的好处是贴近老百姓生活，缺点是如果一个政务微博完全以此类信息为主，它会陷入琐碎的境地，会让公众感觉有点避重就轻，公众还是期望在民生服务信息发布之外，还有对重大问题的回应和关切；网络问政的微博可以让公众更多的来提出关于社会治理、公共治理的意见，切实得到网络平台上的解决和互动，它的缺点在于一个微博如果完全或者大部分是在解决问题的话，由于网络平台的功能还是有限的，有很多问题单纯通过互联网上的互动、碎片化的传播和交流是无法全然解决的，另外它还会面临工作压力、在线互动压力过大的问题，这是网络问政型微博面临的考验。而把这几类内容类型进行结合，就能相得益彰，使得政务微博丰富和生动起来。[①]

---

① 《张志安：政务微博要包容地对待批评的声音》，腾讯网，http://gd.qq.com/a/20120505/000099.htm，2012年5月5日。

第三章　政府部门开设政务微博需要注意什么

根据《2012 年新浪政务微博报告》，截至 2012 年 10 月底，仅新浪网认证的政务微博总数就达 6 万余个，其中包括 5.8 万个基层政务微博，比去年同期增长 231%，政务微博发布微博总数约为 3 200 万条①。政务微博数量的不断增加，质量的逐步提高，标志着中国已经开始进入“政务微时代”。

微博方便快捷的多种参与渠道，使得人们能够更加容易地实现信息共享与交流。党的十八大报告指出：要加强和创新社会管理。在形成党委领导、政府负责、社会协调、公众参与的社会管理新格局中，政务微博发挥着越来越大的作用。政务微博在网民问政与政府施政之间架起了连接的桥梁：一方面，政务微博给政府提供了一个发布信息、引导舆论、沟通交流的新窗口；另一方面，政务微博也丰富了公众参政议政的形式，保障了公众的知情权、表达权、参与权和监督权。“微”言大义，蕴藏在政务微博里的巨大“政”能量，正悄悄改变着政府部门传统的执政理念和执政方式。

然而，在政务微博的使用方面仍然存在不少问题——是否开通微博？在哪里开通微博？开通微博前要做什么准备？头像、简介、域名、模板等微博基本元素的设置有何讲究？什么是私信？什么是微群……一个个问题困扰着想要开通微博而又不懂、不敢开通微博的政府部门。本章将要针对政务微博的使用问题进行详细介绍，引领您进入政务微博的神秘世界。

---

① 卢国强：《截至 2012 年 10 月底新浪认证政务微博总数 60 064 个》，新华社，http：//tech. xinmin. cn/2012/12/14/17634131. html，2012 年 12 月 14 日。

一、要不要开微博

如今，微博已经不是一种单纯的社交工具，它已转变为公众问政、监督政府的新平台。重大公共事件发生时，总有微博参与的“身影”，它的信息传播往往能够跑在传统媒体的前方，公众乐于通过微博获得最新信息，传播“内幕”与见解。在这个人人都有权拥有“麦克风”的时代，政府部门如果不开通微博，就比他人少了一个表达主流意见、引导舆论、倾听民情的地方，不利于执政工作的开展。

当然，对于不熟悉微博的人来说，开通微博具有一定风险。例如，江苏省溧阳市某卫生局长曾误把微博当QQ，微博直播与异性调情开房，并暴露出受贿、贪污等信息；无独有偶，四川省成都市青羊区教育局某办公室主任也曾爆出微博调情事件，造成恶劣影响。微博这把双刃剑，如果使用不当，很容易伤人又伤己。

微博上有风险，微博上更有机遇，积极参与政务微博的使用与建设，远远比排斥、漠视微博来得更有意义。政府部门不能谈“微”色变，要适应新形势，不断加深对微博的认识，好好加以利用，拉近自身与公众之间的距离。这不仅是加强和创新社会管理的需要，也是维护社会稳定和国家安全的要求。只要勇于尝试，乐于学习，善于开拓，政府部门在政务微博的平台上一定能够大有可为，而政府部门的执政理念和执政方式也会因此得到新的转变和提升。

二、开微博前要做什么准备

政务微博代表的是政府部门的形象，因为身份特殊，备受广大网民的关注，对此，政府部门要有清醒的认知和心理准备。政府部门开通微博，相当于把自己置身于“广场”之中，随时需要接受公众的质疑、询问和批评。公共危机事件发生后，政府部门遮遮掩掩、躲躲闪闪的办法已经不“靠谱”了，公众的围观会造成强大的舆论压力，不及时公布真相、应对舆情，将会招来公众的“拍砖”甚至“鞭尸”。

政府部门调整好心态，准备开通微博后，首先要组建一个微博运营团队，把责任落实到位，这样才能保证微博的定期更新、正常运转。团队的队员需要进行基本的培训，学习微博施政的新理念，掌握微博运作的基本游戏规则、如何写作微博、如何积累粉丝、如何策划微博活动、如何应对负面评论等实用技巧。接下来，政府部门要明确政务微博的定位和目标，多学习优秀政务微博的运作案例，了解他们粉丝人数多的原因、他们的发布风格，取长补短，为自己开通微博做好理论准备。

三、在哪里开微博

从2009年7月中旬开始，国内大批老牌微博产品如饭否网、腾讯滔滔等停止运营，而一些新产品则开始进入公众的视野。2009年8月，新浪启动微博内测，成为国内最早推出微博服务的门户网站。2010年是中国的微博元年，搜狐、腾讯、网易相继推出微博产品，微博热度不断上升。当前，国内微博市场最主要的10款产品是新浪微博、百度i贴吧、搜狐微博、网易微博、腾讯微博、做啥网、嘀咕网、同学网、9911微博客、Follow5。[①] 此外，新华网、人民网、凤凰网以及各类垂直网站、各地政府网站等也纷纷推出自己的微博产品。

如此众多的微博产品，政府部门应该如何选择呢？如果精力允许，本着为更多网民服务的目的，可以在多个网站开通微博，但是要注意同一系统的微博应该选择在同一网站开通，以保证政府机构服务的系统性。如果精力有限，也可以根据政府部门自身的特性，考虑与公众的接近性因素，选择地域性、行业性微博平台，在当地政府网站、新闻网站或者其他垂直型网站上开通政务微博，如司法部门可以选择在《检察日报》旗下的正义网推出的法律微博。

当然，政府部门也可以直接选择目前国内微博平台中使用人数最多、影响力最大的新浪微博。新浪公布的2012年第四季的财报数据显示，2012年新浪微博的注册用户总数达到了5.03亿，全年增长率为73%，日活跃用户数达到了4 620万人，和2011年同期相比提高了82%。中国人民大学

---

① 《中国微博元年市场白皮书》，新浪网，http://wenku.baidu.com/view/a63536cea1c7aa00b52acb49.html，2010年9月。

相关研究报告指出，新浪微博用户的整体素质较高且用户的行为较为积极，部分用户已经形成了对新浪微博的媒介依赖。①

为了更好地提升政务微博的服务功能，新浪微博推出“政府版”。新浪微博在政府版主页中增加了视频、图片、地图、友情链接、公告栏等全新的展示模块，用户可以进行自定义设置，以满足不同的展示、传播需求。政府机构通过微博可以发起各类线上线下活动，并将其集中呈现在微博主页上，邀请每一个浏览政务微博主页的用户关注、参加。例如，政府部门可以利用微博中的投票工具对微博用户进行意见收集，并可以追踪每一个参加投票的用户微博，以查看他/她的更多信息。

四、微博要怎么命名

政务微博起什么名，其重要程度相当于为一个孩子起名。名称与机构联系不紧密，权威性、真实性容易打折扣，同时不利于微博用户的搜索和关注，增加了政务微博推广和宣传的难度。目前，政务微博的命名比较自由、无序，有些政务微博的命名存在歧义，如“@新疆地震局”原先的名称叫作“@地震在新疆”，引起网友争议后才改名。有些政务微博的命名注重亲切感和个性化，如福建省妇联官方微博“@闽姐姐”、北京急救中心官方微博“@我在120上班”、广东省东莞市人民政府新闻办公室官方微博“@莞香花开”等，单独看这些微博的名称很难与各自背后的政府部门联系起来。在这种命名情况下，要注意在简介中注明机构名称，以弥补命名上指向性不明确的不足。

在这里，介绍两种政务微博命名的规范格式：其一，采用“某省某市某县（区）某部门”或者“机构全称＋二级机构＋三级机构”的命名方式，可根据自身情况做适当简略。通过这种方式命名的政务微博，直观明了，可信度高，方便用户搜索和关注。其二，昵称式，公安系统的“平安系列”政务微博及政府新闻办公室的“发布系列”政务微博在长期的运作中已经形成规模效应，公众的认知度高。因此同一系统的微博可以借鉴这

① 喻国明、欧亚、张佰明、王斌：《微博：一种新传播形态的考察——影响力模型和社会性应用》，人民日报出版社，2011。

种命名模式，形成自己的系列。

五、政务微博用什么做头像

政务微博作为党政机构和职能部门的微博，在头像的选择上不能太过随意。政务微博的头像能够帮助用户更直观地了解政府部门，一般可以采用本部门的标志性建筑照片、LOGO 作为形象标志，以增加微博的可信度。目前，政务微博的头像也存在一些问题，例如有微博无头像、部门微博搭配个人头像、头像雷同等。为了增强政务微博头像的视觉感染力和贴切性，“@ 宁波发布”、“@ 外交小灵通”等都曾面向社会征集头像。“@ 外交小灵通”头像是两个手拿话筒站在地球上的卡通人物，女孩是“小灵”，活泼清新，将开展与网民的互动，男孩是“小通”，正装皮鞋，负责发布相对严肃的外交动态。话筒意味着“@ 外交小灵通”是外交部信息发布平台之一，地球意味着小灵通行走世界，亦庄亦谐的设计风格，拉近了政府部门与网民间的距离，得到了粉丝的热捧。[①]

图 3－1 “@外交小灵通”的卡通头像

① 张晓宁：《“外交小灵通”新头像出炉　政务微博亲民风正劲》，中国新闻网，http://www.chinanews.com/gn/2012/03－15/3747409.shtml，2012 年 3 月 15 日。

六、为什么要设置微博模板

微博模板指的是微博主页上两个侧边以及上部空白处的图案。点击新浪微博右上方的设置图标，在弹出的下拉菜单中选择“模板设置”，并在喜欢的模板图片上单击，可以预览模板效果。模板如同政务微博的衣服，丰富多彩，是展示政务微博形象的又一个方式，不要轻易地放弃设置。自定义模板能够更好地满足政务微博的展示需求，选择符合政府部门形象及富有地域特色的图片作为微博模板，既美化了政务微博的外观，又增强了用户的识别性。“@北京发布”的模板主体是浅蓝色，右上方有标志性建筑天坛的风景图片，与“@北京发布”的红色天坛状头像相得益彰，富有个性，充满美感。设置自定义模板，只需在上述操作的基础上选择“自定义模板”—“修改大背景图”—“上传图片”，并根据喜好进行图片“拉伸”或“锁定”的背景设置及图片的对齐方式等（如图3－2所示）。简单的几个步骤，将会使政务微博呈现出完全不一样的风格，值得一试。

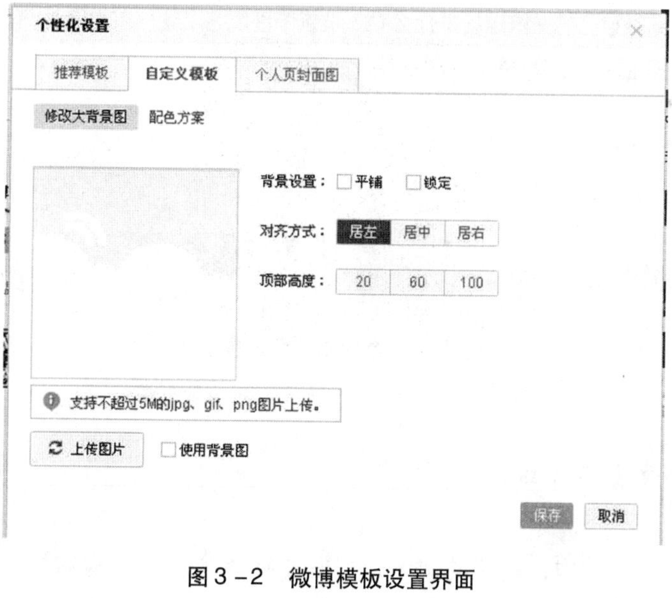

图3－2　微博模板设置界面

七、怎么设置个性域名

申请微博后，用户将会获得一个唯一的域名，新浪微博默认的域名是数字串的形式，如“http://weibo. com/2253569625/”等。用户可以通过设置个性域名来更改初始的ID域名，以达到彰显政务微博特色的效果，方便粉丝识别、记忆。目前，政务微博的个性域名主要有两大类，一类为微博名称的全拼，如“@北京消防”的个性域名为“http://weibo. com/beijingxiaofang”；另一类为微博名称的拼音首字母缩写，如“@南京发布”的个性域名为“http://weibo. com/njfb”，这两种个性域名都直接与微博名称挂钩，简洁易记，效果良好。设置个性域名，需要在设置菜单下选择“账号设置”——“个性域名”，出现以下界面时输入4～20位的数字或字母并进行保存。值得注意的是，个性域名设置完成后不可更改、不可删除，因此，在设置前需要谨慎选择域名。

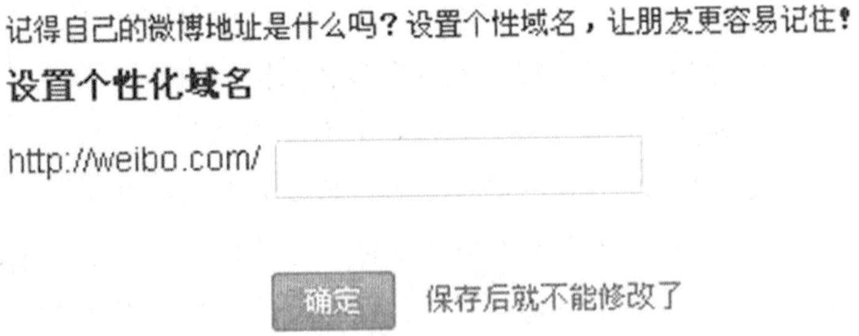

图3－3　个性化域名设置界面

八、微博简介写什么

在政务微博中，简短的文字介绍也能够体现所属机构的特点。一句好的简介可以在第一时间抓住受众的眼球，让对方更好地了解政务微博的服务内容和特点。所以，简介一定要明确，突出最主要信息。依次打开“账号设置”——“个人资料”，在最后一栏的“一句话介绍”中简短地介绍本部门的业务范围等，突出政务微博的功能和特色。最后，应该附上本部门的联系电话和 E-mail 地址，方便群众询问、监督。如“@上海发布”的简介栏中写道：“飞驰中构建城市蓝图；奔跑中传递城市变迁；信步时欣赏城市美景；闲坐时叙说城市故事。这里是上海市人民政府新闻办官方微博，欢迎围观，共话上海。”并提供了邮箱地址 shanghaifabu@vip. sina. com，方便群众联系。这条简介用工整、优美的文字将“@上海发布”要发布的几大内容概括出来，吸引了粉丝的关注。退而求其次，只要诚恳地写出本部门的职责与期望，也能得到粉丝的认可。微博简介栏目忌不说话、说空话。

九、为什么要申请认证

认证，即向新浪微博申请加“V”，个人账户为橙色“V”标识，机构账户为蓝色“V”标识。政务微博经过认证，才能与一般微博区别开来，提升微博的权威性和真实性，维护党和政府的形象。目前有些微博冒用政务微博的名称发布不实的政务信息，造成了不良后果。例如，在新浪微博中，人气颇高的“@上海发布”就有许多名称相似的微博用户，如“@上海发布 W”、“@上海发布 007”、“@上海发布头”、“@上海发布会”、“@上海发布 12”、“@上海发布者”等，粉丝人数少则几十人，多也不过数百人。试想，如果政务微博不申请认证，微博用户将会受到蒙蔽，很难第一时间从这些“乱花渐欲迷人眼”的微博名称中找到权威的官方微博。

“山寨”微博不仅有跟风命名的还有恶意抢注的。抢注者企图出售这些微博用户名，或者打着公共服务的旗号推广商业广告，以获取巨大利益。有新闻报道称，沈阳一男子以“沈阳万科公园大道”为名抢注新浪微博，当万科公园大道想以项目名注册新浪微博时却被告知“重名”，对方开出的价码是用一套两居室的房子来换取该微博账号的管理权①。微博遭抢注该如何处理，目前在法律方面还是空白。政务微博要加大自己微博名称的宣传，提高它在公众心目中的认知度，同时要积极进行加“V”的实

① 王世停：《政务微博账号频遭抢注令人忧》，新华日报网络版，http://www. southcn. com/jsfw/zxdt/content/2013 -03/21/content_ 65738109. htm，2013年3月21日。

名认证，以确立“官方”身份。

十、什么是私信

网民反映的问题有些是涉及隐私的，并不适合在微博上公开，以免引发围观。私信，使政务微博和用户之间有了一对一说“悄悄话”的可能。私信具有四大特性：①平等性，和 QQ 等即时聊天工具一样，私信发送方与接收方所看到的内容是完全一致的，不存在主从之分；②私密性，这点类似于 E－mail，只有发送双方才能知晓私信内容，而第三方无从查知；③封闭性，只有同在一个平台下的微博用户才能互相发送私信；④延时性，微博用户即使不在线也能在下次上线时看到私信。私信图标在微博主页左侧边，点击小信封状的图标就可以打开“我的私信”和“发私信”界面。私信内容有字数限制，必须少于 300 字，但可以插入图片和附件，输入对方昵称后点击发送按钮，就可以把这条私信发送给接收方，操作上有点像发邮件。另外，用户也可以在微博主页右侧边选择你想要私信聊天的对象，点击其头像就会弹出聊天窗口，这种方式更为简单快捷。当私信传来新消息时，微博页面上将会弹出“1 条新私信”的提示，点击即可查看。

私信是网民与官方沟通的一个重要渠道，是官民互动的表现。2013 年 2 月 18 日，“@成都发布”在公告栏中号召开展“#联动 96110#”活动，表示“12 类问题，请私信我们”，其受理范围包括“噪音污染、交通问题、占道经营、油烟扰民、车辆乱停放、违章搭建、卫生死角、路面破损、绿化问题、随意排污、好人好事、文明建议”。以“#联动 96110#”为关键词搜索其微博发现，“@成都发布”有选择、有限度地公开网友的举报信息，进行了调查处理，并及时回复，得到网友好评，新余市网络中心主任“@新郎说事”评论说，“@成都发布”好样的，“@新余发布”要好好学习一下。

然而，目前仍有一些政务微博不开通私信，如新疆伊犁哈萨克自治州霍城县公安局看守所官方微博“@霍城看守所”、江苏省昆山市公安局官方微博“@昆山公安”等，在他们的微博主页上并没有“发私信”的选项。还有些微博虽然开通了私信，却限制粉丝发送，当粉丝点击发送私信时，弹出“根据用户设置，你不能给他发私信”的提醒，或者不愿意回复网民私信，私信功能成了摆设，政务微博的功能大打折扣。中山大学政治与公共事务管理学院副教授陈天祥曾经表示，不开通私信关键是观念没有转变，政府部门要把回复私信、与民互动看作如接待上级视察领导一样重要的事。[①] 有时，政务微博会遇到私信骚扰的情况，但也不能因噎废食，大可采取删除、举报的方式解决。

十一、微博应该关注哪些人

不少政务微博粉丝人数众多，但关注人数很少，原因是他们认为政务微博是政府部门的传声筒，重在发出声音，没有必要关注其他用户。“@西岗分局”曾经仅关注一名用户——日本成人影星“@苍井空”，被网友调侃是“不问民生问空姐”，闹出了不小的笑话。拒绝关注就是拒绝沟通交流，同时也失去了向优秀微博学习的机会。政务微博应该关注这些人：

（1）与本部门、本地区相关的政府机构、官员个人微博。关注他们的微博，把握部门动态，在公共事件发生时协同联动，增强影响力，共同处理好危机事件。

（2）本地区主要的新闻媒体、媒体从业者微博。从他们的微博中，可以搜集舆情、跟进事件进展，与他们形成良好的合作。

（3）国内优秀的政府机构、官员个人微博。同行微博的优秀经验值得借鉴，政务微博要善于学习以改进本部门微博的运作、促进本部门工作的开展。

（4）本部门相关领域的专家学者。专家学者知识丰富、实践性强，微博粉丝人数众多，影响力大，从他们的微博中可以发现本部门工作存在的问题甚至是改进本部门工作的方法；

（5）经常向本部门献策建言的活跃网友。热心网友提出的问题往往是“草根”的、代表公众心声的，关注他们的微博有利于加强官民互动。

（6）其他意见领袖。一些名人、明星的微博引导舆论，也值得关注。政府部门如果把他们代表公众提出的问题和建议当作工作的重点，管理服务水平将会大大提升。

---

① 廖颖谊：《政务微博不开通私信惹网友不满：只是空壳》，《新快报》，2012 年 8 月 20 日。

政府部门只有关注这些群体的微博才能充分掌握信息。当然，面对微博场上的“众生哗然”，政府部门要有气量和自信，直面挑战。这是对政府部门政治智慧的考验，也是对网络时代政府应对舆情的媒介素养的检验。

十二、什么是微博发布厅

微博发布厅是政务微博应用的一大创新。它借助新浪微博的技术平台，开辟各部门联合发布的网络阵地，它能够整合政府信息，改善公共服务，提升地区乃至城市对外形象，打破了传统的民政网络沟通方式。2011年11月17日，北京市政府新闻办发起的“北京微博发布厅”正式上线，并独家落户新浪。[①]“北京微博发布厅”集合了北京市百余个“城市发言人”，在传播信息、征集民意、动员公众方面发挥了重要作用。

随着微博发布厅的发展，粉丝数量会不断增加，发布厅的后续运营需要持续关注，不能一“开”了事。微博团队人手不足、舆情监控任务繁重、人员素质参差不齐、各部门间协调性不强等问题都会一一浮现，政府部门要深入研究政务微博面临的挑战，及时解决问题。例如，“无锡发布厅”上线以来，存在“冷热悬殊”问题，人气最高的“@无锡发布”发了数千条微博，而“无锡发布厅”里的信访、审计、国土、园林等市级部门，发微博数只有百余条，互动明显不足。因此，发布厅内各个政务微博都要尽量提升自己的微博操作水平，更好地发挥微博发布厅的集群效应，立体宣传城市形象。

十三、什么是微访谈

微访谈是建立在新浪微博基础上的访谈类产品。微访谈中，普通网友成为记者，与嘉宾在微博上进行零距离交流。在微访谈过程中，各种各样的问题都可能呈现，嘉宾直接回答，数以万计的网民参与围观，现场感强

① 张意轩：《“北京微博发布厅”上线　打造政务微博新阵地》，人民网－时政频道，http://politics.people.com.cn/GB/99014/16292186.html，2011年11月17日。

烈。新浪微访谈的口号是“无微不至，有问必答”。开展微访谈有两种进入方式：其一是进入“@微博主持人”的主页点击左侧链接“微访谈”，其二是在微博主页的应用广场中选择“官方应用”，进入“微访谈”，在微访谈主页右上角选择“申请微访谈”。目前，新浪微访谈仍处于测试期间，单场微访谈只针对粉丝数超过5 000的新浪微博认证用户开放。政府部门可以定期开展微访谈，与网民在线交流政策、工作情况，听取民意，也可以在突发事件、危机事件发生后开展微访谈，为网民答疑解惑，稳定民心。

2012年12月26日，中共银川市委十三届二次全体（扩大）会议召开后，银川市政务微博集群推出“我们的生活”、“我们的城市”、“我们的未来”系列微访谈。2012年12月31日10:00～11:30，“@银川规划”、“@银川建设”、“@银川交通”三家政务微博将做客微访谈，和网友交流“旧城改造、城市交通、智慧城市”等方面的问题，共收到46个问题，并答复26个，形成互动。但是，从网民的提问、转发、评论数量来看，互动仍不够明显。开展微访谈，前期宣传与后期的总结都是必不可少的，还要注意选择网民有空闲的时间段，增强访谈的传播效果。为了提高网民参政议政的积极性，对于那些有价值的问题，政务微博在微访谈结束后还应在线下予以答复。

十四、如何充分利用140字

微博有字数限制，每条最多只能有140字。如何才能利用好这140字？如果140字不够用又该怎么办呢？下面将进行简单的介绍。

首先，微博应该一事一报，即一条微博只说一件事，直截了当，不说空话、套话。抓住网民关切的热点，为网民提供精确的信息服务。

其次，采用“摘要+链接”形式。140字不够用时，可以简要概括内容，突出要点，然后加上部门博客、官方网站等网址链接。需要注意摘要的写作要引人关注，不能只是干巴巴的一个标题或是网站新闻的简单粘贴。这样的微博内容枯燥、乏味，容易沦为官方网站的“翻版”，难以引起粉丝关注。

最后，利用长微博APP系统。140字的微博虽然简单易发但也容易造成碎片化传播，降低传播效果。政府部门可以借助长微博工具，完整发送内容，以免因为文字的断层造成网民误解，产生谣言。编辑好微博内容后以照片的格式作为附件发表微博，字数可以达到千字。一些“敏锐”的政务微博已经充分使用这项技术手段。例如，2013 年春节期间，多家政务微博发布“网购年货警惕四大陷阱”的帖子，“@ 中国广州发布”先后以传统文字型长微博、文字结合漫画的长微博形式，提醒广大市民注意网购陷阱。网友只要点击照片，就能放大打开长微博阅读，而不用重新打开另外一个窗口。

初次使用长微博时，在微博首页点击“微吧”，选择弹出窗口中的“长微博”，根据提示关注“杂谈吧”，即可开始体验长微博工具。长微博的标题最多 40 字，正文则没有字数要求，可以插入图片，要注意写好正文前 126 字，以便微博自动摘录。

十五、政务微博发布要把握哪些原则

政务微博发布内容要把握三大原则：及时公开、直面评论、重视结果。及时公开，即政务微博要在第一时间发出官方的声音，占领舆论制高点。不能有“饿一饿”网民，让他们降低对政府信息公开要求的侥幸心理，这种“控制”的做法将会使公众失去耐心，降低政府的公信力。

直面评论，展示的是政务微博及政府部门的自信与坦荡，即不论网民的评论是对政府部门的询问、质疑还是批评，都要敢于回应，“顾左右而言他”不能解决问题，只会激化矛盾，甚至酿成群体性事件。

重视结果，指的是要给网民答复，包括线上的回复和线下的处理两部分。网民向政务微博提问，说明其对某方面问题的关切，政务微博最好能一一给予回复。如时间、精力不允许这样做，则要挑选有代表性的、紧迫的提问予以回答，强化政务微博的为民服务功能。

第四章 如何让政务微博有“话”可说

据人民网舆情检测室发布的《2012年新浪政务微博报告》显示，截至2012年10月31日，新浪微博上已经有34 539个党政机构微博和25 525个公务个人微博，与2011年同期相比，政务微博在2012年的发展速度急剧上升，其中最大的特点是部委级微博的大量出现，特别是2012年11月9日，“@国务院公报”微博的上线，标志着政务微博经过两年在地方的成功开展之后，已经在社会效益、公众口碑等方面获得了良好的成果。经过两年的积累和沉淀，部委级微博的上线必将在吸取各个政务微博成功发展的经验之上，进一步丰富微博作为新媒体的服务功能，规范政务微博的运营；另一方面，可促进地方开办政务微博运营的积极性，提高政务微博运营的效率。

然而，在经过了一年的高速发展期之后，固然涌现出了许多优秀的政务微博，但不少的政务微博只是停留在形式主义层面，仅仅是为了完成任务而开设微博，没有组织专业的团队去运营和维护，没有意识到微博这种新媒体在工作开展中所蕴含的巨大潜力。总的来说，此类微博存在以下问题：

（1）发布微博数量过少。有些政务微博是迫于行政压力不得不开设，而且仅仅是在开设初期发了几篇微博，之后长期没有管理，此类微博可称为“僵尸微博”。

（2）发布内容太官方化。有些政务微博的运营人员可能同时兼任相关部门网站的运营员，在运营思路上可能仍然把微博当作与网站类似的公告牌，观察此类微博，大多是某会召开，某领导到某地视察工作，这样的微博在职能上与网站重复，造成了资源的浪费，另一方面也不能吸引受众的眼球，不利于部门形象的发展。

（3）无关信息过多。有人把微博当作任务交差，有人却成了“微博控”，明明是公安微博，却天天发布健康信息、幽默笑话、美食图片。虽然这对改善公安部门的形象有利，但使用太多则有损公安部门的威严。如何做到恩威并重，是值得每一个微博运营人员深思的问题。

鉴于以上问题，本章将分门别类，逐一地对群众较为关注的政务微博的运营作一番探讨，期望能对各部门改善政务微博运营有所裨益。

一、公安微博

（一）公安微博发展综述

公安微博是最早出现的政务微博之一，也是到目前为止发展最为迅速、群众口碑最好的政务微博。人民网舆情检测室发布的《2012 年新浪政务微博报告》中，评选了 2012 年“十大政务机构微博”，结果前 10 名有 6 名是公安微博，这一结果充分体现了公安微博的发展势头，对地方各部门的公安微博的开展也是一个极大的推动。

（二）公安微博的类型

公安局、派出所、消防机构、刑侦经侦机构、交管机构、出入境管理、治安机构、特警等。

（三）公安微博的服务内容

1. 发布权威信息

公安由于其自身职业的特殊性，每个部门均牵涉到人民群众的切身利益，因而能够天然地获得极高的关注度，例如户籍管理规定、出入境管理规定、交通管理措施变更、汽车上牌年审、招考警务工作人员等，这些公共政策都和人民群众的生活息息相关，所以得到了极高的关注。然而，以往的发布方法，往往在官方网站上发布，这些内容大多是一些“大部头”的文件，内容冗长，文字干涩，群众也容易出现理解上的偏差。加上微博短小精悍的特点，要求字数必须限制在 140 个以内，这一特点迫使此类信息的发布方式改为若干个短文发布。此种变化的好处在于，能够逐个条款来解答群众的疑惑，并且简短的文字也有助于快速转载。

2. 发布工作情况

公安部门由于其职业特点，往往给人一种严肃、难以接近的感觉。虽然平时有些部门也会开展警民互动的活动，但这些活动大多流于形式，缺乏真正意义上的沟通，这种状况使警民之间一直难以做到真正的和谐共处。

微博的出现可能会改变这种情况。2012 年 6 月 15 日至 17 日，公安部新闻中心、新浪网和新浪微博共同主办“派出所的一天”微博直播活动，向社会各界展示公安基层单位派出所的日常工作，将线下的“警营开放日”延伸到网络公开平台上。

此次活动吸引到了包括“@公安部打四黑除四害”、“@平安北京”、“@江宁公安在线”等在内的全国 1.3 万余个公安微博的共同参与，以“@派出所值班那点事”为代表的 4 000 多个派出所和数万基层民警通过微博进行工作直播。从 15 日凌晨至 17 日下午，“派出所的一天”相关的原创微博数量已超过 32 万条。

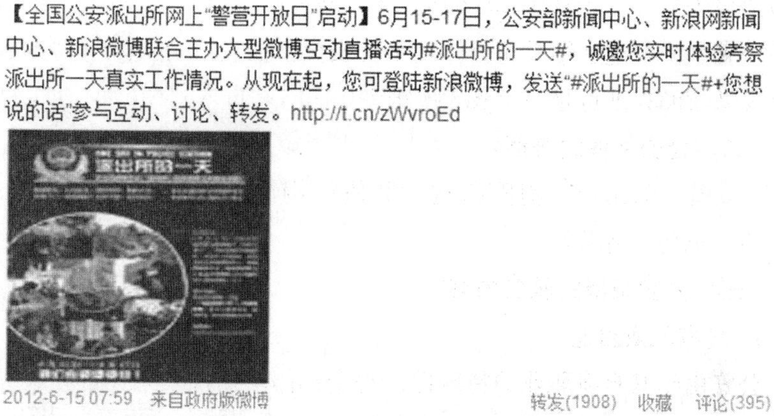

【全国公安派出所网上“警营开放日”启动】6月15-17日，公安部新闻中心、新浪网新闻中心、新浪微博联合主办大型微博互动直播活动#派出所的一天#，诚邀您实时体验考察派出所一天真实工作情况。从现在起，您可登陆新浪微博，发送“#派出所的一天#+您想说的话”参与互动、讨论、转发。http://t.cn/zWvroEd

2012-6-15 07:59 来自政府版微博 转发(1908) 收藏 评论(395)

图 4－1 “派出所的一天”活动相关微博

此次活动取得了圆满的成功。“@公安部打四黑除四害”、“@平安北京”、“@江宁公安在线”等一批公安部及省市公安部门的官方微博充分发挥了组织和带头作用，原创内容精彩丰富，转发和评论也非常可观；一些基层派出所、民警也从自身的基层工作和经验出发，微博内容平实、有趣；一些网友和媒体加入体验，并表示体会到了基层公安工作的辛苦，加深了对警察的理解；媒体方面，13 家党报及都市报刊发了 15 篇报道，50 多家国内知名网站发布了 100 多条网络新闻。

在此次活动中，网友不但可以随时查看公安部门的工作，还可以参与话题讨论、给公安部门提意见，这一举措充分表明了公安机关开门办事、积极和群众沟通的决心和信心，体现了公安微博的真正价值——架起警民沟通的桥梁、密切警民联系。

3. 搜集破案线索

由于微博具有迅速扩散信息的特点，不少公安机关充分运用这一特点，在微博里发布嫌犯追捕、线索悬赏等信息，吸引网友参与，这一方法为破案提供了新的思路和方法。

2011 年全国公安部门开展“清网行动”，湖南省长沙市公安局利用长沙市公安局官方微博“@ 长沙警事”向全社会公布《长沙市公安局关于公民举报网上在逃人员线索的奖励办法》，明确规定：“清网行动”期间，对提供线索抓获逃犯的举报有功群众给予一定奖励。通过公安微博向全社会征集逃犯线索，与网民进行良性互动，进一步加大了“清网行动”的宣传力度。

4. 发布安全常识

在发布安全常识方面，微博这种新媒体因其得天独厚的传播优势，能够用传统媒体无法企及的表达方式来发布防盗等安全知识，并且由于表达方式多样化、轻松活泼，吸引了许多年轻人的关注。如 2012 年“@ 阜阳公安在线”就通过拍摄一段视频，以模仿“江南 style”的方式来普及防盗知识，取得了良好的传播效果。

#防盗抢style之防砸车行窃#很多童鞋喜欢把现金或手机等贵重物品锁在车内.这给不法分子留了可乘之机.童鞋们请注意:不要在车内存放贵重物品.尽可能将汽车停放正规停车场.下车时一定要注意锁好车门和后备箱.并安装防盗装置，以最大限度减少被盗风险。但如真的不幸遭遇车窗被砸.还请快快告知警察蜀黍哦。

2012-11-29 10:33　来自专业版微博　　转发(177) | 收藏 | 评论(65)

图 4－2　“@阜阳公安在线”发布的防盗车知识

此外，“@ 贵阳市南明公安分局”专为大学生们发布了一条《学生宿舍如何防盗》微博。该微博一经发出，就因其活泼的漫画配图方式，受到大学生和网友们的热捧。

据南明公安分局宣教科的张警官介绍，由于传统的宣传资料、防盗手册等大都采用大量的文字和案例，显得比较“古板”，很难引起大学生们注意，所以，民警们想到了用漫画配文字的方式，这样更加活泼有趣，大学生们更乐于接受。而通过微博发布，则是考虑到微博传播率高、传播速度快的特点，并且现在的大学生们几乎都玩微博。

为制作该微博，民警们分析了大量学生宿舍被盗案件，针对学生宿舍的特殊性和犯罪分子惯用的作案手法等，在这条微博里为同学们总结出盗窃学生宿舍的常见手段、高发时段和防盗注意事项等方面的内容。每一条提示都配有漫画，通俗易懂，也很精美。

二、交通微博

（一）交通微博发展综述

首先值得说明的是交通微博和交警微博的区别，前者属于交通运输部管辖，职能是拟定并组织实施公路、水陆、民航行业规划、政策和标准，承担涉及综合运输体系的规划协调工作，促进各种运输方式相互衔接等。而交警微博则属于公安部管辖，职能是维护交通秩序，保证出行安全。

目前，交通微博中发展最为迅速的是铁路微博，此外，交通局、海运、航空、高速公路、公交等微博发展都较为迟缓，值得一提的是，地铁和航空方面，虽然有类似“@广州地铁”、“@中国南方航空”这样有较强影响力的官方微博，但是从性质上看二者应该属于企业微博。另外，根据第十二届全国人民代表大会第一次会议审议的《国务院关于提请审议国务院机构改革和智能转变方案》的议案，铁道部实行铁路政企分开。将铁道部拟定铁路发展规划和政策的行政职责划入交通运输部；组建国家铁路局，由交通运输部管理，承担铁道部的其他行政职责；组建中国铁路总公司，承担铁道部的企业职责；不再保留铁道部。今后的铁路微博到底属于政务微博还是企业微博，仍然有待商榷。但不管是政务微博还是企业微博，交通微博的职能是不会变的。

（二）交通微博的类型

交通局、航空机构、铁路机构、公交机构、地铁机构、航运机构。

（三）交通微博的服务内容

1. 发布交通信息

作为交通部门的最基本职能，通过微博发布信息流程简单、传播迅速、影响范围广。如春运期间南昌铁路局通过在微博发布余票信息，第一时间让没有买到票的乘客获知该信息。

另外，通过微博发布失物招领信息效果更加明显。如春节期间“@南昌铁路”就与“@信息日报”合作开通失物招领平台，取得了良好的社会效益和口碑。

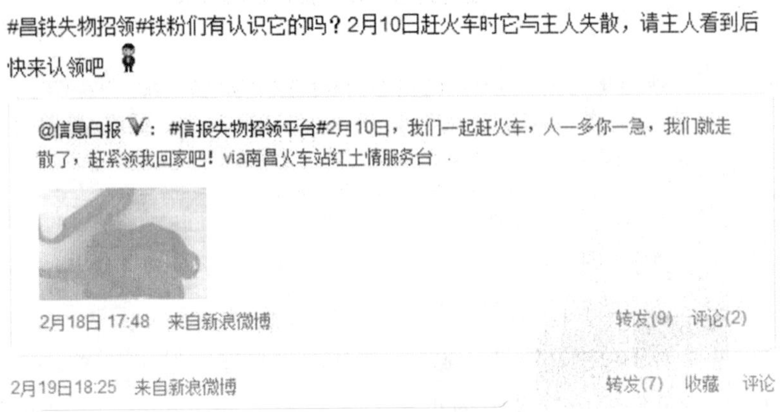

图4－3 “@南昌铁路”与“信息日报”合作发布失物招领信息

此外，发布路况信息也是交通微博的基本职能之一，如下图4－4“@交通北京”就通过文字＋配图的形式，让车主们第一时间知晓道路交通状况，并建议选择公交出行。

2. 发布出行常识

出行常识包括如何避开人流高峰、防盗常识、禁止携带易燃易爆物品等。通过微博这种新媒体单条发送的形式，能够极大地强调每一条安全注意事项的重要性。如“@广州地铁”就以话题“#平安地铁#”的形式（如下图4－5），每隔一天发布一条安全常识，取得了良好的社会效果。

3. 发布天气情况

对于出门在外的人来说，交通信息和天气信息是必不可少的。虽然各个地方都有气象微博，但事实证明由交通微博来发布天气信息效果更加明显。

#路况播报#【现在全路网已经中度拥堵啦！】交通指数是7.8，平均速度：23.8公里/小时。其中：四环内严重拥堵，四环至五环间中度拥堵。建议大家选择公共交通出行吧！驾车的朋友一定要文明礼让，按序通行。查询实时路况，请点击：http://t.cn/zWElqW7

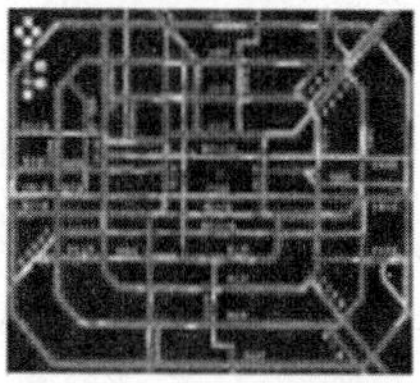

今天08:20 来自专业版微博 转发(28) 收藏 评论(5)

图4－4 “@交通北京”发布交通状况信息

广州地铁V：#平安地铁#（43）【正确搭乘扶梯】乘坐扶梯时探头张望，转身聊天，奔跑，相互拥挤，脚踩黄线都是非常危险地，正确的姿势应该是：双脚站立在台阶的黄色框内；手扶好黑色扶手带；不要拥挤、相互碰撞；不要随意触碰紧停按钮；不要倒站聊天；大件行李不要使用扶梯。安全第一，请大家不要轻视。

3月11日 10:56 来自专业版微博 转发(17) | 评论(11)

图4－5 “@广州地铁”发布乘扶梯常识

4. *发布旅游信息*

虽然道路沿线不一定都是旅游景点，但是旅游线路上的交通一定要便利。各大交通微博在发布相关交通信息的同时，每天也发布交通沿线旅游地的信息，这给那些外来旅游人员带来了极大的方便。

三、司法微博

（一）司法微博发展综述

为落实党中央司法为民的要求，全国各级法院纷纷开展了形式各样的为民司法活动，如网上晒文书、网上听民意、网上庭审直播等一系列司法举措，这一系列行为让公众对司法工作有了一个较为清晰、全面的认识，提高了司法的公信力和透明度。而司法微博的开通能将各司法部门的工作情况更直观、迅速地展示给公众，加深其对司法工作的了解，让群众发挥其监督的作用，这对促进司法工作的良性开展，具有重要意义。

据统计，截至2011年年底，司法微博包括司法行政、检察、法院系统共有648个政务微博，而根据最新的《2012年度政法微博发展报告》，截至2012年10月，司法行政、检察、法院系统的政务微博数量已有1 987个，数量几乎是前一年的3倍，可知上述部门在利用微博这种新媒体进行普法宣传、促进司法公开方面逐渐加快了步伐。

在内容方面，经过2010至2011年的摸索，现阶段的司法微博在发展模式上逐渐成熟，个别已经形成了一套相对完善的管理模式，如以检察官个人实名认证微博为主的“@北京检察模式”，以省市县三级法院联动为特色的“@豫法阳光模式”，以普法宣传教育为主的“@浙江普法模式”，以机关官方微博为主的“@浙江检察模式”和“@四川司法模式”。

（二）司法微博的类型

司法局、监察局、法院、其他（如公证处、律师事务所）。

（三）司法微博的服务内容

1. 普及法律常识

为建设法制社会，加强群众的法律意识，提升群众维权的主动性和积极性，司法微博在开展普法教育方面，应当承担起身先士卒的作用。

2. 展示维权案件

通过展示维权案件，不仅能在展示案件的过程中达到普法的效果，而且对于提高群众的维权意识，效果更加显著。然而微博短短的140字，对于展示一个维权案件的完整过程似乎太短。因此可以灵活运用微博这种新媒体的特性，用类似超链接、漫画、视频等形式灵活地展示维权案件。如“@浙江普法”通过“典型案例”这个话题（如图4－6），对二手房交易中存在的法律风险进行了展示。

3. 发布法制新闻

包括新法动态、法律变更、重要会议召开、重要文件公布。以往的法制新闻主要由媒体发布，由司法微博发布的法制新闻能够即时对重要的法律条文给出解释，相比传统媒体只是单纯地转发新闻，司法微博这种固有的权威性和深度性在建设法制社会的当下必然有其重要的意义。

#身边法律##典型案例#【200多万买来的房子住着20年租期的租客，半年多官司，昨一审判决】此案当时非常引人关注，昨天终于有了判决结果：租赁无效，租客10天内腾退房屋！二手房交易有哪些法律风险，请看法官、律师、中介解读。
——http://t.cn/zYY2Yvz

3月1日08:29　来自皮皮时光机　　转发(6)　收藏　评论(1)

图4－6　“@浙江普法”展示维权案件

如“@豫法阳光”通过总结最高法院发布的七大知识产权审判重点（如图4－7），起到了提高群众维护知识产权意识的作用。

【最高法院明确当前知识产权审判七大重点】一、加强专利权保护 二、加强商标权保护 三、加强著作权保护 四、加强竞争保护 五、加大损害赔偿力度，充分维护权利人利益。六、促进纠纷的实质性解决，保障当事人及早获得司法公正。七、正确贯彻落实民事诉讼法修改决定，不断完善知识产权诉讼制度。

3月22日 09:26　来自 新浪微博　　转发 (84) | 收藏 | 评论 (24)

图4－7　“@豫法阳光”发布法治新闻

四、医疗卫生微博

（一）医疗卫生微博发展综述

医疗卫生微博在我国政务微博的队伍中，并非处于先行者。在其他微博如火如荼地开展之后，医疗卫生微博才审时度势地应需而生。经过2012年的发展，医疗卫生微博已经逐渐有所起色，但存在的问题突出，其中最大的问题在于开设微博机构大多集中在北京、上海等经济发达地区，在新浪医疗卫生微博排行榜当中，前十位只有“@长沙市疾控中心”和“@甘肃省卫生厅”不在北京和上海，这种格局事实上也反映了我国医疗卫生资源分配极度不平衡的状况。

作为一个与群众紧密联系的交流平台，医疗卫生微博今后必然有极大的发展前景和提升空间。特别是在当今国内医疗卫生事件层出不穷、医患纠纷日益升级的背景下，医疗卫生机构在公众心中形象频频受损，此时该机构更加应该把握新媒体革命的契机，用微博来架起一座连接医患之间的桥梁。

（二）医疗卫生微博类型

卫生局、疾控应急中心、卫生监督机构、各地医院、血液中心等。

（三）医疗卫生微博的服务内容

1. 普及医疗卫生常识

改革开放三十多年以来，虽然我国的医疗卫生工作已取得了不错的成就，但从整体上看，大众的医疗卫生素质仍旧十分低下，在不少地方，存在患者到医院不知道挂什么科的情况。在普及医疗卫生知识方面，各地的医疗卫生机构仍任重而道远。

2. 医疗卫生事件舆情引导

当今社会已经进入了典型的风险社会，自然灾害、公共卫生突发事件、重大交通事故频频发生，在处理这些事件时，医疗卫生系统的医务人员往往在第一时间就要肩负起救死扶伤的职责，因此在这种情况下医疗卫生机构备受关注。而这个时候也是谣言四起，民众情绪处于不稳定的时期，处于救助第一线的医疗卫生微博在这个时期更加应该发出权威声音，引导公共舆论。

3. 展示医疗卫生机构良好形象

当前，我国医疗卫生事件频发，医患矛盾重重，加上一些不负责任的媒体推波助澜，不少医疗卫生机构在广大群众心中的形象不佳，一些个人素质偏低的医生、官员常常做出惊人之举，导致某些群众甚至只愿相信某些"偏方"、"祖传秘方"，也不愿相信正规医院的诊断，不少患者因此上当受骗，耽误病情。树立医疗卫生机构的良好形象，需要使医疗卫生工作透明化，增强医患互动，通过微博来对医疗卫生工作实行监督，在医疗卫生微博这个窗口下，群众可以看到医务人员工作的压力和艰辛，达到相互理解、互相支持的目的。

4. 发布医疗卫生系统工作的政策信息

作为医疗卫生系统信息的一个传播平台，医疗卫生微博应该及时公布各方面的政策信息。如卫生职业资格考试、卫生高级职称评审等，使医疗卫生系统的工作人员能够及时知晓相关信息，提高工作效率。此外，对于一些惠民政策，更加应该第一时间通过微博发布，让医疗资源合理分配，使群众享受到更好的医疗卫生服务。

5. 组织社会公益

在每年的寒暑假和节日，医院都会出现手术血液供应紧张和病人不得不等待供血的情况，以往出现这种血荒的时候，医疗卫生机构大多是通过报纸、电视等媒体发布求助信息，但往往收效甚微。微博这种传播面广、发布速度快的媒体，能够极好地传递这种信息，并起到公益动员和组织的作用。

五、政府微博

（一）政府微博发展综述

在我国众多的政务微博中，政府微博属于发展较早、也较成熟的政务微博之一。根据《2012 年新浪政务微博报告》，“十大政务机构微博”当中政府微博占有四个席位，“@上海发布”更是占据首位。目前我国的政务微博一般由各地政府新闻办公室、宣传部门管理，虽然也有少数街道办、区委会微博，但是不管是数量还是活跃度都比较有限。从职能上看，政府微博起到了一个综合信息发布的作用，特点是以本地新闻、本地民生为主。政府微博的另一个重要作用是起到舆情引导的作用，特别是在一些公共事件中，政府微博能结合地方实际情况发布第一手信息，避免事态恶化和扩散。

（二）政府微博的类型

政府外宣、各个街道办、区委会、网站微博。

（三）政府微博的服务内容

1. 发布地方公共政策

以往的地方公共政策通常由当地报纸、电视台等媒体发布，政府微博发布公共政策不是要抢其他媒体的饭碗，而是为了扩大公共政策传播的范围，提高政府办公的透明度，并且在职能上，微博由于有字数限制，只能抽取公共政策的精华部分来发布，与报纸、电视台并不冲突。此外，地方政府微博可以适当发布国内重要新闻，但基本上还是应以本地新闻为主。

2. 宣传地方形象

政府微博通过发布一系列本地政策，本地新闻，在为本地居民服务的同时，也能为那些外地游客、外地投资者提供参考意见。对于外地游客来说，与上网搜索地方旅游景点相比，他们更容易被政府微博发布的即时旅游信息所吸引，同时政府微博可联合当地旅游景点微博，为游客提供优惠信息。另外，对外地创业者、投资者来说，政府微博是一个展示当地投资环境、发展环境的一个窗口。在我国城市化发展的大潮中，人口流动频繁，如何能吸引外来投资人，为本地提供就业机会，特别对于那些二三线城市来说，具有更加鲜明的现实意义。

3. 发布地方综合信息

一般来说，地方政府许多部门都开设有微博，但不是每一个微博都能够吸引到“粉丝”，政府微博作为一个统筹信息机构，应该时刻关注当地各部门微博发布的信息，起到组织、消化、解释信息的作用，从众多繁杂的信息中挑选出最有价值的信息。从这个角度来讲，政府微博相比其他部门责任更加重大。

4. 组织地方活动

由于政府微博影响力相对较高，由其出面组织一些城市运动、公益活动，效果会更好。当前不少城市正在力争建设文明城市，卫生城市，通过政府微博来组织，能够更有效率地组织各方资源，增强城市居民的归属感和行动力。

六、旅游微博

（一）旅游微博发展综述

旅游微博的出现，为旅行爱好者提供了一个寻找旅游景点的机会。以往人们旅行时，大多会上网搜索某地的旅游景点，可这些旅游景点信息大多太过陈旧，可能当游客到那里时，发现去的时候不是最佳的赏景时机，又或是因为天气或交通原因导致旅游线路受阻，最后不得不败兴而归。这些缺点长期以来得不到有效的解决，旅游微博可能会改变这种情况。与其他类型的政务微博相比，旅游微博的粉丝数量不多，目前粉丝数量最多的为“@ 中国旅游”，而其他大多数旅游微博不管在影响力还是在宣传力度上，都相对较低。另外，一个值得注意的地方是国外旅游微博发展速度急剧上升，根据最新的新浪微博名人榜，影响力最高的国外旅游微博是

"@韩国旅游发展局微博"，其他国家的旅游微博发展也较快。这种情况对我国的官方旅游微博来说一方面是一种挑战，另一方面也不失为一种借鉴，毕竟国外的旅游机构不管在服务质量还是在管理成熟度上都比我国高得多。

（二）旅游微博的类型

境内旅游局、境外旅游局、旅游协会、景区。

（三）旅游微博的服务内容

1. 宣传地方景点、活动

旅游微博可以在微博上发表自己的摄影作品，也可以转发游客的优秀摄影作品，还可以通过举办摄影大赛，调动游客的摄影积极性，从而展示本地的旅游风景，吸引潜在游客。另外，某些大城市可能经常会有一些音乐会、画展等活动，这些地方的旅游微博也不应漏掉这些信息。

2. 发布旅游优惠信息

目前团购网站发展迅速，旅游微博可以借鉴这种模式，在微博上发布团购信息，为当地的旅游景点、酒店、餐饮做宣传，一方面可以增加一笔不错的收入，另一方面也为游客们提供了方便之门。

3. 发布旅游便民信息

旅游景点可分为人文历史和自然风光两类，前者基本上不会受时间的影响，而后者则对时间要求较高。例如"@乐游上海"在宣传2013年奉贤菜花节时，因为天气影响，油菜花花期较往年有所提前，就通过微博建议游客提前前往。

4. 开启景点投诉通道

虽然国内旅游行业发展较好，但一些旅游景点宰客或是服务质量不佳的情况仍然时有发生。目前旅游微博似乎对这一点并不是太关注，也许是担心这些信息会影响到客流，对景区形象有所损害。但是旅游微博应该明白，在微博这种新媒体上，每一个用户都是平等的，如果仍然采取一个高高在上的姿态，不去直面这些问题，其他游客也会通过微博发布这些信息。因此，如果所有旅游微博能够开启一个投诉渠道，不仅对消费者是一种负责任的态度，从长远角度来讲，也能逐步提高服务质量，吸引到更多的游客。

七、商税微博

（一）商税微博发展综述

商税微博的发展时间上较早，但后续乏力，直到2012年商税微博才重新开始有所起色，但从整体来看影响力仍然有限。从整体格局上看，我国沿海地区工商税务微博发展较为迅猛。特别是浙江、广东两省不仅在时间上敢为人先，而且在后续的经营上仍然不敢怠慢，“@杭州市消保委315”、“@广东省工商局”都在新浪微博上获得了极高的人气。经过2012年的发展，涌现出了许多优秀的商税微博，特别是“@北京地税”、“@中原红盾”、“@商汇北京”。虽然开设只有1年左右，但成果显著，尤其是“@北京地税”已有150多万粉丝，为全国商税微博第一。而“@中原红盾”则是中部地区发展最好的商税微博，打破了商税微博由东部发达地区一统天下的局面，为中西部地区商税微博的发展起了个好头。

但到目前为止，全国大多数商税微博发展水平仍然较低，缺点主要表现在：①内容更新缓慢，时效性差，对问题回复少、回复迟缓；②宣传力度不够，很多群众根本不知道有商税微博，社会影响力低；③表现形式单一，相比其他政务微博，商税微博基本上都是采用单一的文字来发布政策信息，很少运用漫画、图片等其他表现手法。

（二）商税微博的类型

工商局、税务局、消费者保护协会。

（三）商税微博的服务内容

1. 普及税务知识

从1992年开始，税务系统定于每年4月份集中开展税收宣传活动，称为“税收宣传月”，由国家税务总局制定指导思想、宣传主题，各地国税局、地税局结合实际开展丰富多彩的税收宣传活动。到2013年4月，已经是第22个“税收宣传月”，这有利于宣传国家税收法律政策、纳税服务举措和纳税人的权利和义务，普及税收知识，促进征纳和谐，营造全社会学法、用法的良好氛围。

但由于种种原因，群众对税收知识的了解程度依然不高，这极大地影响到了群众纳税的积极性。微博在普及纳税知识方面，可谓有得天独厚的优势，如“@广州国税”就以话题“#增值税#”对增值税的概念进行解释，但显然该宣传方式仍然没有跳出传统的从上至下的宣传模式，虽然配有图片，但不过是用图片把上面的文字重新述说了一遍。这种方式语言枯涩，表达效果自然不好。在网络时代，如何保持严谨又不失活泼的宣传方式，值得每一个税务微博经营者深思。

2. 提供消费指导

作为商税微博的基本职能之一，消费指导指使消费者取得充足信息，使他们能够按照个人愿望和需要做出掌握情况的选择，这就要求商税微博及时、迅速地提供各式各样的消费信息，包括商品选购技巧、假冒伪劣产品鉴别知识，培养消费者正确的消费观，引导消费者理性消费。

3. 开启消费者维权通道

作为一种传播双方地位平等的媒体，微博用户可以通过对商税微博私信、回复等形式进行消费维权活动。这种方式效率高、反应快，能提高有关部门工作的积极性，也能提高消费者维权意识。如一位网友通过“@浙江省消保委”，提出自己在房屋购买合同上的疑问，“@浙江省消保委”通过咨询律师吴玮杰回答了这位网友的问题。

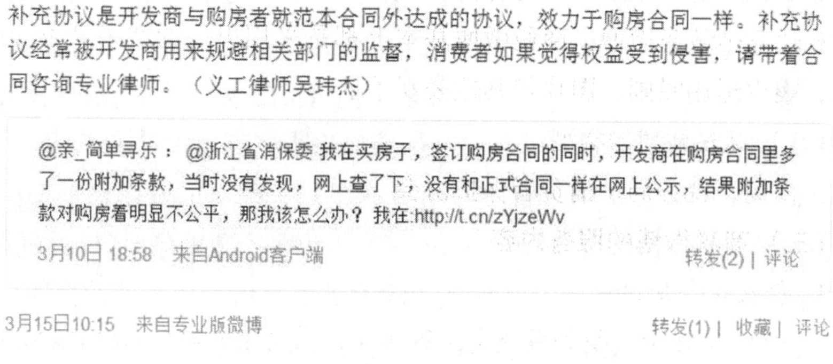

图4－8 “@浙江消保委”回应网友询问

4. 通报工作情况

当前社会不少商家利欲熏心，大量假冒伪劣产品层出不穷，导致国人对国产商品质量的信心严重缺失。这不仅影响了国内厂家和商家的利益，而且也导致投资者对国内商品的前景有所担忧。工商微博在通报情况时，应该着重挑选那些反映整治行动的文字内容，减少老百姓不喜欢看的官样文章。如2013年“3·15晚会”上爆出“高老太降糖贴”的虚假广告后，河南省工商局连夜对有关企业进行了处理，并将处理信息迅速发到了“@中原红盾”上，取得了比较好的社会效应。

今天晚上中央电视台3·15晚会曝光了河南指南针文化广告有限公司涉嫌制作发布虚假医药广告问题，对此河南省工商局高度重视，已责成郑州市工商局和南阳市工商局立即分别对河南指南针文化广告有限公司、南阳市妙医堂药业有限公司进行调查处理。目前执法人员已到上述公司，调查结果将随时通报。

3月15日22:47　来自专业版微博　　转发(48) | 收藏 | 评论(17)

图4－9　“@中原红盾”发布工作情况

八、团委微博

（一）团委微博发展综述

2012年初，共青团团中央下发了《关于在全团广泛运用微博开展工作的实施意见》，这份文件对于各级团组织和团干部开通微博的相关工作提出了明确要求。原则上要求县级以上团的领导机关、高校团组织今年上半年全面开通微博，实现全团“县县开博”，县以下基层团组织、企业团组织，根据自身情况，适时开通微博。除要求开设组织微博外，也鼓励各级团干部和青年工作者开微博，可以实名，也可以非实名。据公开资料，这是中央各部委中第一个将在本系统开通微博作为“硬要求”的文件。

2012年过后，团委微博的发展进入爆发期，据《共青团微博2012年发展报告》，截至2012年10月31日，全国团委系统共有6 547个机构和4 551个公职人员的微博通过了认证，除香港、澳门、台湾外的全国31个省级行政区均有团委系统微博开通，分别占到全国政务机构总量和公职人员总量的18.96%和23.89%，成为除公安系统外用户数量最多的政务微博系统群体，共青团系统微博在政务微博中正发挥着越来越重要的作用。

（二）团委微博的类型

共青团、青联、志愿者。

（三）团委微博的服务内容

1. 展示中国青年精神面貌

作为一个展示中国青年正能量的舞台，团委微博应致力于宣传中国优秀青年，为广大中国青年提供学习榜样。青年的前进步伐从来都与时代的前进步伐紧密相连。与时代并肩前行，走在祖国和人民前进队伍的行列中，是青年成长发展、大有作为的前提条件。只有走在时代前列，广大青年才能成就远大抱负，中国青年才能为推动社会发展进步作出积极贡献。

2. 组织青年进行公益活动

2012 年 10 月 12 日至 21 日，团中央青年志愿者工作部联合全国志工系统在新浪微博发起了“走近七彩小屋，体验七彩课堂”志愿体验日微活动，主要在北京、辽宁、上海、湖北、广东五大区域公开招募体验七彩课堂的志愿者，参与七彩课堂教学。在这次活动中，志工系统通过微博实现了引导青年及社会关注农民工子女问题、落实关爱农民工子女工作的目的。

本次活动分为三个阶段进行。第一阶段为 10 月 12 日至 10 月 14 日，各省级青年志愿者协会官方微博联合省内青年志愿者协会、志愿者项目专员、志愿者共同发起“七彩课堂”微直播活动，使网友对关爱行动的服务内容有所认识。期间，为扩大活动传播效果，中国青年志愿者官方微博还发起了有奖转发活动，超过 3 000 名网友参与了活动。

第二阶段为 10 月 14 日至 10 月 16 日，主办方发起“志愿者招募”活动，在北京、辽宁、上海、湖北、广东五大区域公开招募体验七彩课堂的志愿者，网友通过微博私信报名。在此期间，各地网友积极报名参与，各地区均收到数百个体验申请。最终每个地区筛选了 10 名网友实地参与七彩课堂的志愿服务体验日活动。

第三阶段为 10 月 17 日至 10 月 21 日，活动进入“体验七彩课堂”阶段。北京等五大区域招募的志愿者实地走进七彩小屋、参与课堂教学，第一次近距离看到了农民工子弟学校的真实情况，了解了七彩小屋和七彩课堂。同时，主办方和参与者还在微博中直播七彩课堂教学活动，让其他没有参与现场体验的网友了解了七彩课堂，进一步增进了网友对共青团关爱农民工子女志愿服务行动的理解。

另外，在活动期间，中国青年网、南方日报、北京交通广播等 30 余家媒体进行了关注报道，进一步扩大了活动的影响力。

3. 传递党中央精神

如“@中国青年志愿者”在习近平提出“中国梦”时，特别将习近平对中国青年的谆谆教诲发布到微博上。传达了党和国家领导人对青年一代的期盼和寄托。振奋人心，鼓舞青年。

#共铸中国梦#【存高远 炼意志 实现中国梦有我们青春的力量】希望在今朝，未来在青年。“全国广大青少年，要志存高远，增长知识，锤炼意志，让青春在时代进步中焕发出绚丽的光彩。”话语中是党和国家领导人对青年的殷殷期盼。 http://t.cn/zYD565Q

3月21日 09:58 来自 360安全浏览器　　　　转发 (68) | 收藏 | 评论 (8)

图4－10 “@中国青年志愿者”发布习近平重要讲话

九、其他微博

目前，以上这八个政务微博在新浪微博上占据主导位置，其他类型的政务微博不管是数量还是影响力都比较有限，但这并不表示其他类型的政务微博就不重要。政务微博归根结底是一个群众的服务机构，为民众谋福祉是所有政务微博的第一要义，从这个意义上来说，所有政府部门都应该把开设政务微博列入工作计划当中，不要等到中央布置任务才勉强开一个微博。尤其是与公众民生关系更为密切的民生部门，如市政、民政、教科文等部门，更加应该充分认识到微博这种新媒体对于提升工作效率、改善部门形象所能提供的巨大能量，早日开设微博，直面网友监督。

第五章　政务微博如何“说话”

随着2006年7月全球首个微博客网站Twitter的诞生，国内外的微博不断涌现，用微博进行信息沟通与交流、随时随地发布所行所见，已经被认为是一种潮流和习惯。政务微博作为微博大军的一支新生力量，具有强大的生命力和远大的发展前途。

当然，政务微博如果要在新媒体中占据优势地位也绝非易事。在网络从web 2.0发展到web 3.0的过程中，资讯如潮涌，信息的获取渠道越发多样，使得信息传播环境由从前的“媒体市场”开始向“受众市场”转变，以前的“内容为王”也逐渐弱势，公众的“信息筛选主导论”开始成为人们普遍认同的观点。信息社会在时代的不断进步下逐渐成熟起来，公众也随之成长。他们开始从被动接受转变为主动检索对自己有用的、感兴趣的信息，并与其展开即时的互动。所以，政务微博是否提供公众所喜爱的资讯直接影响公众对政务微博的接纳程度。

在这一章里，我们将从明确目标受众及受众需求、适合政务微博传播的内容和政务微博的传播技巧等层面探讨政务微博如何“说话”，旨在为政务微博的使用者提出可供借鉴、操作的措施、建议，以推动政务微博的良性发展。

一、“说”给谁听

随着传播方式的不断变革，媒体的定位逐渐从“广播”向“窄播”转变。在这样的时代背景下，明确目标受众，即弄明白说给谁听的问题就显得尤为重要。一般而言，不同定位的微博所期望吸引的目标人群也是不同的。比如，娱乐明星的微博，粉丝基本上是对开通微博的明星本人十分感兴趣的人；再比如财经达人的微博，主要针对对经济形势或理财比较敏感的人群。弄明白粉丝是谁、粉丝最想要什么对于政务微博的发展来说非常重要，它直接决定着政务微博发表的内容，并直接影响到粉丝对政务微博的关注程度。

（一）粉丝最需要什么

根据《2012 年新浪微博用户发展报告》中的数据显示，大部分用户认为自己在微博中的角色是社交性的，而非媒体传播性的。从微博角色认知的角度来看，有 45% 的网友是为了展现现实中的自我，43% 的网友“想要成为朋友圈中重要的一员”。可见，通过发微博寻求他人对自己的关注、提高自己在朋友中的认同程度是网友最希望实现的自我价值。另外，关注朋友动态、与好友交流、表达立场和观点是网友认为微博最重要的功能。现代社会节奏越来越快，人的孤独感也越来越强，更多的人选择在虚拟的网络空间建立一种相互联系的社会关系，并以此为平台进行沟通与交流。所以，微博的受众除了希望自己被广泛关注之外还希望通过微博与他人进行沟通与交流。明确微博受众对自身角色的期待有利于微博开设者了解粉丝的需求，实现更好的发展。

（二）不同地域的粉丝

政务微博作为政务信息的提供者，在提供信息的过程中，要考虑到所供信息和微博粉丝在地理、思想、利益等方面的关系程度。政务微博所提供的信息越本土化、越和它所服务的受众的利益息息相关，就越容易被粉丝接受和认可。除了地域上的接近以外，政务微博还要考虑到不同地域的粉丝使用微博习惯上的差异，有的放矢，才能实现传播效果的最大化。

（三）不同人口特征的粉丝

一般而言，人口统计学的特征包括年龄、性别、收入和教育背景等因素。不同的人群对信息有着不同的敏感度和需求程度。政务微博在传播过程中要根据不同人群的特点和接受习惯有针对性地发布信息。

根据《2012 年新浪微博用户发展报告》中的数据显示，在 3.68 亿微博用户中，男女均衡，80 后是支柱。拥有本科学历的占总人数的 49.2%。在职业比例中，近半数是学生和基层管理岗的人群。对于政务微博而言，要考虑到不同群体和阶层的特点，关注不同阶层的网络问政内容以及他们各自的具体需求。

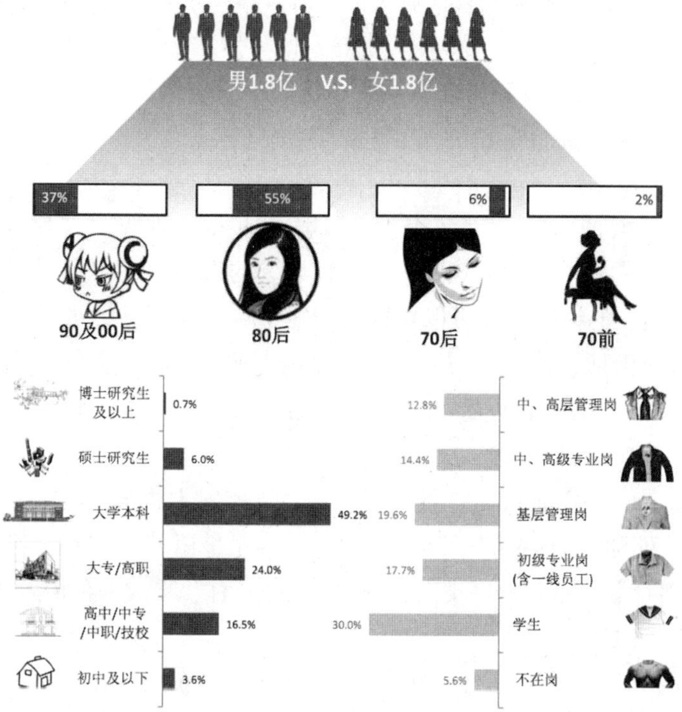

图5－1　2012年新浪微博用户发展报告

二、政务微博的内容构成

一条内容完整的政务微博，一般由标题、话题、正文，链接、图片或长微博几个部分组成。

（一）标题

政务微博的标题一般出现在一条微博最开始的位置，可用括号标注。

政务微博的标题是全文的“眼睛”，是微博内容的精华部分。标题是不是能够充分概括正文的主要内容，是不是足够精彩，直接关系到能否激发网友的阅读兴趣。在被海量信息充斥着的今天，当一条微博出现在网友面前的时候，标题在很大程度上决定了受众是否阅读以及阅读的深度。因此，政务微博标题的撰写要简洁明了、一针见血，用能够吸引公众眼球的词、短语或是句子，让人一眼望去就可以知道政务微博的大致内容。

在政务微博标题的制作上，“@上海发布”就很简洁明了。2013年3月25日，“@上海发布”发布了“静安区3年内为65岁以上老人免费体检”、“15批次羊绒服装抽检不合格”等微博，其标题充分概括了正文的主要内容，提纲挈领，可谓点睛之笔。

（二）话题

在发布微博时，使用两个“#”号中加入“话题”二字，即“#话题#”，就以一种话题的形式发布，这种话题的发布，不仅可以展示微博的使用者所关注的话题，还可以在搜索功能中进行相同话题的搜索，并且在首页以“热门话题榜”的方式出现，显示微博用户正在关注的话题，并及时更新[①]。适当的话题设置能调动公众的参与程度，也是防止所发信息被海量信息吞没的有效途径之一。

比如“@平安北京”微博中的“#预防煤气中毒#”、“#一周治安播报#”、“#网购防骗四招#”、“#微提示#”、“#微警讯#”、“#微分享#”、“#微帮助#”等话题的设置使同类内容的微博自成一体，形成一种传播强势。

（三）正文

正文是微博的主体部分，可以是新闻资讯、新闻直播，还可以是信息服务类内容如气象资讯、文化活动资讯、图片资讯等。

1. 新闻事件资讯

由于政务微博是代表党政机构和职能部门发言，所发信息是绝对权威的“官方消息”。一般而言，新闻事件资讯类的内容主要包括当前社会发生的重大事件、群众广为关心的热点焦点问题、新出台的政策法规以及一些重要工作开展的动态情况等，具有很强的时效性。在写作过程中要求言简意赅、用词庄重考究。

> “@平安北京”【9条公交线26日起调整】　据“@京华时报”报道，2013年第二批公交线网优化调整工作将于3月26日实施，共涉及9条公交线，包括新开线路4条，调整线路4条，撤销线路1条。

2. 新闻直播

利用政务微博进行新闻直播可以充分发挥微博简、短、快等优势，采

① 刘毅菲：《浅谈微博的话题设置功能》，《青春岁月》，2011年第12期。

用“简讯”式的传播手法，同步播报新闻事件。一般而言，新闻直播主要针对重要的政府会议和重大的社会活动等。

3. 信息服务类

政务微博有强大的信息服务功能，通过发送气象资讯、文化资讯或便民服务资讯来服务公众，内容较轻松活泼，语言生动，以满足公众多样需求为目的。

（四）链接、音频、视频、图片或长微博

由于微博的主体部分限制在 140 个字之内，很多具有复杂内容的事件无法在 140 字之内表达出来，于是，通过附加信息补充未说明的内容就成了微博常用的手法。附加信息主要包括链接、音频、视频、图片或长微博等形式。其中，链接可以弥补微博的字数限制，通过对正文内容链接其他信息源作为补充，可以扩大信息量，更大限度地提高传播效果。音频、视频和图片作为对文字的有益补充，可以弥补文字刻板的不足，用更感性的方式表达，更容易被受众接受。长微博是一个新兴的词汇，它是随着微博的发展才出现的。由于微博有字数的限制，长微博转换工具就出现了，它可以将超过 140 字的文字转换成图片，最多支持 1 万字，转换后的文字清晰。然后以图片的形式发出，这样就突破了 140 个字的限制，增大了信息量。

三、政务微博的传播技巧

随着时代的不断进步，网络已经渗透到我们生活的方方面面，它不仅改变了我们原有的生活方式，也极大地改变了我们的生活态度。方便、快捷、低碳、高效的理念被越来越多的新生代认可。同时，网络也在无形中改变了我们的工作方式，政务信息的播报不再完全依赖传统媒体，通过政务微博，可以更加快捷地传递信息。互联网也是执政的重要阵地，网络上聚集了庞大的社会群体，政务部门必须重视、利用好这个阵地，加强执政的管理和创新。政务微博作为党政机构的“新闻发言人”，在信息传播过程中要遵守一定的规范和要求。例如，要维护党政机构和职能部门的权威性，在遣词造句时要注意语气和用词等。利用好政务微博这个平台，写出高水平、高效用的微博以及整合多种符号语言，不是一朝一夕可以学会的。政务部门工作人员需要潜下心来，认真学习玩转微博的方法和技巧，才能让微博更好地成为连接群众和政府的纽带。

（一）让选材“说话”，立足人文传递正能量

相对于传统的政府官方网站而言，在微博这个草根平台上，政务微博有着和公众亲近的天然优势。政务微博新颖的形式，使公众对政府不再望而生畏，打开政务微博的首页，就好比到了网络自由问政大厅。这些变化对于活跃社会舆论，鼓励公众参与到政府政策的制定和推行当中来，无疑是有益的尝试。

据《2012年新浪微博用户发展报告》提供的数据显示，了解生活常识等信息、分享各种搞笑卖萌的美图等好玩好看的东西是网友最常使用的微博功能。其中，了解生活常识等信息位居榜首。此外，在“河北发布”的调查“您最喜欢河北发布的什么板块”中，答案居第一位的是“民生河北”（占32.50%），可见网友最关注的是贴近性、服务性强的信息[①]。

因此，政务微博发布的内容要尽量做到“从群众中来”，贴近群众生活，以服务大众为宗旨。政务微博在发布党政机关的政策信息的同时，还应该增加些与民众生活密切相关的服务类信息，吸引网民的关注和浏览。

在人民网发起的“2012年十大政务微博”评选活动中，“@河南高院”、“@中国铁路”、“@外交小灵通”、“@辽宁省公安厅”、“@国家林业局”、“@红船领航”、“@澳门特区政府驻京办”、“@呼和浩特铁路局”、“@广东政法”、“@南昌发布”榜上有名。这些获奖政务微博不乏贴近民生的微博内容。

如辽宁省公安厅“@平安辽宁”，其获奖理由为：微博谈交通、送平安、小提示，做辽宁百姓的贴心人。辽宁省公安厅的政务微博以交通咨询为主，辅以生活提示、平安资讯，深受广大网友的喜爱。

> “@平安辽宁”#微博送平安# #春季驾驶早知道# 在春季，北方地区昼夜温差大。白天积雪融化，出现路面积水现象；夜间气温急剧降低后，雪水在路面结冰。更危险的是，夜间路面经常会结成一层薄冰，驾驶员用眼睛很难观察到，这对安全行车造成极大的影响。另

---

① 孙荣欣：《政务微博如何成为沟通政府与群众的桥梁》，《中国报业》，2012年第18期。

外，道路易出现翻浆现象，严重地降低了道路的通行能力。

澳门特区政府驻京办，其获奖理由为：介绍澳门美食，交流南北文化，让网友在微博上就能享受一场足不出户的澳门游。

“@澳门特区政府驻京办”#澳门风情#【黑色沙滩见过没?】 澳门威斯汀度假酒店靠近黑沙水库郊野公园，楼下就是澳门著名景点黑沙海滩，因沙子是黑色而得名，在这里可以吃到黑沙烧烤，味道很正哦！

（二）让文字“说话”，卖萌更亲切

政务微博设立的初衷就是为了更好地服务人民群众，政务微博的语言风格在很大程度上代表了政府部门的形象。以前政府给公众的印象都是严肃、权威，让人望而生畏。如今，党政机构借着微博这个平台，从神坛走下来，成为亲民、为民的有益尝试。

微博是一个草根们平等交流、自由发言的大众平台，所以在语言风格上，要避免“打官腔”，尽量少用或不用文件体、报告体和官方辞令，要学会用更平民化、生活化的语言来传递信息。政府要想真正的融入公众当中，用其乐于接受的方式来表情达意非常重要。

1．淘宝体

网络购物的盛行催生出了淘宝体。淘宝体最初源自淘宝卖家客服，因逢人就叫“亲”（“亲爱的”的简称），让这种亲切又带腻味的表达方式很快在网络中形成新文体潮流。随着淘宝体在生活中的不断渗透，许多政务微博在发布信息时也会采用淘宝体的表达方式，增强了微博的趣味性。“@外交小灵通”是比较早使用淘宝体的政务微博。

“@外交小灵通”（2011-8-1 11:23）：亲，你大学本科毕业不？办公软件使用熟练不？英语交流顺溜不？驾照有木有？快来看，中日韩三国合作秘书处招人啦！这是个国际组织，马上要在裴勇俊李英爱宋慧乔李俊基金贤重 RAIN 的故乡韩国建立喔～此次招聘研究与规划、公关与外宣人员6名，有意咨询 65962175～不包邮 http://t.cn/aY8Nbg

2. 咆哮体

维基百科中这样解释咆哮体：咆哮体，是一种流行于网络的文体，一般出现在回帖或者 QQ、MSN 等网络聊天对话中。使用者在激动的时候会觉得一个感叹号不能表达自己的情感，而打出很多感叹号。一般情况下，咆哮体常以“伤不起”为标题，每隔几句就以“有木有”式的质问结尾，同时大量使用感叹号，以实现强烈的感情表达。由于操作简单，很快受到广大网友的追捧。同时，政务微博使用咆哮体的现象也比较普遍。

3. 甄嬛体

2012 年 4 月，随着电视剧《后宫甄嬛传》的热播，观众们在看电视剧的过程中，被里面“古色古香”的台词所倾倒，剧中人物对话文艺调十足，语调不急不缓，从容大方。细细品味这古诗风韵之余，网友们也争相效仿，并将这种文体称为“甄嬛体”。很多网友平时说话聊天时言语间颇具古风，极具喜感。微博上，除了刻意的“甄嬛体”造句外，网友们还把甄嬛体引入日常生活，凭空制造出无数欢乐。[①]“甄嬛体”在使用时多以古文开头，说了一大段“不知所云”的古文后在配上“好好说话”部分，前后对比，很有趣味性。“甄嬛体”在政务微博上着实火了一把。

淘宝体、咆哮体、甄嬛体都是时下比较流行的网络用语，除此之外还有流氓体、招生体、法海体、救命体、琼瑶体、蜜糖体、梨花体、脑残体等数不胜数的各种“体”。

对于这种网络用语在政务微博上的使用，观者可谓仁者见仁、智者见智。反对派认为，官方微博不应该卖萌。教育部原新闻发言人王旭明认为，及时、准确、权威、有效地公布政府信息这是第一要职，绝不能走偏。支持者认为，网络语言的运用可以破除“官本位”意识，避免居高临下，充分尊重公众的思维习惯和情感取向，就这一层面而言，网络语言的运用可以说是权力回归服务本位的体现。笔者认为，在政务微博中适当的使用网络用语确实有助于提高党政机构的亲民形象，也可以增加微博的趣味性和可读性。在微博时代，党政机构寻求一种与时俱进的沟通模式不无

① 李冲：《入戏太深，张口古韵网友用甄嬛体造句很欢乐》，《扬子晚报》，2012 年 4 月 26 日。

裨益。但是，对于政策政令的推行与发布和公安部通缉令等本身就具有严肃色彩的内容，过度卖萌就显得不合时宜。更为重要的是，政务微博不仅要在语言上搞创新，更要从线上到线下真正走到基层，为百姓做事实，解决人民最需要解决的问题，如果只是把微博当成语言秀场是不可取的。

（三）让图片说话，传递信息简洁明了

图片新闻作为传统媒体报道方式的一种，具有简洁直观的特点。虽然图片新闻只有图片下面的说明性文字，却一点不比全文字报道的信息量小。在微博这个平台下，由于移动通信设备的普及和系统操作的便捷性，随时随地拍照并发布到微博上已经变得非常简单。政务微博如何利用好图片，通过图片更好地“说话”，是值得我们研究的问题。

1. 新闻性图片

新闻是时间的易碎品，微博平台的迅速快捷正好满足了新闻的这一要求。对新闻事件的传播而言，图片具有先天的便捷性。新闻事件一经发生，最先传播出去的应该是图片新闻，随后发布文字消息，这样可以缩短事件传播的时间周期。这个时代关注更多的不是图片的技术性标准，而是图片所反映出来的真相。

如在北京“7·21暴雨事件”发生以后，“@北京发布”发了许多图片还原现场：

图5-2 “@北京发布”2012年7月23日发布的微博截图

此微博一经发布，立刻引来转发评论狂潮。截至 2013 年 3 月 27 日，该微博被转发 7 810 次，评论有 2 564 条。

2. 温馨配图

政务微博除了发布政务信息和新闻资讯以外，还会刊发生活小贴士或是人生感悟类的温馨型微博。根据《2012 年新浪微博用户发展报告》的数据显示，有 45% 的人经常用微博分享好看好玩的东西，44% 的人用微博看各种搞笑卖萌的美图。因此，温馨型的微博也有很大的受众群体，选择好观赏性强的美图也至关重要。

例如，国家旅游局官方微博“@中国旅游”发布的一条人生感悟类微博：

当你在犹豫的时候，这个世界就很大；当你勇敢踏出第一步的时候，这个世界就很小。等到有一天你变成了你喜欢的自己的时候，谁还会质疑你的选择不靠谱呢？你已经变成更好的你了，一定会遇到更好的人的。你是谁，就会遇到谁。#早安# 朋友。

1月9日08:46　来自政府版微博　　　转发(353)　收藏　评论(36)

图 5-3 “@中国旅游”2013 年 1 月 9 日 08:46 发布的微博

3. 图片表情

图片表情的使用，可以充分活跃政务微博的文本内容，在正文中插入与感情色彩相适应的图片表情既能活跃美化版面，又可以拉近和公众之间的距离，可谓一举两得。

【公厕查询免费APP出炉，可查蹲位数哦】#市容环境#逛街时突然内急咋办？@上海绿化市容 正在测试官方公厕查询APP"上海公厕指南"，不但有GPS指引路线，还有开放时间、是否有纸、蹲位数、站位数、群众评价等，市民还可纠错和评价。现在测试，5月正式上线，iOS、安卓都有，下一个试试？

图 5-4 “@上海发布”2013 年 3 月 27 日发布的微博

（四）让“视频、音频、flash”说话，动感十足引人入胜

微博的篇幅短小精悍，要求限制在140个字符之内，但可以运用各种各样的表现形式，包括视频、音频、flash等。这些手段的使用不仅在很大程度上扩充了微博的信息容量，而且微博内容与动感的表现形式相结合也能更好地吸引网民的关注，加深他们对微博的印象。

如“@浦东高速交警”于2012年7月11日发布微博“【把稳生命】爆胎了，怎么办？——开车，从来没有绝对的安全，只有相对安全的态度和方法。”以GIF动画的形式向广大网友进行解答。

此条微博发布以后，网友共转发100 696次，评论13 636条。可见，用动画的形式普及安全知识既弥补了文字叙述的不足，又能动态地分析事故发生的原因，给人以更直观的体验。超过10万次的转发足以证明受众对这种新形式的认可。

政务微博的发布技巧有很多种，如何综合运用各种手段提高传播效果，是每个政务微博需要探讨的问题。既不能过度使用，也不能沿袭以前沉闷刻板的表达方式，学以致用，才是提高的根本。

图5-5 “@浦东高速交警”2012年7月11日发布的微博

第六章　政务微博如何把握自身定位和打造特色

作为草根社交媒体，微博承载了公众的多重期望。“微博问政”、“微博议政”，通过政务微博这一窗口，网民对于公共政治生活的参与热情也持续不退。政务微博在传递政府形象“正能量”的同时，也在发挥着协同社会管理的“政”能量。著名传播学家麦克卢汉认为，每一种新媒介的引入，都会引发新一轮社会权力的重新分配。微博的诞生同样是对现实社会的一次震荡：人们获取信息的途径越来越多，频次越来越高；表达意见的渠道越来越宽，意愿也越来越强。微博的政治变革能量正在中国社会生活中显现出来。[①]

在这样的大背景下，政务微博应该怎样确立自身的核心价值，实现自我定位，发挥自身特色？又该怎样进行政府形象构建与社会公信力重塑，进而创建强势传播品牌？

一、政务微博为什么能传递官方“政”能量

政务微博为什么能在草根的微博江湖中发挥强大的“政”影响，传递正能量？

首先，这是因为我国政府的职能正由传统的权威管理型向公共服务型转变，执政理念也趋向民主包容、以人为本。随着公民社会的发展和人民素质的提高，公众对于政治、经济、文化等社会生活的参与也更加活跃。华东师范大学教授余南平表示，“国务院公报”之所以引起热烈关注，正是其代表了中国最高级别行政机关的亲民开放态度，某种程度上也是民主

① 陈方：《从官博的“政能量”中再造政府公信》，凤凰博报，http://blog.ifeng.com/article/22421760.html，2013 年 1 月 13 日。

建设的象征。①

其次，政务微博的蓬勃发展也是政府加强舆情管理的有效方式。“知屋漏者在宇下，知政失者在草野”，正如在“微博问两会”活动中许多代表尝试通过微博“采风”搜集民意一样，政务微博也有渐趋热烈的势头。近年来，“@上海发布”、“@平安北京”等人气较旺的政务微博，在不断交流和改进方法后，传播内容日趋实用，引起民众关注。

再次，政务微博热也体现了政府与时俱进的执政手段。随着《中华人民共和国政府信息公开条例》的实施，尤其是近几年来，新兴的网络问政热度不减。在这样的背景下，政务微博逐渐发展成为政府施展话语权的新平台。

另外，从大众媒体传播的角度来看，在我国，国家和社会是和谐发展、共同前进的。随着社会的多元化发展，各个阶层的民众都渴望发出自己的声音。报纸、电视、广播等传统大众媒体与网络等新媒体正走向更深更广的合作。在这样的传播背景下，政府的执政能力面临着新的要求，而关于执政效果的传播也迫切需要新的思路和手段。微博作为具有社交性质的话语场域，需要参与者开辟具有个人风格特色的网络“会客厅”，也需要参与者主动走向公共舆论的“广场”，全民参与、多元发声正是微博的魅力所在。政务微博正是在这种“微”时代中，开展“微”行动的新方法。

在多种传播媒体的竞合态势下，在人手一个麦克风的传播语境中，微博已经成为民众表达的首选。怎样使政府的作为更加契合民众的期待，怎样通过交流对话实现社会资源的开发和整合，怎样使国家、社会与民间更好地融为一体，是执政者与人民群众长期关注和讨论的课题。

二、讲实话，办实事：政务微博的功能定位与特色

近年来，许多热点事件都是通过网络曝光而进一步扩大舆论声势的，如日本大地震之后发生的“抢盐风波”，便肇始于微博这个具有浓厚草根

---

① 周琳、陆文军：《专家呼吁政务微博注重品格不打混仗 增强亲民效应》，中国新闻网，http://www.chinanews.com/gn/2013/01-06/4462603.shtml，2013年1月16日。

气息的话语场域。而微博与报纸、电视等传统大众媒体的对接，使得网络言论有机会以更迅速、直接的方式直达现实。

国家行政学院电子政务研究中心发布的《2012年中国政务微博客评估报告》中指出，截至2012年12月20日，新浪网、腾讯网、人民网、新华网四家微博客网站共有政务微博客账号176 714个，较2011年新增了126 153个，增长率为249.51%；四家微博客网站共有党政机构微博客账号113 382个，较2011年新增了81 024个，增长率为250.4%；四家微博客网站共有党政干部微博客账号63 332个，较2011年新增了45 129个，增长率为247.92%；2012年党政机构微博客账号数量排名前三位的省份为山东、江苏、浙江，2012年党政干部微博客账号数量排名前三位的省份为河南、北京、黑龙江；开设微博客的党政机构地区分布占比中，浙江省所占比最大，其次是广东省、北京市；开设微博客的党政干部地区分布占比中，浙江省所占比最大，其次是北京市和山东省。①

政务微博的主要社会功能在于发布权威的政府信息资讯，使民众获得真实、可靠的行事依据，避免因谣言流传等不良因素而扰乱社会秩序；使民众反映、呼吁的问题得到现实的解决，从而保持社会的稳定和谐、井然有序。从这个角度出发，政务微博就更应该做到讲实话、办实事。

不可否认的是，部分政务微博形成了自己的"特色"：利用传统媒体的权威信息源，讲述事实，转发评论，很少与网民互动，很少表达自己的观点。这种情况还不少，究其原因，一方面，开办政务微博可能是出于"聊胜于无"的心态，希望规避潜在风险、少犯错误，所以打安全牌；另一方面也是由于对自身定位、认识的不足，在开设微博的实践中没有及时掌握技巧、方法，只能"随大流"。如有的政务微博，发布的内容常常是政府公告、会议记录，网上响应者寥寥，没有实现预期的传播效果，反而给人华而不实的印象。

（一）政府宣传

作为政府信息公开的有效渠道，政务微博可以作为展示政府工作、宣传政府信息的窗口。近年来，中国的网民呈迅速增长的趋势，社交微博也

① 《〈2012年中国政务微博客评估报告〉发布》，国家行政学院电子政务研究中心，http://www.egovernment.gov.cn/publicfiles/business/htmlfiles/ChinaEgovForum/zxzx_ zjwdt/201303/20293.html。

如火如荼，网民们已经不是被动地获取信息，而是更多地通过积极的互动方式交流所见所闻所得。以此为契机，政府可以通过微博传播提升自身形象和公信力。政务微博也是政府形象的有效表达手段。

其中要注意的是：在微博的语言表达上切忌官话、套话、形式主义。老百姓在现实中反感的过于官方的表达方式，在网络世界中也是不讨好的。

（二）信息公开

政务微博往往以某地区某部门的职能机构为依托，因此总有地域化、社区化特征。立足本地，服务社会，为百姓提供丰富的政务资讯，以协助政府机构更好地开展工作，是政务微博在政务信息发布工作方面的立足点。

要注意微博信息的及时发布、更新，对于留言、评论要认真对待，保证信息发布的准确性、及时性，主动掌握话语权。

（三）舆论引导

政务微博给了政府部门第一时间发布新闻、引导舆论的机会。与以往处于被动地位不同，在微博语境下，政府可以通过微博用户的留言、询问、评论来搜集网络舆情。因此，在做好信息发布、资讯转发和评论的同时，政务微博还要注意了解网民的所思所想。每一个“粉丝”都有可能是政府的信息源，每一个舆论领袖发布的信息都有可能成为政府工作的参考。

其中要注意的是，微博言论并不是纯理性的，舆论往往夹杂着质疑、责问等负面的声音。对于正面赞扬可以开心转发，而对于批评信息也要重视，或作出合理解释，有则改之，无则加勉。

（四）交流互动

微博的草根性使其表达具有鲜明的民间话语意味。来自草根的民间舆论场与来自政府的官方舆论场怎样对接？关键就在于交流沟通。

学者胡泳提出了“政府微博三原则”：直面评论、请讲人话、结果为上。[①] 也有评论指出，政务微博是政府部门的责任田，荒废不得。[②] 这一比

---

① 高明勇、熊睿：《“政务微博”如何推动中国改革》，网易新闻，http://news.163.com/11/1217/02/7LENGPIU00014AED.html，2011年12月17日。

② 王石川：《就该对僵尸政务微博动真格》，《京华时报》，http://media.people.com.cn/GB/17049492.html，2012年2月8日。

喻非常形象地指出了政府机关与政务微博的关系。有评论说道，“问政、回应、服务、动员”八个字更适于作为政务微博定义的“关键词”，也应该成为它的定位。[①]

（五）应急管理

学者张志安指出，微博既是日复一日的信息发布平台，同时也要在危机时刻担当发布重任，关键时刻，微博平台有自主、清晰、统一的信息通道，比召开新闻发布会“喂媒体”效果好。[②] 而在应对突发事件、危机事件的过程中，相关工作人员也应该具备一定的应急管理素质。

政务微博是政府展示自身形象的窗口，也是应急管理的通道。2012 年 7 月 21 日的北京暴雨至今令人记忆犹新。“@北京消防”微博在当天上午 10 点 28 分左右的“#出行提示#”中转发、预告了强降雨信息，当天晚上一直通过微博发布、转发网民的求助和政府出警信息，之后几天内连续发布“7·21”特大暴雨城市道路积水分布点、暴雨预警等信息，说明了在突发、危机事件发生的不同阶段，政务微博的发布应有所侧重。中国科技大学科技传播系副教授褚建勋表示，经历多次突发事件后，不少政务微博从“被逼着说”变成“主动说”。过去一些监管部门存在侥幸心理，认为风头和热点过去了，就不会再引起关注。而现在不少政务微博已学会直面负面信息，主动介入突发性公众事件。[③]

也许有人会将政务微博与企业微博混为一谈，进而认为政务微博管理团队等同于企业微博运营团队。这种看法有失偏颇。政府作为社会公共组织，具有公共服务的性质，而企业作为社会性营利机构，商业性较强。因此政务微博应以权威性、服务性、互动性信息发布为主，注重上情下达和下情上传；而企业微博则可以偏重企业宣传和微博营销，以网络公关的形式取得更好的企业效益。

---

① 《新华网评》栏目策划：《政务微博，向左？向右?》，新华网，http://news.xinhuanet.com/comments/2013-01/14/c_114357203.htm，2013 年 1 月 14 日。

② 包蹇：《“@上海发布”咋吸引千万“粉丝”》，《人民日报》，2013 年 4 月 17 日。

③ 周琳、陆文军：《专家呼吁政务微博注重品格不打混仗 增强亲民效应》，中国新闻网，http://www.chinanews.com/gn/2013/01-06/4462603.shtml，2013 年 1 月 6 日。

三、在其位，谋其政：不同职能部门的主体定位与特色

政务微博往往是依托政府机构而设立的，具有明显的政府职能机构的背景特征。本书根据主流网站的统计资料，将政务微博大致分为政府、市政、公安、司法、医疗卫生、科教文、旅游、环卫以及其他微博。

从寥寥数语到密集互动，从千篇一律到生动活泼，政务微博呈现的面貌各有不同。从政府部门的职能特性出发，政务微博的特征也各有不同，在权威性、服务性、互动性等方面各有侧重。下面笔者将结合实际案例来探讨各类政务微博的定位。

（一）公安微博

公安微博是政务微博中较早开展微博实践的。公安微博开设的主体部门包括国家公安部专项办公室（如“@公安部打四黑除四害”）、地区公安局（如“@江宁公安在线”、“@警民直通车—上海”、“@广州公安”、“@平安北京”、“@辽宁省公安厅”）等。

对于公安微博来说，发布警务信息、开展法制宣传、搜集破案线索、更新破案进展、提供便民服务、公布事件真相是主要的功能，因此，权威性是公安微博的主要特征。

（二）交通微博

交通微博的开设主体部门包括国家铁道部政治宣传部门（如“@中国铁路”）及各地铁路局（“如@沈阳铁路”、“@广州铁路”、“@上铁资讯”）、各级地市的交通主管部门（如“@交通北京”、“@上海地铁shmetro”、“@湖州高速公路”、“@杭州行政服务中心交通窗口”、“@四川省交通运输厅”）等。

交通微博的服务性特征较明显，交通情况播报、最新文件及政策宣传、交通建设项目意见征集、气象提示等出行信息的发布是其主要内容和功能，有时也包括交通管制信息发布、路况应急指挥、出行动员等内容。

（三）司法微博

司法微博的开设主体涉及从中央到地方的各级人民法院（如“@法耀岭南”、“@公正肇庆”、“@上海海事法院”）、检察院（如“@北京市人民检察院第一分院”、“@佛山检察”、“@正义广东”）等。

目前，司法微博主要的作用在于促进司法公开，向社会公开司法裁决过程和依据，因此权威性较强。而实际上，司法微博也在实践中传递着司法价值观念，培养公民法律意识，促进法治社会的形成。因此，司法机构一方面通过司法裁决解决社会矛盾和冲突，一方面通过信息公开将负面影响降低到最小。

（四）医疗卫生微博

医疗卫生微博开设主体包括国家食品药品监督管理部门及卫生部门（如“@中国食品药品监管”、“@全国卫生12320”）和各地食品药品监管、卫生事务主管单位（如“@上海食药监”、“@北京药事”、“@湖北人口计生”、“@甘肃省卫生厅”）等。

医疗卫生微博也是服务性较强的政务微博。宣传健康卫生知识、提供相关咨询服务、宣传医疗卫生政策、促进为公众提供社会服务是医疗卫生微博的主要功能。

（五）政府微博

政府微博所涉及的部门主体主要包括国家及地市各级政府的新闻办公机构、宣传机构等职能部门（如“@成都发布”、“@上海发布”、“@南京发布”）。

相对而言，政府微博的内容发布要自由、灵活得多，包括职能政府的信息、资讯播报，社会热点关注及舆情聚焦，突发事件披露和追踪报道，以及服务性社会、民生信息的公开。服务性信息、权威性信息和互动性信息结合发布是政府微博的区别性特征之一。

（六）市政微博

市政微博的开设主体指向性较强，主要是政府的城市管理部门，包括城市管理委员会、城市管理局、市政事业及公用事业管理部门（如“@泉州市政”、“@广州城管委”、“@武汉城管”）。

市政微博的社区化特色较明显，在日常工作、微博发布中，也较偏向于公布城市管理公告及信息、开展社区服务和监督工作、动员公民参与管理城市等服务性、互动性内容。

（七）科教文微博

顾名思义，科教文微博主要指政府科技、教育、文化管理等职能部门开设的微博，即各级教育局、科研部门等（如“@哈尔滨市教育局”、

"@白银市委党校"、"@创新武汉"、"@佛山科技"、"@山东省科学技术厅"、"@文明福州微博"、"@新疆民语委")。

科教文微博的专业性较强，话语权威性较大。如对于相关教育政策的发布、地区文化出版事业信息资讯公开、科研调研会议公告的发布等。

遗憾的是，目前科教文微博的话语权相对较弱，信息发布也没有形成自身的鲜明特征，在未来的发展中还需要进一步加强。

（八）旅游微博

旅游微博的涉及主体为国家、各地市的旅游主管部门（如"@安徽省旅游局"、"@海南旅游"、"@红色延安"）。

旅游微博的主要职责在于进行对外宣传，主要效能在于提升当地的旅游形象，因此应以服务性、互动性信息资讯的发布为主，包括当地的旅游资讯、特色节庆或民俗活动、旅游信息公开、出行提示等，同时最好配以图片、视频。

（九）环保卫生微博

环保微博主要是由环境卫生相关职能部门开设的政务微博（如"@上海环境"、"@绿色洛阳"、"@滇池清 "），卫生微博则主要是由政府卫生局、各级疾控中心等职能部门开设的微博（如"@哈密卫生疾控中心"、"@北京卫生监管"、"@江西省卫生厅"）。

环保卫生微博的转型性特征也比较明显，主要服务于宣传环保知识、公开城市环境卫生建设工作、对民众关切的环境卫生问题（如 pm 2.5 等话题）作出回应。

（十）其他

此外，包括最近比较热门的团委微博（如"@广东共青团"、"@中国青年志愿者"）、工商税务部门微博（如"@上海税务"）、招商机构微博（如"@苏州工业园区"）、涉外机构微博（如"@美国驻港总领事馆"）、信访微博（如"@中山市信访局"）、统战微博（如"@民革东莞"）等，都在各自的领域发挥作用。

四、"微"出特色：各级职能部门怎样开展微博实践

（一）理念识别：找准定位，政务微博还有很大的发展空间

政务微博是政府与网民互动的迅捷渠道之一。在政务微博的理念识别

上，首先就是要为百姓服务，关注社会，聚焦民生，立足本土，接近公众，也就是从政府部门的职能属性出发，找准主体定位，明确自身品牌的建构和特色，并从“说”和“做”两方面培养自身的知名度、美誉度和粉丝忠诚度。

在此基础上，政府部门的支持和政务微博的执行应该具有一定的连续性和稳定性，而非选择性、间断性的。政府机构要为网民开拓、维持一定的自由表达空间。只有给予网民信任，才能达到双方平衡和互信，获得共识，进而打造集政民互动、信息公开、舆论引导、交流互动、应急管理为一体的新媒体平台。

1. 明确优势、特色，官方资讯提升微博公信力

案例回顾：2012 年 11 月 9 日 11 点 08 分，中华人民共和国国务院公报首次开通新浪微博，首次发表消息说，“将秉承‘传达政令、宣传政策、指导工作、服务社会’的办刊宗旨，及时准确地公布国家的重大方针政策”，并宣布将于次日正式上线；2013 年 2 月 28 日，国务院公报官方微博进驻新华网的新华微博平台，作为目前唯一以“国务院”命名的官方微博，甫一上线，“@国务院公报”就获得了网民们极大的关注，并被网民们称为“最高级别”的政务微博。截至 2013 年 3 月 19 日，“@国务院公报”的新浪微博平台粉丝超过 105 万人，而在开通不足一个月的新华微博平台上，“听众”也超过 11 万人。该微博发布的内容主要是最近一段时间在国务院会议上审议通过的文件、公报，还有网民希望能通过微博这个渠道直接和国务院说话、和总理说话。即使没有开放评论功能，“@国务院公报”的首发微博也获得了上万的转载量。

“@国务院公报”发布的仅仅是政府文件，没有互动、服务性内容，并且主页也没有开通评论功能，何以获得众多网友的关注？原因在于，这是一个“国务院”级别的微博，具有鲜明的领导地位，因而具有极强的权威性；而其他政务微博群体对其报以关注，无形中形成了群体性的依附感；同时这也体现了网民对于国家权威信息获取的需要。

“@国务院公报”能否换个面孔，换种声音？笔者认为，正是因为其权威、严肃的信息发布，在政务微博群体中树立了鲜明的品牌和特色，与其他各类政务微博形成强烈反差，形成独具特色的存在。

那么政务微博是否都要用这种严肃的面貌面对网民？答案当然是否定

图6－1 “@国务院公报”微博页面相关图片资料

的。“@国务院公报”的微博发布表现出取消双向沟通的可能，这与它本身定位在刊发、公开国务院办公厅编辑出版的《中华人民共和国国务院公报》的标准文本有关。这也决定了“@国务院公报”的页面表现、语言表达和互动方式等与其他政务微博有所不同。

余南平认为，高级别微博必须体现权威性、政策性和严肃性，代表一种“品格”，绝不能像普通政务微博那样用过分轻松的格调。注意区分不同级别、不同部门、不同目的的政务微博，将“格”定位准确，使网民更容易分辨，也更有利于网上舆情引导。“未来的政务微博，一定要形成健全的信息供应链条和比较完善的信息整合与发布机制，将日常发布的信息进行分类管理，确定送审级别。”余南平说，对于日常事实性信息，审核级别较低，运营人员和主管领导沟通后即可。对于敏感事件中官方表态或突发事件的官方应对等审核级别较高的信息，必须加强审核。①

其实从定位角度来说，除了致力于奠定领导地位的领导者定位之外，还有以紧跟领导者为特色的依附定位、寻找专业发展空间的细分定位等，政务微博要在林林总总的碎片化叙事中明确自己的优势和特色，并满足民众的信息需要，从而确立自己无可替代的地位。但是仍要记住一点：政务

① 周琳、陆文军：《专家呼吁政务微博注重品格不打混仗　增强亲民效应》，中国新闻网，http://www.chinanews.com/gn/2013/01－06/4462603.shtml，2013年1月6日。

微博的信息必须准确、及时、可靠。

2. 立足民众诉求，政务微博要培养公众忠诚度

案例回顾：2013 年两会期间，新余市委宣传部新浪官方微博“@ 新余发布”收到了一条来自退伍军人廖大钧的信息，3 月 10 日凌晨，“@ 新余发布”将求助信息发了出去，并附上了图片（见下图）。

#便民信息#@新余廖大钧 先生为退伍兵，水西人，之前是南沙群岛的守礁兵，守过七次南沙的南薰礁，退伍后回到家乡。因今年刚买房子，每月除还房贷，小孩上学开支也不小，经济压力较大。现在自己买了一部小货车拉货，车长2.5米，宽1.5米，载重2.5吨以下，有需要用车或请他代驾的朋友可以电联13879005663

3月10日01:53 來自专业版微博　　轉發(31) | 收藏 | 評論(24)

图 6－2 “@新余发布”为退伍老兵拉活微博相关图片资料

这条微博得到了网友的力挺，“@ 江西日报”等随后以“#微报闻#”为题进行了转发。这条微博发出 14 小时后，当天下午 4 点左右，“@ 新余廖大钧”发了一条微博：“有一个老板看到微博后，马上打了电话给我，让我帮运一车货物到江口水库，货物已经装在（载）好，我正准备出发！”

2013 年 3 月 25 日，“@ 新余发布”又发布了一条呼吁“全城吃粉救患儿”的帖子（见下图），在网络上掀起了一阵“爱心粉”风潮。

【见到三胞胎，忍不住相约明天中午去吃粉】#全城吃粉救患儿#如果您见到三个小宝贝，我敢肯定您一定会去吃粉！小编今天特意赶到新余人民医院，看到他们还躺在新生儿科重症监护室，没有脱离危险，无比难过。祝福他们之余，再次想邀请粉亲们明天中午一起去吃粉。吃一碗粉献一份爱，明天中午不见不散！

图 6－3 “@新余发布”“全程吃粉救患儿”微博相关资料

“如果您见到三个小宝贝，我敢肯定您一定会去吃粉！”“再次想邀请粉亲们明天中午一起去吃粉。吃一碗粉献一份爱，明天中午不见不散！”该微博一经发布就得到了广泛的响应，不到一天的时间内就得到了数千网

友的热烈回应和支持，甚至有网友表示“太远了，米粉就不去吃了，给个账号吧，我捐几千块给小孩”；“@江西日报”、“@信息日报”等新闻媒体也纷纷予以转发、报道。之后，“@新余发布”对该事件进行了跟踪播报，以“#全城吃粉救患儿#”这一主题在连续更新发布的微追踪过程中获得了更大的社会关注，中央电视台等主流媒体也进行了报道。

而在上海市工商行政管理局政府信息公开网站上的《2011年上海市工商行政管理局政府信息公开工作年报》中显示，积极探索“上海工商政务微博”公开成为上海市政府信息公开的新渠道。新浪微博“@上海工商”以“服务群众、联系群众、回应关切、改进工作”为宗旨，开设的主题栏目“回应关切”，对微博网友通过“@”或留言反映的信息、线索，以及地区内发生的食品安全等问题，进行了转发、关注和追踪播报。开设以来，“@上海工商”及时回应了达芬奇产品质量检测、光明牛奶订购遭遇“掉包”、伊利乳粉产品安全、摇摆机伤害儿童、清美豆制品生产日期更改、今麦郎方便面酸价超标、问题南山乳粉、小区附近加工厂扰民等社会关注的热点问题。

此外，2012年4月12日，海南省政府开通全国首个信访微博“@海南信访群众之家”，通过开展节能减排工作、公开接访信息、公开募捐善款、处理投诉反馈等工作主动介入社会事务管理，并对事件处理进行微直播，[①] 从而获得了网民的认可。

从“@新余发布”、“@上海工商”、“@海南信访微博”的实践可以看出，立足本地、贴近民生是政务微博的另一个“法宝”。政务微博的品牌必须以文化为底蕴，以关系为目标；文化以人为本，关系以现实为依托，在与网民互动、为群众排忧解难的同时也要与现实生活对话，即“接地气”。以“社区意识”为民众服务，是培养忠实粉丝的有效方式。政务微博是政府公共服务的一部分，民众在关注它“说”了什么的时候也同样关注它究竟“做”了什么。说和做，将是考量政务微博行政效能的两个依据。

另外，政务微博组织发起、参与“微公益”等社会活动也是达成社会

① 桂杰：《中国政务微博数量持续增加　基层成为中流砥柱》，中国新闻网，http://www.chinanews.com/gn/2012/12-23/4430334.shtml，2012年12月23日。

共识、发挥公共服务职能的途径。

（二）视觉识别：政务微博讲“里子”也要讲“面子”

视觉识别主要侧重于视觉表现，指的是视觉元素统一，包括官方微博主页的视觉特征识别和内容发布的整合规划；具体到操作层面，涉及微博名称、头像、认证、标签、简介、色彩与图案设置、文字格式、宣传性图片与视频的运用等。

政务微博的视觉识别应该具有共性，如同一地区政务微博可以使用相同的构成形式来组织名称（如“@平安南粤”、“@平安肇庆”、“@平安广东”），使用相同或相似的头像及页面设置等视觉表达元素；政务微博的视觉识别又应该具有差异性，如公安微博头像可以使用警徽图案，而政府微博页面可加入当地人文风光图片和宣传视频。

除了前文提到的“国”字头微博的实名开通之外，坊间人气高涨的还有一位更早开始微博实践的“外交大使”——“@外交小灵通”。“@外交小灵通”是由外交部新闻司公共外交办公室负责开办的我国首个部委微博，于2011年4月13日10时45分入驻新浪微博并发布第一条信息，2012年3月在人民网人民微博平台及腾讯微博平台先后开通同名微博。在新浪微博平台的简介中，“@外交小灵通”写到：“人不分内外，事无惧大小，有心则灵，有情则通，愿作您和外交之间的桥梁纽带。”

“@外交小灵通”发布的内容包括外交动态、出境提醒、记者会微报、外交掠影、外交小知识、大使演讲录、领事服务等公共外交话题，并采用“外交微群”、“微直播”、“微访谈”等方式与相关部门和网民进行交流、互动。截至2013年3月25日，该官方微博在三个平台的粉丝量已达673.1万（其中在新浪微博平台最多，达411.3万，腾讯微博平台231.5万，人民微博平台30.3万）。“@外交小灵通”发布的内容包括公共外交相关资讯和公共服务等各项工作，顺应了社交网络发展的新潮流，也在国内外展示了新时代中国公共外交的新形象，在国内外都获得了积极的评价。

此外，在2012年4月中旬微博开通一周年前夕，“@外交小灵通”微博运营团队举行了与粉丝“通心粉”的线下见面会，网络征集代表logo、纪念封设计、微直播等元素使得线上线下的互动开展得有声有色。此外，为迎接周年纪念，“@外交小灵通”还设计制作了《和通心粉一起的日子：“@外交小灵通”开通周年纪念手册》（以下称“《纪念手册》”），并通过新浪微博陆续公布了纪念册的部分内容。书中记录了一年以来与“通心粉”的点点滴滴，如在第一部分——“通心粉”眼中的小灵通中，记录了“通心粉”名称的来历和通心粉眼中既严谨又认真亲和，富有创新精神、鲜活、好看的政务微博。《纪念手册》简洁大方的风格获得“通心粉”们一致好评，他们纷纷留言表示期待。[①] 可以说，“@外交小灵通”的线上表现和线下活动紧密结合，成就了一次成功的“品牌推广”活动。

除“@外交小灵通”之外，河南省洛阳市公安局官方微博“@平安洛阳”在2013年春节期间制作了“#2012微博盘点#【春节安全系列】”的专题微博，通过塑造卡通形象“小洛”及创作“小洛返乡记”，来普及购票常识、乘车安全、出行防盗等知识；南京市委宣传部新闻发布官方微博“@南京发布”则自称“小布”，通过发布话题“#小布说天气#”、“#小布说两会#”、“#小布微评#”等来传递资讯，并认真查看、回复网民的评论，据新闻报道，“@南京发布”的管理员多为80后。[②]

（三）行为识别：政务微博的“说”和“做”

这指的是政务微博具体的执行、运作实践，包括信息发布与获取、评论回复与应对等。

1. 实名、原创，政务微博的通行执照

公民社会的建构离不开相互认同和信任。实名“织围脖”，是近年来社会热议的话题，目前各大主流门户网站的微博平台都提倡实名制，“后台实名，前台自愿”。对于政务微博来说，实名制有利于提升微博辨识度，提升责任感；原创内容的发布则是立足于政务微博定位，为网民提供第一手信息、资料的必要方式。

在内容发布方面，政务微博要积极进行原创资讯、评论的发布，这在一定程度上对微博的运营者（团队）提出了专业性要求。

以“@南京发布”的微博内容发布机制为例，“小布”们每找到一条消息，就通过QQ群发布，要经过所有人一起讨论的第一关。群审通过后，还要通过执行主编的第二关，把握措辞和导向，决定能不能发。第三关，

---

① 《外交小灵通新浪微博开通一周年》，文新传媒新闻中心，http://www.news365.com.cn/xwzx/gd/201204/t20120413_361203.html。

② 庆庄鸿、苏希杰：《“南京发布”管理员多为80后：为显人情味装女孩》，《中国青年报》，http://js.people.com.cn/html/2012/10/09/169105.html，2012年10月9日。

如果出现政策、政务类的信息，还需要报给兼任主编的宣传部新闻处处长。这被他们称为“三审机制”，每一条微博都要经过仔细推敲；此外，“小布”们在长期的微博操作实践中也总结出了一套发布机制：“晚上8点到9点，是网民集中上网的时间，适合发趣味性信息。至于周末，可能大家正在逛街，是‘爪机党’（‘爪机’即网络语言中的手机——记者注），这时微博以好看的图片为主，配上简单抒情的文字。”①

2. 即时、互动，积累知名度与美誉度

微博只有事后“把关”，在信息发布之初是不存在信息审核的；微博的“秒传”效应，使得信息的传播进入“即时”传播阶段。信息即时发布的“微直播”，对评论回复的即时反馈，以及在此基础上微博发布的常态化，不仅是政府部门间、组织机构间进行内部信息沟通的需要，同时也是为应急管理积累经验。

3. 个性、亲和，语言表达也是技术活儿

以前文提到的“@外交小灵通”为例，在语言表达上，“@外交小灵通”以亲民风格获得了网友的一致肯定。“网言网语”的自然运用拉近了与网民之间的距离，展现了国家外交的新形象，一时树立了政务微博的新风气。如在介绍毛里求斯时就先后运用了改编自马克·吐温名句的“上帝先创造了毛里求斯，后创造了天堂”，以及古典诗词形式的“长空万里披金甲，落日余晖更多情”等表述方式，将情感共鸣融入信息传播当中；而此前热传的“淘宝体”招聘微博的发布，相对于规规矩矩的公文式发布的确非常讨巧，这条微博的高转发量也说明，对于服务性、互动性较强的信息，适当运用一些网络流行语言，也是受公众欢迎的。

其中要注意的是，网络语言可以严肃、调侃、“卖萌”，但是由于政务微博本身具有宣传社会核心价值、传递政府信息的社会、政治作用，所以在语言表达上要有度，不可哗众取宠。

五、展望、改进

（1）在制度建设层面，就目前情况来看，大多数政务微博的开设仅仅

① 庆庄鸿、苏希杰：《“南京发布”管理员多为80后：为显人情味装女孩》，《中国青年报》，http://js.people.com.cn/html/2012/10/09/169105.html，2012年10月9日。

停留在信息告知或是单向宣传的层面，仍然充当着旧式的“传声筒”角色。由于缺乏必要的制度、法律支撑，以及没有相应的考评系统和评估标准，大多数政务微博的建制是不独立的，这就容易导致内容发布的依赖、形象建设的雷同等问题，甚至只是为了应付上级领导交办的任务，一些政务微博成了“僵尸”微博，形同虚设。这无异于白白浪费了社交媒体带来的发展机会，放弃了话语权，限制了自身执政效能的发挥。

随着社会改革的进一步深入和政治文明的进一步发展，开设政务微博是大势所趋。政务微博的开设应该具有制度保障，并建立健全评估与考核机制。粉丝量是评价参考的指数之一，而民众的满意度应该是最重要的考核标准。

据新闻报道，广东省佛山市南海区政府部门近日公布《南海区政务微博工作考核管理办法》，其中规定，政务微博将作为重要指标纳入年度绩效考核。针对有可能出现的为了拿高分买“僵尸粉”、假转发微博等行为，也要求杜绝。①

（2）在运营机制层面，部分政务微博仍然处于传播弱势。个体特性与官方发布可能存在矛盾，具体表现就是某些微博不恰当的“卖萌”，或是信息发布内容散乱，不能对社情民意做出有效应对，尤其是在特殊事件中应对能力不足，对于网络舆情监管不到位，信息发布和舆论引导能力弱。

对此，笔者建议加强专业团队建设。张志安认为，政务微博一定要及时更新，指定专人负责。他说，想要完善运营一个微博，需要1～3个对外宣传、媒体运营等有丰富经验的专业专职人士。②

要积极与网友展开交流互动，及时回应网友的留言、跟帖、私信，在日常的积累中培养良性的互动关系；对于批评、质疑的建议和意见，政府部门及工作人员也要以包容、诚恳的态度，争取得到对方的理解和尊重。须知，亲和力固然是在日常的点滴积累中获得的，公信力同样也可以在细节处体现。

（3）在整体形象定位层面，目前大多数政务微博尚未确立自己的品牌

① 郑诚：《广东佛山市南海区政务微博将纳入绩效考核》，南方网，http://www.southcn.com/jsfw/zxdt/content/2013－02/04/content_63401585.htm，2013年2月4日。

② 周琳、陆文军：《专家呼吁政务微博注重品格不打混仗　增强亲民效应》，中国新闻网，http://www.chinanews.com/gn/2013/01－06/4462603.shtml，2013年1月6日。

特征，没有明确信息发布的筛选和区别标准，导致信息发布无序，微博个性和区别性不强，粉丝关注寥寥，回应懒怠。

2012 年 9 月 26 日，在公安部交通管理局“交通安全微发布”微博的带动下，“交通安全微博发布厅”正式上线，首批全国共有 2 600 余个基层公安交通管理部门政务微博、交通警察个人微博加入“发布厅”，发布的主要内容包括我国道路交通管理、交通安全政策法规、各地重大活动交通管理措施、重要节假日安全出行提示等服务性、实用性信息。同时，“发布厅”也带动各地结合典型案例，及时开展交通安全宣传，并汇集互联网上宣传交通安全的视频、音频资料，传播宣传交通安全知识。[①]“交通安全发布厅”的运行，体现了政务微博实行资源整合、创造集群效应的思路，这也为创建政务微博品牌建设做了有益的尝试。

这里要明确的一点是，政务微博只是政府进行社会管理和资源整合的手段之一。网民希望“毕其功于一役”[②]，但是微博毕竟不能代替现实的政府执政机构。政务微博的职权也是有限的。

要从理念上明确政务微博的定位、特性，尝试探讨适合自己的信息发布模式。在发挥政务微博的权威性、公信力的同时，也应结合内容的互动性、参与性，回应民众关切的事情。

① 桂杰：《中国政务微博数量持续增加　基层成为中流砥柱》，中国新闻网，http://www.chinanews.com/gn/2012/12-23/4430334.shtml，2012 年 12 月 23 日。

② 《新华网评》栏目策划：《政务微博，向左？向右?》，新华网，http://news.xinhuanet.com/comments/2013-01/14/c_114357203.htm，2013 年 1 月 14 日。

第七章　政务微博如何与民众互动和回应投诉质疑

政务微博历经三年多的迅猛增长，正逐渐步入稳定发展阶段。政务微博的发展，不仅对传媒生态产生深远影响，也对政府的执政与公共关系的传播方式起到重塑作用。越来越多的民众选择通过互联网获取有用信息，表达自己的利益诉求。但是，在网民微博问政热情高涨的同时，我们也看到一些政务微博在与网民的互动过程中，存在着诸多问题。

那么，政务微博面对网民提出的投诉和质疑，应该如何作出回应呢？

政务微博要做到“七要、七不要”：

一、不要做“僵尸微博”，要提升活力，发挥作用

“僵尸微博”，是指那些长久不更新或者极少更新的微博。

在《南方日报3C周刊》2011年发起的“政府网站和官方微博都已经建立，你认为还有哪些不足”的投票中，有超过77%的网民认为政府网站对网民意见应付了事，没有诚意解决；44%的网民认为政府网站和官方微博形式主义过重；有18%的网民则认为这些官方微博在运营上存在能力的不足。2012年，广州当地媒体发起曝光“僵尸”政务微博活动，根据网友、读者提供的线索以及相关专家所界定的标准，截至9月10日，共统计出30个“僵尸”官博，其中最长的未更新时间超过一年。①

以下是“僵尸微博”的冰山一角：

湖南省文联政务微博拥有22万个粉丝，但它从2011年1月开通政务微博以来却只发了13条微博，而且数月之后，该微博即停止了更新。

湖北省十堰市公安局于2011年为应付公安部号召开通微博，4月25

① 叶丹：《微博问政，你满意吗?》，《南方日报》，2011年11月17日。

日“隆重”发了一条微博秀履职，作秀完毕后至年终再未发布任何信息，未与民众有过任何沟通。

江苏省镇江市委宣传部官方微博在2011年2月21日和2011年11月30日两天共发了3条微博，随后便归于沉寂。讽刺的是，镇江市委宣传部最后一条微博显示：“镇江在互联网建设管理工作上有许多好的做法和经验，值得在全国推广学习。”

陕西省宝鸡市交警支队官方微博“宝鸡交警”拥有3万多粉丝，未发布任何信息，未与民众有过任何沟通。在其官博关注的59人当中，网友发现有“苍井空”的名字。该微博也被网友称为史上最牛的“不搭理人民”。①

“僵尸微博”的出现有多方面的原因。一是开通微博成为风潮，领导重视，上级要求，有些地方还将政务微博纳入政绩考核范畴，而一些部门为赶时髦或应付上级要求开通微博之后，运营流于形式，上级检查过后便再也没有打理；二是微博开通方便又简单，但是日常维护要付出很多人力、物力，一些地方人手不足，无人负责微博的运营；三是对微博了解不深，有的政府工作人员对网络很生疏，微博在他们心中被妖魔化，所以不敢在网上发布信息，生怕一语不慎招惹麻烦。但不管是何种原因导致出现“僵尸微博”，都有违它开通的初衷。

陕西省委宣传部常务副部长任贤良在陕西省宣传思想文化系统开设微博动员暨政务微博培训会议上发言时讲到：“要避免出现‘僵尸微博’，微博不能开了就不管了，内容必须要不断更新，要有个人特点和部门特点，不能千人一面。”②

如何避免出现“僵尸微博”呢？首先，要摆正开通微博的心态，不可为应付上级要求而开，要真正将微博看作是网络问政的工具，重视微博的作用；其次，要充分了解微博的特性，掌握这一新兴媒体的使用技能，不断学习网络宣传技巧；再次，要建立健全政务微博的运营机制，安排专人或者团队负责管理微博。

---

① 冯芸清：《网友连续45天追问广州城管　当“较真”网友遭遇“龟缩”政府》，网易，http://news.163.com/12/0824/08/89LK6KMN00014JB6.html，2012年8月24日。

② 马广浩：《陕西部分政务微博变“僵尸”微博　该互动不该作秀》，西部网，2013年2月28日。

二、不要“装聋作哑”，要敢于面对“围观”，积极互动

除了长久不更新信息的“僵尸微博”，政务微博还被网友诟病的是对民众的投诉和质疑置若罔闻。很多政务微博，每天正常发布政府信息，但对粉丝的评论或者私信不做回应。长此以往，原本热情参与的粉丝们也会“很受伤”。同时，这也极大损害了政府的形象。比较典型的案例是网友“@厦门浪”追问广州城管事件。①

“@厦门浪”连续追问广州城管49天

2012年6月21日 广州城管百万出国经费遭质疑

广州市城市管理综合执法局当天公布的2010年“三公”经费支出中，因公出国（境）费用支出达114万元。其中，2人赴日本、俄罗斯培训学习花费12.87万元，18人赴东欧、美国、加拿大等国家考察学习花费100.71万元。计算可得，该局2010年共20人次出国，平均费用达到每人次5.7万元，遭广泛质疑。

7月9日“城管小窦”微博晒考察报告

广州市城管局行政执法处工作人员窦勇以“城管小窦”（微博昵称后改为“大城小窦”）的微博，晒出了自己5年前香港考察的报告《香港的“城管”与小贩》。这一晒马上引来网友议论无数，报告被狠

---

① 《厦门浪PK城管小窦·微博要求晒出国考察报告》，奥一网，http://wen.oeeee.com/channel/522.html。

批无实质内容，多是基本信息的介绍，疑是“百度而来”。不过，“城管小窦”还是唯一公开晒出自己考察报告的工作人员。网友们建议广州城管领导向下属学习。

7月9日“厦门浪”开始追问广州城管

在7月9日《关心考察效果是我们每个市民的义务和权益》的微博中，“@厦门浪”建议“广州都晒出考察报告来”。

从当天起，“@厦门浪”不断提出质疑，在微博上每天一问，到8月27日已是第49天。“@厦门浪”的要求受到众多网友拥护，但广州市城管部门却视而不见，其官方微博49天来依然发布不少的部门相关信息，却绝口不提“三公”，也没有公开更多的“三公”支出信息，被网友戏称为“最懒政务微博”。8月23日，人民网就此事发出题为《网友连续45天追问广州城管，当“较真”网友遭遇“龟缩”政府》的报道，并配发题为《因为“老不应”，才有“老不信”》的报道，引发了全国性的关注，舆论压力可谓空前。

事件结果：

“‘@厦门浪’：非常感谢您对城管执法工作的关心！”8月27日21时56分，广州市城市管理综合执法局官方微博“@广州城管执法”，以这样的开头打破了此前长久的沉默。这距离知名网友厦门浪对城管出国考察报告的首次追问，已是49天。

在500字的长微博中，“@广州城管执法”表示，2009年至2011年，正是广州市迎办十六届亚运会和创建全国文明城市的关键时期，为更好地学习借鉴国外城市先进管理经验和做法，“经批准，我局于2010年分两批组织赴俄罗斯和美国、加拿大等国城市学习考察城市管理情况和经验、做法（后因工作原因，推迟到2011年3月出发）”。

尽管对出国考察的效果，网友十分质疑，但“@广州城管执法”的回应还是受到了网友的广泛肯定。

在“@广州城管执法”发布这篇长微博5分钟之后，“@厦门浪”做出评论：“首先感谢你们俯身倾听的姿态，良好的互动源于信任的共舞，希望行政部门与市民的和谐互动可以成为这个城市文明的灯塔，再一次感谢贵局倾听。”

除了“@厦门浪”的肯定话语外，“@中大学子”也表示：“能直面市民的问题，很不错！”

“@苏少鑫”：“具体内容暂存而不论，这至少印证了一种新的可能性：网络问政迫使官方行为模式的调整。”“@苏少鑫”认为，微博使持续抗争的成本大大下降，这是“@厦门浪”能在不知不觉中持续追问“@广州城管执法”的根本原因。微博催生了新的公民参与模式，尽管这种新模式本身没造成新的怨愤和矛盾，却使公民提出诉求的方法发生了改变。官方若用传统对待信访方式来对待，或将碰到越来越多的钉子。

（来源：奥一网网络问政平台）

政务微博在面对网友的投诉和质疑时，应在第一时间给予网友回复。及时有效的互动，可以提高网络问政的效能，也可以在网民心中树立良好的政府形象。

在这一问题上，福州市政府微博管理办公室运营的“@福州发布”给我们提供了良好的范本。在重大舆情的处理机制方面，福州市政府出台了《福州市政务微博群发展管理暂行办法》，规定回复网民的评论和诉求，在工作日内一般不超过5个小时，对于市民集中反映的问题，办理结果回复应不超过1个小时。由市委宣传部负责牵头，协调处置涉及福州的突发公共事件网络舆情。对于涉及福州的重大突发网络舆论，根据福州市突发公共事件相关处置应急预案要求，第一时间报市委宣传部等部门协调解决。[1]

三、不要关闭评论，要与网民多渠道对话

相对于其他大众传媒与受众的交互而言，微博与受众的交互更为及时、直接，微博主和粉丝之间能够即时交流，并且这些交流都能公开为大众所知晓。在2011年新浪政务微博大会上，国家行政学院电子政务专家委员会副主任汪玉凯说：“过去我们大部分是听政府通过主流媒体对社会灌输，老百姓发言机会是比较少的，但是现在情况不一样了。网络社会的到

① 周杨宁：《漳州“僵尸”政务微博可借鉴@福州发布经验》，闽南网，http://fj.qq.com/a/20130322/000088.html。

来还有一个条件就是国民参与度的提升，老百姓、公众参与度的提高，这两个是非常必要的条件。”①

但是，一些政务微博并没有发挥应有的互动作用，不仅漠视网民的回复，更有甚者直接关闭评论功能，禁止网民评论。例如，广东省盐务局在新浪的官方微博“@广东省盐务局”的粉丝有3万多名，但自2012年3月5日其发布首条微博以来，累计发布170余条微博，却无一条评论。原来，“@广东省盐务局”通过后台设置关闭了评论功能。

关闭评论功能，将原本充满互动功能的微博变成赤裸裸的信息发布工具，折射出这些政务微博的管理者思想没有及时转换，也没有摆正心态，未能理解开通微博的真正意义。长期下来，只会招致网友的反感，沦为众多平庸或令人无感的媒介之一。同时，政府部门也失去一个体会民众最真实的情感与想法的机会。

以微博主与粉丝进行互动的三种渠道（评论、私信和转发）为例，在与网友互动的过程中，政务微博应注意这三种渠道不同的特点：评论是对网友回应的直接回复，目标问题指向性强；而转发适合将具有普遍意义的话题再一次公开传递给粉丝；私信具有一定的私密性，适合回应粉丝的私人问题。

四、不要单向宣传政绩，要变发布为交流

许多政务微博将政府的文件、领导讲话原文复制到微博上来，由于微博有字数限制，这些文件又被拆成若干小段。但这些所谓的“微博”对于网友来说暮气沉沉，枯燥无味，有价值的信息乏善可陈，很难激起阅读兴趣，出现“零评论、零转发”的结果。微博的信息内容是决定其传播效力的重要因素。如果一条微博激不起粉丝的阅读兴趣，必将迅速淹没在微博的信息海洋中，达不到应有的传播效果。

在政务微博上单向宣传政绩，不与网民互动，主要原因是一部分政务微博管理者对微博不了解，将以前管理政务网站的那一套方法照搬过来管

① 许晓蕾、吴渤、黄怡：《广东政务微博　数量上领先影响力有限》，《南方都市报》，2013年6月2日。

理微博，进行单向枯燥的政绩宣传。

谈到一部分政府工作人员对于微博的生疏和无知，江苏常州溧阳市卫生局前局长谢志强的“微博开房”事件可以算是典型案例。他把微博当作与情人网上私聊的工具，结果聊天内容大白于网络世界，自己却还蒙在鼓里。当记者电话采访谢志强时，他还不解地问：“你看到我们发的微博啊？你怎么看到的啊？这个都能看得到啊？这不可能吧？”就这样，谢志强成为微博世界的一大笑柄。

2011 年 6 月 20 日，凤凰网刊登题为“官员必修课：微博与 QQ 的区别”的评论，文章中说：“可怜互联网发展到今天，在一群人谈论着‘web3.0’和‘云计算’的时候，还有那么一群人，并且是知识层次较高的官员，居然不知道微博是什么。在‘围观改变中国’成为年度词语时，官员却不知道微博跟 QQ 的区别。如果说有一部分人已经进入网络时代，还有一群人仍停留在旧时候。这件事终归不过是个笑话，可笑话背后却是一个让人笑不出来的现实：与时代脱轨的官员如何管理好这个变化迅速的国家？”

所以，政务微博的管理者们应该认真学习运用微博，掌握其传播特点和规律，不仅不再犯类似“微博开房”这样低级而又滑稽的错误，还要提高微博的可读性，获得网友的关注，增强传播效果。

五、不要打官腔，要摆正心态，有服务意识

政务微博是政府与民众之间的联系桥梁，很多政府信息通过微博渠道向公众公开或者通过微博与民众互动。因此，我们也可以将政务微博看作是政府部门的“传声筒”。但是，政府部门的官话官腔如果原封不动地通过“传声筒”出现在微博上，就会引起网民的反感。

而除了官话套话，回应敷衍了事也会招致网友反感。2011 年 9 月 30 日，广东茂名网友“@ LCHANGR”给茂名公安局官方微博“@ 平安茂名”留言：“今晚广湛高速会塞车塞到几点呢？”“@ 平安茂名”回答：“我又没有预知能力，怎么知道今晚的情况？”

这样对网友意见作出敷衍答复的政务微博还有不少，它既折射出一些政府工作人员缺乏公仆精神，没有树立为人民服务的观念，也反映出他们

对政务微博的功能认识不足。

网络文化是讲究人人平等的，政务微博要想吸引粉丝关注，赢得民众好感，就要说“人话”，放下架子，少说官话，少打官腔，使用人性化的“网言网语”，想民众所想，急民众所急，给网友一个认真、有价值的回应。

而如何能做到上述要求呢？“中国十大微博官员”之一、中共江苏省委宣传部副部长章剑华认为要做到“三平”：一是平等的角度，千万不能居高临下，而应当以普通网民的身份与粉丝进行交流，做到平等待人、礼貌待人、真诚待人；二是平实的语言，在很短的篇幅内，文字要通俗，内容要实在，切忌华而不实，哗众取宠，多说些实实在在的话，多说些对网友有帮助的话；三是平和的心态，好话听得进，坏话更要听得进，这是政务微博管理者应有的胸怀与风度。

六、不要妄发言论，要有雅量

早在2008年，时任广东省委书记的汪洋就提出，党委政府作为社会的管理者，不能高居于网络社会之上，而要平等地深入网络民主之中，及时听取网络上的民意反映、合理建议，乃至批评意见，从而汲取营养，改进工作，充分发挥网络民主对公共权力的监督作用，提高科学执政、民主执政、依法执政的能力。①

但是，一部分政务微博显然未能做到这些要求。

2011年7月1日，网友留言反映河南省南阳市交警面对交通堵塞，不忙疏导忙罚款。南阳公安局竟如此回复：“你的想法也好、呼吁也好，完全是逆潮流而动，是螳臂挡车。公安机关将对你听其言、观其行、观后效，密切关注你的煽动性言论是否造成不良社会影响再视情处置。”这样的回复不可谓不雷人，而下面的这条微博则更激起了网友的怒火。

2011年11月12日23时40分许，黄埔大道员村山顶路段发生一宗特种车与小客车的交通事故。事发后，新快报记者林良田赶到现场采访，在

① 《汪洋：顺应网络发展规律，构建网络民主平台》，南方报网，http://www.nfdaily.cn/bignews/hotl/content/2008-04/17/content_4381060.htm，2008年4月17日。

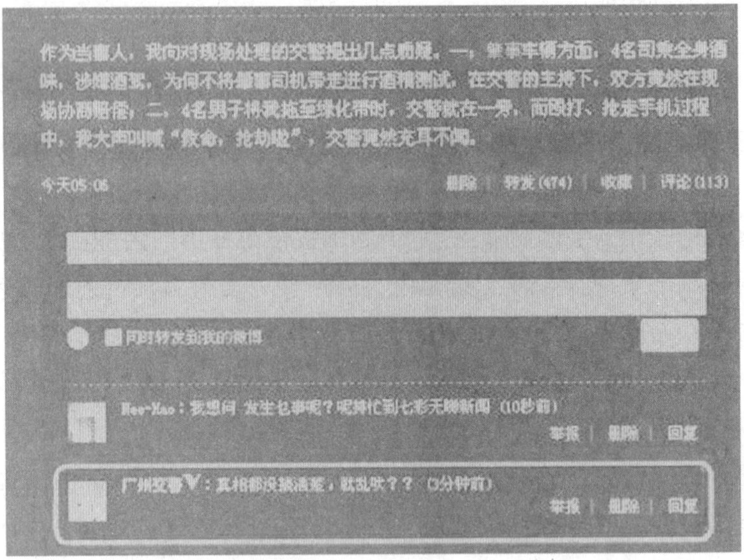

图7－1 “@广州交警”称被打记者“乱吠”

采访过程中与小客车司机发生口角，继而又被另外四名男子殴打，手中的手机也被抢走，并被删除照片。行凶男子逃跑后，林良田向在场交警抗议，交警对此表现冷漠。次日，该事件进一步升级，被打记者通过微博提出质疑，而很快，广州交警官方微博就用“乱吠”一词来回应记者。虽然该条评论很快被删除，但还是被林良田截图发出，众多网友纷纷转发力挺记者，呼吁广州交警秉公执法，尽快查出真相。

13日20时40分，广东省公安厅官方微博“@平安南粤”针对此事作出反应，发布微博向网友致歉：“我们诚恳地向各位网友道歉！同时提醒广州交警的同事注意：微博是开放平台，人人都可以表达自己的想法和情绪，会有很多不同的声音。即使是再尖锐的批评和质疑，我们都应虚心听取，积极回应，主动释疑，有错就改，有问题就纠正。要HOLD住自己，不要把个人情绪带到工作中，绝不能再犯这样低级的错误了！”

之后，广州交警官方微博也在22时30分发表致歉声明，指出“@广州交警”在林良田的微博上发表了欠妥的言语评论，特向其及网友表示诚挚的歉意。经查，该评论确为交警支队民警个人所发，当局将严肃处理此事，并要求全体微博管理工作人员以此为戒，加强管理。

网络传播由于其自身特点，会出现多元声音。这其中有肯定、赞美的声音，也有质疑、批评的声音，还有一部分是讽刺、谩骂的声音。在以“共议社会建设　助力幸福广东”为主题的广东省领导与网民在线交流会上，汪洋看到有力挺他的网友，也有骂他的网友。他说：“网络问政首先应该是平等地问，虚心地接受，不计态度、不问来历，为什么领导可以发脾气，群众不能发脾气呢？为什么领导可以骂娘，群众不能骂娘？”政务微博也应该有这个雅量，不但要用宽阔的胸襟包容不同的声音，还要善于俯身倾听不同的声音。即使是非理性的声音，也折射出网民的情感和期待。相比之下，删除网友回复、拉黑网友的做法实在不可取！

七、不要逃避责任，要解决实际问题

政务微博是网络问政的一个窗口，它代表政府在微博世界发声的同时，也向公众展现着政府形象。

民众需要的是一个敢于负责、讲究实效的政府，因此政务微博的作用不应仅仅停留在发布政府信息、提供咨询服务或是应对突发舆论危机上，还应切实解决民众在微博中反映的实际问题。否则，在民众眼里政务微博就成了无用的摆设。

政务微博如何实现为老百姓办实事？总的来说，要把线上线下结合起来，“线上交流，线下解决；线下政务，线上公布”。

（一）线上交流：倾听民众意见，收集百姓问题

2012年12月3日，中共海南省委群众工作部、海南省信访局官方微博“@海南信访群众之家”获评“2012年新浪政务微博十佳应用”奖项。“@海南信访群众之家”在2012年4月11日正式上线运行，它是全国首家省级层面的信访微博。由于坚持“直面评论、客观说话、结果至上”的办事原则和“少说行话套话、少说模棱两可的话、少说外交辞令”的语言风格，“@海南信访群众之家”受到网友的广泛认可。在不到一年的时间里，“@海南信访群众之家”的粉丝数量达到了13万余人。新浪微博的评委认为“该微博积极接受群众诉求，主动介入社会热点问题”，而且“针对民众关心的焦点问题，该微博第一时间关注督办，并及时发布投诉反馈，该微博体现了群工、信访部门为民服务观念、方式的转变。”

海南省委群众工作部常委副部长陈军认为：“信访不能只管上访，不

能等到群众来上访了才解决问题，应该主动深入基层了解问题，主动帮群众解决问题，微博正是为达到这一目标搭建了有效的桥梁。”据介绍，“@海南信访群众之家”开设近8个月以来，共受理了200多起信访案件，解决率超过85%。网上信访、微博信访已占到海南省信访局信访总量的70%，大大改变了信访的结构，也大大提高了信访的效率。

“@海南信访群众之家”主要由省委群工部群众工作处的几名“微博控”维护。他们几乎24小时不间断地轮流在微博上浏览、搜索网友发布的“怨言”及遇到的不公平事件，并将符合立案条件的事件录入信访系统，随后按照《信访条例》规定的时间及时交办、转办到相关职能部门，职能部门办理完成后，“@海南信访群众之家”再及时地反馈给当事人。

“@海南信访群众之家”的很多方法值得推广和借鉴。通过微博收集到的问题，需要进行分类、汇总和备案。对于网民有价值和有可操作性的建议，应转达给有关部门作参考；对于网民的投诉或举报，应立即展开调查，确保信息真实可靠；对于网民普通的信息咨询，应及时给予准确答复。

（二）线下解决：尽快落实解决，反馈最终结果

政务微博在完成问题的搜集、整理分类之后，应及时交付给相关部门来解决。

对于比较简单的问题，应当在短时间内迅速解决，并给网友答复。对于需要多部门协同解决的问题，部门之间不得推诿，做好协调配合工作，尽快予以解决。如果处理时间较长，应先告知网友问题正在解决。在事件结束后，通过@并转发的方式告知相关网友事件结果，既可以给该网友一份直接的答复，也可以将该事件呈现给更多的网友。

此外，政务微博也应担负起监督政府部门提高办公效率的责任。在开放而直接的微博平台上，政府不同系统、不同辖区的不同部门都开设了官方微博。群众反映的问题，属于哪个部门的职责范围，直接“@”即可，现实生活中的“踢皮球”现象会大大减少。

政务微博是党政部门开展工作的有力工具，不论线上线下，其宗旨都是“为人民服务”。现在有些政务微博被网友批评、奚落，就是因为没有解决好群众的实际问题，只会“耍嘴皮子”。

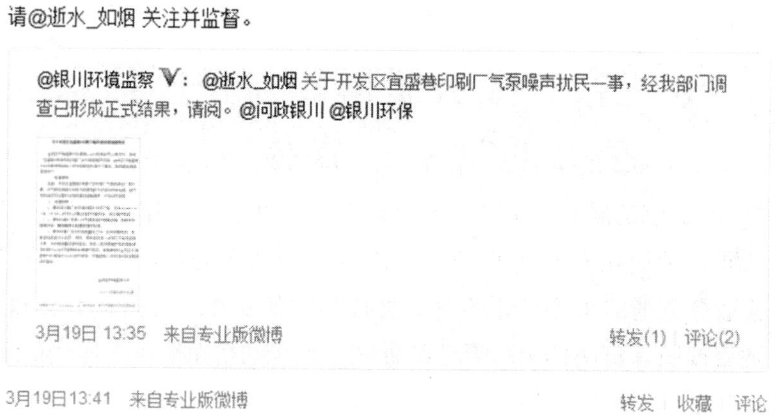

图 7-2 “@问政银川”在微博中@投诉的网友事件结果

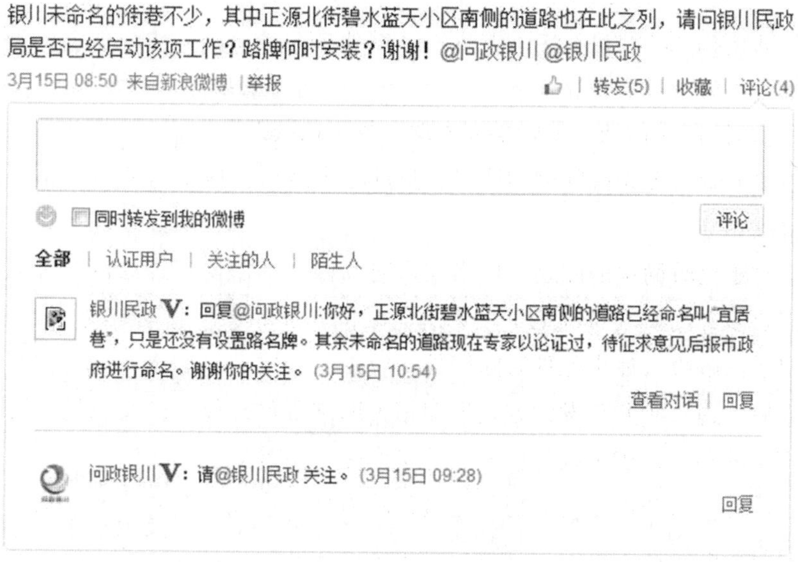

图 7-3 “@问政银川”在收到网友的咨询之后在评论中予以关注解答

第八章　政务微博如何把握信息公开的时机、节奏与尺度

在政务微博的运作和管理中，把握好信息公开的时机、节奏和尺度，是政务微博引导舆论，掌握话语主动权，满足群众知情权，增强信息传播效果的关键。

一、政务微博如何控制信息公开的时机

信息公开的时机合适与否决定了事件不同的走向。传统观点认为，官方处置突发事件有“黄金 24 小时”之说，即在事件发生 24 小时之内政府部门发布权威消息是主导舆论，化解危机的关键。然而，对当下的新媒体环境而言，信息的迅速传播让传统的“黄金 24 小时”显得过于迟滞，随着微博等新兴媒体的广泛应用，新闻信息在网上的呈现和传播不再是以小时计算，而是以分秒计算，接近于实时传播。人民网舆情监察室基于新时代的媒体环境提出了“黄金 4 小时”原则。“黄金 4 小时”指的是信息发布的及时性，政府一定要在第一时间发声，第一时间处理问题，做突发事件的“第一定义者”。人民网舆情监测室表示，“4 小时”考虑了需要厘清事实真相、政府各部门协调工作和完成信息披露文书所花的时间。

正如暨南大学新闻与传播学院院长范以锦所说，“黄金 4 小时”与传统的“黄金 24 小时”都只是一个大体的概念，指的是政府应当在突发事件后的“第一时间”及时应对、快速反应。[1]

李长春同志在第十八届中国新闻奖、第九届长江韬奋奖颁奖报告会上强调：“必须坚持及时准确、公开透明，第一时间发布权威信息，满足人

---

① 李鹤：《赢得时间就赢得舆论引导权，善用“黄金 4 小时”引热议》，人民网，http://media.people.com.cn/GB/22114/178718/10954519.html，2010 年 2 月 9 日。

们的信息需求，回应社会关切，努力抢占先机、赢得话语权、掌握主动权，牢牢占领舆论引导的制高点。”

（一）正确理解“第一时间”的内涵

这里，我们应当正确理解“第一时间”的内涵。“第一时间”这个说法，人们已经耳熟能详，却并没有一个确切的统一表述。从舆论引导的“第一时间”来看，判断“第一时间”的标准，主要是指快速反应，引导舆论，掌握话语的主动权，主动设置媒体的议程和公众议程，而不是被动地被媒体议程和公众议程牵着走。正确理解“第一时间”的内涵，应当从两个方面来进行考量。

1. 网络舆论形成的过程

网络舆论的形成过程大致可以分为两种：其一，是部分网民的意见聚合形成网络舆论，引起传统媒体关注并报道，在网络与传统媒体的互动中形成社会舆论；其二，是传统媒体的报道影响网络，汇合网络的意见，放大、扩散了传统媒体的舆论影响。这两种方式呈现出网络与传统媒体的“双重互动”，它们都超过人际和传统媒体传播的效果，对现实世界产生更为巨大的影响，推动公共事务的发展进程。互联网上引发舆论的新闻来自传统媒体的报道，也有可能来自网民的直接发布。在微博等自媒体日益发达的今天，后者成为网络热点事件发生的主要来源。这些新闻一旦触动了公众的情绪，很快在网上形成讨论的热潮，网络舆论便发生聚变，迅速升级。强大的舆论压力逼迫事件当事人采取行动，或是制定新的政策，舆论影响转换成实际效果。这样的流程不断重复发生，使各种意见相互聚合、碰撞，推动着公共事件的解决。①

2. 网络舆论的时间分布特征

在传统媒体时代，新闻单位采访写作和主管部门审稿会签的时间比较宽裕。例如报纸，如果要求次日见报，新闻的截稿期可以到当天晚上12时。但是在新媒体时代，传播速度大大提升，以分秒来计算。互联网上的信息每时每刻都在更新，新闻事件以近乎实时传播的方式被呈现出来。社会上的突发事件在发生之后，往往2～3个小时就会出现在网上，6小时后就被多家网站转载，24小时后在网上的跟帖和讨论会达到高潮。在危机出

① 刘建明、纪忠慧、王莉丽：《舆论学概论》，中国传媒大学出版社2009年版，第173～174页。

现的最初12~24小时内，消息会以裂变的方式高速传播。危机公关和议程设置的最优时间一般是事件发生后的12小时内必须作出回应和启动危机公关的预案。[①] 在微博时代，信息传送得更快，所以这一时间还需大大缩短。

（二）政务微博如何做到第一时间公开信息

1. 摒弃旧观念

长期以来，中国政府的政治传统和思想观念都是以保密为准则，搞政治神秘化。在现实生活中，很多政府官员遇到突发事件遮遮掩掩，以为只要自己“守口如瓶”，就可以一切尽在掌握中，殊不知网上早已炸开了锅，最后错失引导舆论的时机，让自己陷入极大的被动。

2009年7月10日，网上出现一则题为《开封杞县钴60泄漏》的帖子。该帖称当地一家辐照厂的“放射源使用后无法放进深层地下冷却水，裸露在空气中，造成钴60泄漏直接辐射”。很快，此帖在各大网络论坛迅速流传开来，并引发各种猜测和争议。紧接着，杞县的百姓就上演了一场现代版的“杞人忧天”。7月17日，杞县不少人开始往外地“逃难”，大家都在传着“杞县核泄漏了，人一碰到就得怪病，治不好，可能要爆炸”之类的话。一时间，杞县县城“十室九空”，大批群众乘坐拖拉机、马车、汽车等交通工具“逃”往周边县市，出城的车辆堵塞了主要道路。如果古时杞人忧天的故事让人觉得可笑，那发生在科学技术发达的信息社会的“杞人忧天”却让人觉得可悲。在这样的事件中，当地政府有何作为？

事实上，在7月12日下午，开封市政府就已经召开新闻发布会，通报了杞县利民辐照厂放射源故障出现以来的处置情况，环保部专家认为河南省有关部门措施得力，放射源没有发生任何泄漏，没有对周边环境造成放射性污染，也没有任何人受到辐射伤害，确保了放射源处于安全状态。在7月17日下午5点多，很多群众的手机收到了县政府发来的“不要轻信谣言，一切安全”的信息。

为何政府发布的信息群众并不相信？这是由于此时距离事故发生了一段时间后却未看到任何来自当地政府部门的权威消息，反而各种谣言愈演愈烈，等政府再发布消息时为时已晚，其权威性和可信性在群众心中大打

---

① 叶皓：《正确应对网络事件——政府新闻学网络案例》，江苏人民出版社2009年版，第141页。

折扣。一位来自杞县的网民称：“有关反映杞县泄漏问题一律被屏蔽，以至于造成县城及辐照厂周边大范围群众恐慌。”民众在感到自身生命安全受到威胁时，抱着“宁可信其有，不可信其无”的态度，最终选择相信了谣言。

政府为何在事件发生后，谣言满天飞，百姓大“逃亡”的情况下，才发布信息呢？杞县有关负责人说：“事故发生后，县委、县政府高度重视，并在第一时间通报了上级有关部门。上级部门的反应也非常迅速，于事发当日上午就派相关人员前来了解情况，最终上级环境部门认定，没有危险。既然没有危险，也就没有必要去小题大做，也没有大张旗鼓地公布信息。”①

原来，政府封锁消息的初衷是担心引起民众不必要的慌乱，但恰恰是此举导致数以万计的群众逃离家乡，引起巨大的社会混乱。

“河南杞县钴60事件”中政府面对突发事件的应对之策暴露出一些政府官员依然存在着对信息“一手遮天”的旧观念。政府信息公开作为一种自上而下的行政性改革，无法在短时间内改变政府内部长期历史沉淀下来的保守传统思想，大部分政府工作人员只是被动地履行政府信息公开的规定，并没有从思想根源上认同并积极倡导和实践政府信息公开的各种措施。通过政务微博进行信息公开虽然是大势所趋，但如果不解开陈腐观念的枷锁，势必会阻碍前进的步伐。②

2. 改革旧制度

不仅是观念的问题，政府在信息公开行动上的畏手畏脚也折射出政府信息公开的相关制度比较腐旧，跟不上新时代媒体环境的要求。虽然政府颁布并实施了《政府信息公开条例》，但这并不代表整个政府信息公开制度的形成。它对于政府和社会的制度环境有全面的要求，相关联动机制的不健全不利于政府信息公开。此前的行政制度要求突发事件发生后，要层层请示汇报，等上级领导的意见下达后才能有所行动。

2010 年 2 月 1 日上午 8 时，天津经济技术开发区发生一起驾车恶意撞

① 邓红阳：《河南杞县核泄漏谣言致民众大批出走始末》，腾讯网，http://news.qq.com/a/20090723/000089.htm，2009 年 7 月 23 日。

② 李雅：《从政务微博看政府信息公开的发展》，中国人事科学研究网，http://www.rky.org.cn/c/cn/news/2012－09/28/news_13191.html，2012 年 8 月 27 日。

人案件，天津港保税区天保运业有限公司副调度员张义民，与调度员李某发生纠纷和争吵后，持匕首将李某捅伤，之后劫持该公司牌照号为“津AB—6398”的黄海牌大客车，驶出公司大院，在多条道路上冲撞碾压，最终造成10人死亡，另有包括4名警察在内的11人受伤的严重后果。① 事件发生后，引起了巨大的社会震动，一时成为全国关注的案件。对于张义民长达两个小时的驾车逃跑过程，警方是如何进行布控与围堵的？媒体和伤亡者家属提出了质疑。他们要求警方解释下达追击张义民的命令是否有必要，警方能否完整地拿出一个合理的解释。随后，关于张义民疯狂撞人的多个版本开始在坊间流传：被警察逼急撞人说，女儿被强奸说，抑郁发泄说，以为李某被刺死破罐破摔说，不满车改说。此时，滨海新区的警方应公开进行回应，将整个事件还原，让公众了解警方的处置是否合理。但是，令人遗憾的是，当地政府只是在事发当天提供了一个简短的通告，之后就没有了下文。当面对记者采访时，滨海新区宣传部负责人表示，正在组织人员撰写新闻通稿，等市委宣传部审批通过后，才能公开。而天津市滨海新区的警方、医院、案发公司以及事故处理小组等，全部拒绝接受记者采访。工作人员称接到上级指令，不允许接受记者采访，否则将受到处分。结果，各种关于这个恶性案件的版本满天飞，生生“捂”出一个大新闻。

天津滨海新区的这一事件，反映出一些政府官员囿于传统的行政手段，出了事先由宣传部门对当地媒体及当事人发布封口令和统一口径，凡事都由上级领导审议决定，极大地降低了行政效率，也错失了发布权威信息的最佳时机。

随着政务微博的日臻成熟，宣传部门是否应该根据新形势做出相应的改革，从制度上保障政务微博在最佳时机发布信息，是政府决策者应当思考的问题。

3. 重视危机苗头

“祸患常积于忽微”，很多危机事件往往从小处引发。特别是在网络时代，负面信息若没有引起相关部门的重视和及时处理，将会以极大的速度蔓延，给政府和个人的形象带来巨大的负面影响。

在处理负面信息时，我们应当警惕“滚雪球效应”和“放大作用”。

---

① 《天津恶意撞人事件20死伤》，《新京报》，2010年2月2日。

网络传播具有隐匿性，网友在发言时受到的道德约束、行为约束要远远小于现实生活。微博的交互性使得信息在传播的过程中，不断掺杂进网民自己的意见。我们不难发现，很多网民的转发和评论缺乏理性，过于感性化和情绪化。而这些情绪化的语言往往更容易得到网友的响应，产生“滚雪球效应”，这在2012年一系列的反日事件中表现得十分明显。

如今，媒体的竞争十分激烈，部分网站为了经济利益一味追求高点击率，这就导致了很多新闻没有经过认真核实就被大量刊登、转载，也有很多媒体为了迎合公众的“眼球效应”而刻意制造标题噱头，在报道中，事实让位于观点，通过激起公众愤怒情绪的方法来吸引公众的注意力。而现代社会变得越来越巨大和复杂，个人受限于自身有限的精力和注意力，对超出自己经验的事物，只能通过各种新闻供给机构去了解。这样，现代人的行为在很大程度上已经不是对真实的客观环境反应，而成了对大众传播提示的“拟态环境”的反应。“拟态环境”并不是现实环境的客观再现，而是传播媒介通过对象征性事件或信息进行选择和加工、重新加以结构以后向人们提示的环境。媒体报道与否，从何种角度报道，这些取决于媒体对新闻事件的重视程度和倾向性。如果负面信息引起新闻媒体的注意和广泛报道，处置的难度就会加大很多。

在第一时间公开信息，是对政务微博的一般性要求。但是，很多事件本身具有很强的复杂性、迷惑性以及社会影响力。政府部门可能无法在第一时间弄清事件的真相，解释稍有不慎又容易使危机进一步升级。很多政务微博的管理者在突发事件刚刚发生时，怕说错话，不敢说话，最后选择了在沉默中等待上级领导的指示。在这种时候，政务微博应如何处置，第十二届全国政协主席俞正声给了很好的答案。他说：“对社会性的事件，或者叫公众事件的，有它的特点，来得快，很集中，而且很多情况下直指政府而来。如果应对不及时，会造成其他一些问题。公众事件怎么应对呢？第一恐怕要快速反应。重大的安全事故发生后要快报事实，对政府的重要的批评，要快速反应，不能回答你也要告诉：这个问题我们没有研究好，现在不能回答。要快报事实，慎报原因。”

二、政务微博如何把握信息公开的节奏

政务微博发布的信息主要是与政府机构职责相关的硬信息，相比“冷

笑话精选”、“生活小智慧”、“全球时尚”等“帮闲微博”，政务微博扮演的是帮忙角色，帮助公众及时了解政务信息。因此，在日常运营中信息的发布频率多为每天几条至十几条。以下是三个粉丝数超过300万的政务微博，通过观察发现它们在2013年3月26日至28日更新的微博数量如下：

微博名称	粉丝数	3月26日至28日微博数
上海发布	3 286 467	26、28、23
广州公安	3 252 669	25、23、22
外交小灵通	4 131 992	17、15、21

三家微博的共同点是每天在早上7点半左右发布第一条微博，内容一般为“早安体”或是天气预报，晚上11点半左右发布最后一条微博。在7点半到23点半这16个小时的时间内，平均每30~40分钟会进行一次更新，而信息发布频率较高的时段是早晨上班时间8~10点，下午下班时间16~18点，夜间21~24点，这三个时间段也正是一天中登录微博人数的高峰时段。政务微博应当抓住高峰时段发布信息，提高信息的被阅读率。

三家微博平均每天的微博数量在17~26条之间，对于政务微博来说，这是一个比较适宜的数量。如果政务微博发布信息频率过高，数量过多，有可能对粉丝造成“刷屏”，影响粉丝获取别的信息，引起心理上的反感，因而取消关注。但假如政务微博一天只发布一两条信息甚至几天更新一条微博，就会被淹没在微博世界的海量信息中，无法达到应有的传播效果。

“@平安北京”诞生于2010年7月，是北京市开设最早的官方微博，至今已发布8 000多条信息。经过两年多的发展，“@平安北京”的运作越来越成熟，它将自己定位于“警察围脖”，内容包括警方资讯、防范提示、服务举措等，服务性信息占据的比例越来越大。2011年年底，在人民网舆情监测室发布的首份政务微博年度报告中，“@平安北京”摘得全国政务微博冠军。

谈到对政务微博信息发布的节奏，市公安局新闻中心科长赵峰颇有心得，他领衔的“@平安北京”有一次做直播活动，由于“太忘形”发了过多微博，造成刷屏，结果那一天“掉粉”1 000多个。针对“一天发多少条合适”，赵峰特意走访了专家。在专家的建议下，“@平安北京”大约10

人的团队每天按照10条至15条的频率发微博，延续至今。①

三、政务微博如何把握信息公开的尺度

（一）坦诚相对，开诚布公

政务微博应当在允许的条件下尽可能详尽、全面地公开信息，满足民众的知情权，从而达到消疑解惑的目的。以前的政府工作原则是以保密为主，公开为辅。而现在，政府信息公开的主旨则是“公开是原则，不公开是例外”。

政务信息可分为三类：可公开的信息、依申请可公开的信息和应当保密的信息。《中华人民共和国政府信息公开条例》第十四条规定：“行政机关在公开政府信息前，应当依照保密法以及其他法律、法规和国家有关规定对拟公开的政府信息进行审查”，“行政机关不得公开涉及国家秘密、商业秘密、个人隐私的政府信息”。对于那些在公开范围内的政务信息，政府部门应当最大限度地保障民众的知情权，使其可以方便快捷地获得政务信息，而政务微博正是政府公开信息的有力工具。

（二）保护涉密信息

微博是一个开放便捷的平台，任何信息一旦发布，即有可能被网民关注和转发。在信息公开的过程中，如果分寸把握不当，很容易泄露涉密信息，酿成无法挽回的后果。

2011年3月7日晚，福建泉州警方出动近百名警力，在鲤城区江南、浮桥街道一带开展打击犯罪专项活动，一举摧毁盗抢摩托车团伙2个，并抓获犯罪嫌疑人11名。与以往抓捕行动不同的是，这次行动，泉州公安在新浪微博上进行了实况直播。从晚上8时行动组准备出发开始，到抓捕的现场，以及最后的成果通报，都在微博上进行公示。直播一直持续到第二天0时16分才结束，不少网友评论和转发了相关微博。②

泉州警方的行为在受到许多网友关注的同时，也招致了是否会泄密的

① 《北京城政务微博“四幕剧”叩响网络问政时代新里程》，光明网，http://www.gmw.cn/media/2012-06/12/content_4330990_3.htm，2012年6月12日。

② 陈邵珣、谢明飞、陈丽明：《泉州警方微博直播抓贼现场　网友熬夜“看直播”》，新浪福建网，http://fj.sina.com.cn/news/m/2011-03-08/081893757.html，2011年3月8日。

质疑。尽管负责此次微博直播的泉州市公安局政治处的民警回应说，不是没有担心抓捕计划被犯罪嫌疑人看到，但由于行动部署缜密，并不会出什么差错。这番想法显得过于天真，一旦抓捕计划被犯罪嫌疑人提前发现而溜之大吉，那么微博直播的代价将是惨痛的。

因此，政务微博在进行信息公开时，还必须注意尺度问题，规范信息发布管理的规则和流程，在信息发布之前应有信息审核程序，避免随意发布未经证实与许可的信息，对有可能涉密的信息慎之又慎，防止政府机密信息通过微博泄露。

（三）处理好信息公开与社会稳定的关系

在一部美国电影中，一颗小行星即将撞击地球，人类面临着被毁灭的命运。片中的美国总统掌握这一核心机密，面临是否向社会公开这一关切全人类命运信息的艰难选择，因为人类在世界末日面前可能会出现严重的社会动荡。虽然只是电影，却很好地反映了一些信息的公开会对社会秩序造成冲击和破坏。这种事例在现实生活中也时有发生。

传一湖南男子不满拆迁 扬言到广州制造校园血案

华声在线1月14日讯　14日上午，广州市南武中学官方微博发布一则消息，称接广州市海珠区教育局紧急通知，有一湖南男子因不满家乡拆迁问题，于1月12日抵穗，扬言要在广州幼儿园和中山大学制造血案。该微博随后在网络引发恐慌，不少网友要求警方加强对各学校的安保措施，早日将嫌犯抓捕归案；但也有网友认为可能是当事人故意制造话题吸引公众关注其遭遇。

广州市南武中学官方微博公布的内容显示，到目前为止“暂未发现该男子行踪”。该微博还公布了嫌犯男子的姓名、年龄、身份证号、正面照。微博称，该男子是湖南省汝城人，极有可能驾驶一辆车号牌为湘A59800的银灰色奇瑞小轿车。

发出消息后不久，南武中学删除了相关微博，但这并未阻止消息的扩散。不到半天时间，华声论坛、天涯社区和各大微博社区都出现了“湖南籍男子不满拆迁前往广州制造校园血案”的相关话题，引发不少网友的心理恐慌，更有网友听闻消息后，立马请假前往学校将孩子接回了家。

但也有网友认为，该男子可能并不会在广州制造血案，而是希望通过制造话题，吸引公众关注其遭遇。据悉，此前该男子曾多次在网上发帖，称汝城县附城乡乡政府仅以不到建设成本的四分之一的补偿款要求其拆迁，但他多次上访未果。

记者就此采访海珠区教育局高主任时，对方承认通知是由海珠区教育局发出，具体消息来源于公安部门。他称，获得消息后，海珠区教育局立即通过短信向辖内的幼儿园和学校发出了通知，目前各校已经做好了安全防范工作。其中中山大学周围已布防了200多名民警、辅警和保安。中大幼儿园门口有警员看守，部分家长已于今天上午把孩子从幼儿园接走。

海珠区新港派出所一名工作人员表示，今天已经收到了100多个有关湖南男子欲造血案的咨询电话，目前只能确定印有头像的通告是该派出所发出。他还透露，目前案件正在调查之中。

在湖南男子曹再发扬言欲袭校园的事件中，我们看到公安部门首先获知这一消息，并将它通报给教育部门。随后教育部门在教育系统内部进行了传达，要求各校加强安保工作，而一些学校在获知信息后又将此信息转发给了家长。有人认为教育部门的做法很不得当，将信息大范围地告知家长，引起了不必要的社会恐慌。但也有人支持这种做法，认为在可能发生重大伤害事件之前，市民应该有知情权。

政务微博在信息公开的过程中遇到此类信息，不能“一刀切”，应该具体问题具体分析。以上述事件为例，对于公安部门而言，通常的做法是“内紧外松”，内部紧急通报，启动应急机制，严密协查防控，尽全力查找相关人员并对其予以控制。如果能够控制相关人员，防止事态进一步发展，就可以平息事态、消除影响。但如果在无法查知相关人员行踪，也无法判断对方会采取怎样的行动的情况下，公安部门应当将信息及时进行公开。让社会公众知道可能遭遇的侵害，提醒市民做好防范措施，避免发生伤害事件。[①] 简而言之，如果政府部门可以将事件保持在可控制范围之内，就可以暂缓发布信息；若事件发展态势不在掌控之中，则应告知公众。

---

① 李国辉、黄婷、黄琼、周雯：《面对公共危机　公众如何参与?》，《新快报》，2013年1月16日。

第九章　如何运用政务微博设置议程和话题

一、什么是“议程设置”

早在 1972 年，麦库姆斯和肖就在《大众传播的议程设置功能》里提出了“议程设置功能”，认为传媒的“新闻报道和信息传达活动以赋予各种议题不同程度的显要性的方式，影响着人们对周围世界的大事及其重要程度的判断”，议程设置功能会让受众改变对事情重要性的认识并对重要的事情首先进行认知和行动。①

在中国学者郭庆光教授的《传播学教程》一书中，他认为议程设置的中心思想是：大众传播具有一种为公众设置“议事日程”的功能，传媒的新闻报道和信息传达活动以赋予各种“议题”不同程度的显著性的方式，影响着人们对周围世界的“大事”及其重要性的判断②。由以上理论我们可以看出，早期的议程设置理论是围绕着大众媒体产生并发展的，而在新媒体蓬勃发展、微博时代来临的当下，在传统的传播者角色泛化的情况下，设置议程显然已不再是传统大众媒体的特权。

而今，作为政府发声的新阵地，政务微博想要更积极有效地发声、传达自己的执政理念并增进与民众的关系，有意地“设置议程”显然是必要的。

二、怎样设置议程

（一）擅于运用微博的“@”功能

微博的“@”功能可以提醒媒体或知名度、影响力较大的公共人物关

① 孙卫华、张庆勇：《微博客传播形态解析》，《传媒观察》，2008 年第 10 期。

② 议程设置，百度百科，http://baike.baidu.com/view/73987.htm。

注信息并进一步传播信息，扩大信息的影响力。如何使用“@”功能呢？首先，编辑好信息后要在信息发布框中输入“@”，在“@”后面写上某个特定用户的昵称。这样微博发表后，当该用户登录自己的微博页面时就会收到一条提醒，有人在微博中提到他了，[①] 他会随即通过“@”追索信息源，点击查看信息内容，如果发布的信息具有一定价值，被“@”的用户便会对信息投以一定的关注。

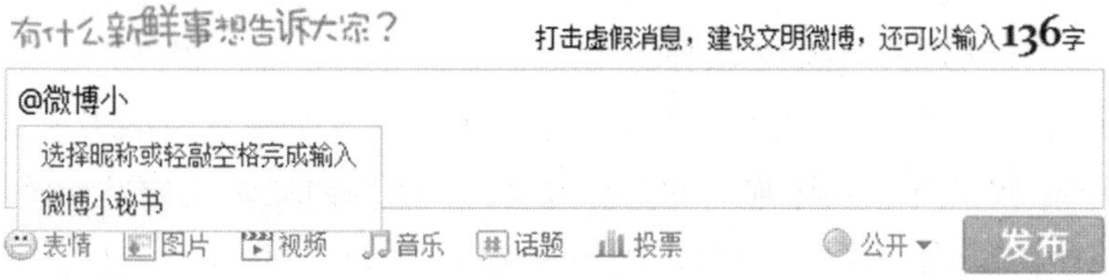

图9－1 “@”功能简介（图片来源：政务微博运营规范）

例如，武汉市民政局的官方微博“@武汉民政”发起的帮助流浪儿童回家活动，其先后发布了14条相关微博，公布了一组长期滞留在救助站的流浪儿童的信息、照片，呼吁网友们转发，帮助他们尽早回家。由于其“@”了传统媒体官方微博及知名人士，微博经他们转发之后，流浪儿童群体受到了上万网友的关注。[②]

随后，该信息经媒体报道后被广泛传达。最终，“@武汉民政”设置议程的目的得以实现，该信息引发了社会各界人士对流浪儿童群体的重视，在微博上传递了正能量。

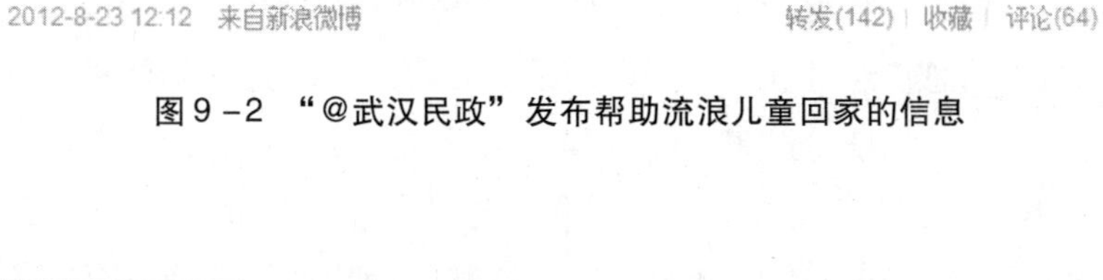

图9－2 “@武汉民政”发布帮助流浪儿童回家的信息

①② 《政务微博运营案例》，新浪微博策划出版，2012年第10期。

所以，政务微博在发布信息时要擅于使用“@”功能，提醒知名微博用户及相关媒体关注微博、转发信息，从而使得信息在更大范围内传播，增强普通民众对信息的重要性认知。

（二）擅于运用微博的“置顶”功能

什么是置顶功能？置顶也即放置顶端，是允许普通用户把自己的某一条微博置顶显示的功能，这样当其他用户访问你的页面时，他将能够首先看到你最想让别人看到的那条微博。毫无疑问，将重要信息置顶显示的方式打破了信息发布的线性排列格局，增加了受众接触“置顶”信息的频率，从而增强了该信息的影响力。比如2012年年底“@中国广州发布”主页上的第一条信息便为一条置顶信息：“#这一年，一路有你#转眼间，@中国广州发布与您相识已一周年！一路走来，感谢您始终相伴，让我们不断进步……”受到的关注度较高。再如，2013年3月30日的“@广州公安”政务微博，其主页上的第一条信息为同月26日发布，置顶信息的转发评论数是以下微博信息的近百倍。信息被置顶显示，打破了互联网上信息发布与接收的一般规律，本已“过时”的信息由于被“置顶”显示而继续保持生机——“置顶”处理信息的方式，强化了受众对“置顶”信息的重要性认识，从而调动起了用户认知和行动的积极性，使得政府“有意”传达的信息得以高效传播。

（三）擅于设置奖项

“设立奖项”、“转发有奖”这一激励机制会使原来对此类信息很少关注的微博用户去关注该信息。为了获得奖项，用户通常会遵循相应的“规则”，如成为微博信息发布者的粉丝并转发信息“@”自己的粉丝，使自己的粉丝也看到该信息。这一系列规定动作的完成，实则是信息多级传播的过程，每一个接收信息的微博用户都可以成为潜在的信息传播者。在激励机制下，信息往往可以以多级传播的方式传递下去。另外，在多级传播的过程中，信息接收者总能运用“@”追索到原始信息的发布者，这一方面可以减少信息传递过程中的谬误，另一方面“@”追索功能可以简化信息接收者关注原始信息发布者的过程，从而使得原始信息的发布者可以沿着信息的多级传播流赢得更多的粉丝。这些传播过程的实现与微博中的“用户粉丝结构”是密不可分的。这一特殊的结构使得微博信息在不断传播的过程中得以实现传播内容、范围、深度、广度和效果的几何级扩大。

所以政务微博要善于运用微博平台的特殊传受者结构，争做信息的原始发布者并设立奖项激励信息不断传播。这样可以使得政务微博在增加微博粉丝量的同时充分调动微博粉丝传播信息的积极性，从而在更大范围内增强微博用户对信息的显著性认知，增加信息的覆盖面，扩大议程设置的效果。如“@中国广州发布”的微博“……为感谢粉友们的支持，我们携手‘@广州大剧院’邀您一起欣赏2013年新年音乐会，并送上精美纪念品！成为‘@中国广州发布’与‘@广州大剧院’的粉丝，转发此微博，写下祝福和建言并@ 5个好友，就有机会哦！”这条微博设立了奖项，这一激励促使许多人纷纷成为“@中国广州发布”的粉丝，同时促进了信息接收者成为二次传播者，拓展了信息的潜在覆盖面。

（四）擅于运用公共人物转发微博

通过公共人物转发微博的方式能够影响微博用户对信息重要程度的认知。微博中有个名人排行榜，主要是以名人拥有的粉丝数来对微博名人进行排序的。从某种程度上讲，这些名人就相当于传播过程中的意见领袖，他们发布信息的同时也对相应粉丝施加影响——名人发布的信息通常会被其粉丝及其粉丝的粉丝转发，这样信息经过层层传播便影响了更多微博用户对该信息重要程度的认知，从而成功设置议程。如“@大姚县委宣传部”的一条微博“大姚县昙华乡优质马铃薯丰产增收，产量达2万多吨，价格较低，现群众家中仍有大约2 000吨优质马铃薯无人购买等待出售，如有需要购买者，请您与昙华乡马铃薯产业专业合作社联系。联系人：罗秀忠，联系电话：15987234244（昙华乡马铃薯产业专业合作社）”。这条微博一经姚晨转发，昙华乡的马铃薯价格在1小时之内便涨至1.1元每公斤，销售状况也趋于正常。

借名人转发微博扩大信息的覆盖面，实则是利用攀附效应扩大信息传播的范围。然而，从现实状况来看，政务微博利用攀附效应，借名人转发微博来设置议程的方式还是少数，在这方面，政务微博可以多向企业微博学习。

（五）擅于运用热点，交叉设置议程

政务微博在设置议程时可以运用电视、报纸、新闻网站等媒体上的热点交叉设置议程，这样可以降低以官方理念影响受众认知的难度。新近的热点，如新闻、广告、电视节目等，在新浪微博、百度搜索引擎等输入关

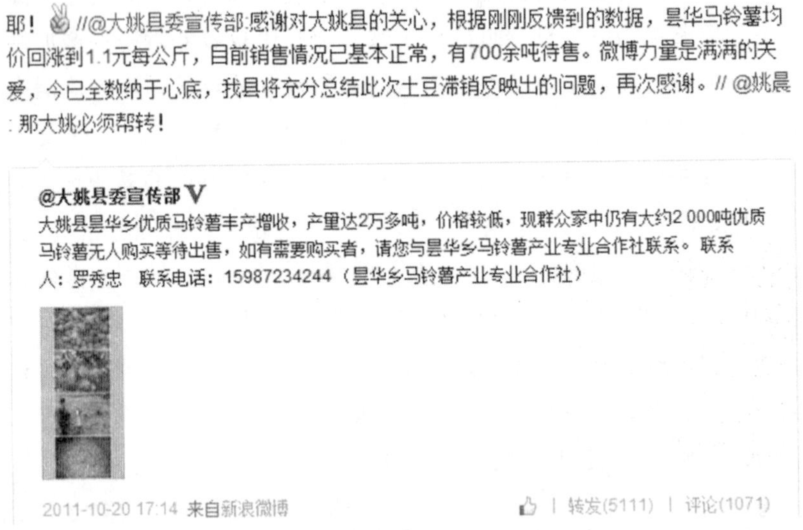

图9－3 “@大姚县委宣传部”发布有关马铃薯销售方面的微博

键词进行搜索时会显示很多相关信息，其本来就是受众乐于谈论、广泛关注的话题。这种关注是没有人组织、发动、引导的，倘若政务微博在发布信息时能够利用这些热点，便能促使现实世界和网络世界充分互动，从而使得议程设置效果最大化。比如“@南京市公安局白下分局”的微博，其总能敏锐捕捉到当下热点，并在发布微博时充分利用热点。在“三国杀”桌游风靡全国时，该政务微博发布了“三国杀通缉令”；当“会说话的汤姆猫”游戏流行时，“白下分局”又发布了“汤姆猫说防范”的微视频；当《江南 style》成为热点时，“白下分局”又发布了自己的“警车 style”；当“陈欧代言体”被疯狂模仿时，“白下分局”发布了自己的“#陈欧体#女警代言”微博……可以说，南京市公安局白下分局对热点具有敏锐的捕捉能力。与热点结合，利用现实世界中的热点进行交叉设置议程的方式为其赚足了人气，甚至“@李冰冰工作室”也是其忠实粉丝。此外，在“@南京市公安局白下分局”的首页上端该局还以公告的形式集结了其所发布的经典微博，“想看《小警故事多》、《TOM 猫说防范》、《三国杀通缉令》、《微博假想体》、《警车 STYLE》、《#陈欧体#女警代言》、《西游警记》请戳右边→→http://blog.sina.com.cn/s/articlelist_1927447002_0_1.html”。由于“@南京市公安局白下分局”总能结合热点设置议程，且其发布的微博信息具有轻松、活泼的特点，所以吸引了众多微博用户的关注。微博用户多对“@南京市公安局白下分局”赞不绝口。这种心理上的亲近性，使得“@南京市公安局白下分局”的微博信息总是能够轻易地直达信息接收者的内心。

图 9－4 “@南京市公安局白下分局”发布与“航母 style”相关的微博

（六）擅于设置话题

创设能充分引起受众参与兴趣的活动或话题，可以广泛调动受众参与并“晒”感受，不断丰富原有议题并促其传播。如“@广州公安”的微博“#微友进警营#各位亲，万众期待的【体验‘学警出更’】即将登场！本周日，小编将带领200名粉丝走进新警摇篮——市公安局警察训练部。想知道警察是怎么炼成的？想与新警们第一次亲密接触？想亲身体验模拟影像实战射击的刺激？那就请关注我们，转发并@上5名好友，同时发私信报名吧！”这条微博所涉及的活动从某种程度上讲是公安系统的创新之举，它充分引起了网民的参与热情。同时@功能也使得信息被层级式地广泛传播，“@广州公安”因而为自己带来了新的人气。同时该微博设置的“#微友进警营#”栏目还不断集合不同用户的活动照片及同步微博用户的体验感受，在丰富原有议题的同时，起到了良好的形象传播效果。再如“@中国广州发布”的微博：“【一起晒晒您家幸福的餐桌吧】最近网友@黄曦neo在微博中用组图的形式晒出自家饭桌上的惊喜，并感叹‘对于吃货来说，找了一个会做饭的媳妇，简直像小白兔掉进胡萝卜堆里’。图片中丰富特别的菜式让网友表示无比羡慕。街坊们，您家的‘大厨’有没有更给力的作品呢？赶紧也放上来晒晒吧～”通过微博中的@进行追索我们发现，这条微博的原始信息源于网友“@黄曦neo”，其微博有着较大的转发量和评论量。“@中国广州发布”借着网友的这条微博发起话题讨论，调动起了微博用户的参与热情。这与“@中国广州发布”对时下热点微博的关注是分不开的，只有对热点微博持续关注才能做到从普通微博用户中取材、设置讨论话题并发布微博。这样做往往能够引起微博用户普遍的情感共鸣，它可以在取得良好传播效果的同时拉近微博用户与该政务微博的心理距离，从而使得用户更好地理解微博背后所传达的理念，继而在日常的互动和接收相关微博信息的过程中理解微博主体发布信息的整体理念，对微博发布主体的职能形象有一个清晰的认识。

在海量信息充斥于微博世界的当下，内容越来越决定着微博未来的发展情况。政务微博要想求得长远发展，制造能够引起受众关注的话题显得十分必要。那么下面我们将对上面提到的“议程设置”的最后一点具体展开，来分析一下政务微博应如何设置话题的问题。

三、如何有效设置话题

（一）本土化

俗话说，“民族的就是世界的”、“差异才是价值”，设置本土化的话题一方面可以使政务微博在本地聚拢人气；另一方面，在对外宣传上也可以使政务微博以其独具特色的本土风格宣传其特色形象，从而使得本土化信息传播力更加持久。而这一特色形象也是政务微博走差异化路线的前提，即其核心竞争力。所以，倘若本土化策略运用得当，信息传播效果显著便不是难题。如“@山东旅游局”官方微博：“【据说只有山东人能听懂的方言】夜来后上，打谱叫嫩来吃鼓扎，木新思电话踢蹬了，扎鼓了一盼子，也木扎鼓好。待去叫嫩把，又嫌号太远了。就自个吃了，木刹刹吃了半盖垫，差呼呼撑刹！——你能看懂吗？著名影星@黄渤的一口青岛方言，幽默而不失纯朴，充满了浓浓的山东味儿。俺们都港稀罕来！”

此条微博本土味儿十足，具有贴近性强的特点，且其在微博中“@”黄渤，利用了山东籍名人黄渤的影响力，从而吸引了黄渤粉丝的关注，无形中增加了微博的传播力，引起了粉丝的广泛评论和转发。同时该微博博主还积极回复评论和网友互动，达到了良好的话题营销效果。此条微博的转发量接近2 000次，评论接近400条，传播效果甚佳。

（二）贴近民生

"@微博江苏"开通的"#市县连线#"栏目，经常会创设一些贴近民生的话题，网友在展开讨论的同时，微博信息通常会被广泛传达，同时该栏目话题也会以政府最终帮助百姓解决了实际困难而收场。

#市县连线#【沛县大白菜滞销盼买家】"卖不出去只能在地里长着，天气变冷，白菜叶子一冻软，就要烂了。"目前沛县河口镇封皇庄村种有2 000多亩大白菜，到目前至少还有2 000多万斤在地里没卖出去。价格低迷，地头最低收购价曾一度跌落至每斤5分钱，当下也就一毛左右。大伙赶紧给村民们想想办法！

2012-11-12 17:05　来自360安全浏览器　　转发(507)　收藏　评论(142)

图9－5　"@微博江苏"发布"沛县大白菜滞销盼买家"微博

以上话题发布之后，引发了网友的广泛讨论。网友"@清清荷花香"表示：农民兄弟不容易啊！起早贪黑就盼有个好收成，卖个好价钱。如果贱卖或冻坏，那一年的功夫就全泡汤了。希望大家都转。网友"@卿卿之吾语"表示：凡蔬菜瓜果滞销，建议联系大学食堂、大型连锁饮食店等，那里需求量大。网友"@凤鸣荆楚2011"表示：经常说三农问题是老百姓的根本，这会工夫想办法给老百姓解决啊！台湾那些水果滞销你们很伤心，自己的老百姓的事情咧？群众无小事，更何况这关系到老百姓的收入啊。[①]

以上微博发布后，沛县大白菜滞销状况有所缓解。对此，"@微博江苏"及时披露信息，如微博"沛县大白菜销路正打开"介绍了问题解决的具体进展状况，"目前徐州已有60余家超市及蔬菜市场，还有浙江的一蔬菜加工企业前来收购。http://t.cn/zjZ1bDA 小苏也感谢热心人的转发❤"。另外，问题得到解决后，"#市县连线#"栏目又及时发布最终结果：

① 《菜贱伤农"@微博江苏"为滞销白菜找买家》，人民网，http://yuqing.people.com.cn/n/2012/1119/c210118-19617304.html，2012年11月19日。

"【徐州卖菜难题解决了！】经多方努力，沛县河口镇封皇庄村的大白菜销售已近尾声。小苏还得到了一个好消息，近日，徐州农副产品中心批发市场与封皇庄村签订产销协议，构建长期产销合作平台。批发市场设立封皇庄村果品、蔬菜专营区，每年销售果品不低于500万斤、蔬菜不低于2 000万斤。"①

对事件进展状况的及时发布，展示出了网友关注该信息、讨论该话题的积极作用，网友的心理满足感因此增加。在这种良性循环下，当下次再遇到此类话题时网友的主人翁意识便会被唤醒，从而积极转发微博、参与话题讨论。

（三）互动性强，调动参与意识

如"@平安北京"的微博："@平安北京新浪微博举办粉丝参观特警演练活动 http://t.cn/h44rxw。"微博发出后，引发了粉丝的参与兴趣。他们在参观特警演练的同时主动地成为微博内容的制造者，发布自己的体验和感受。在"@平安北京"页面上，与"参观特警演练"相关的67条微博中，只有一条为政府发布，其余微博均来自普通用户。

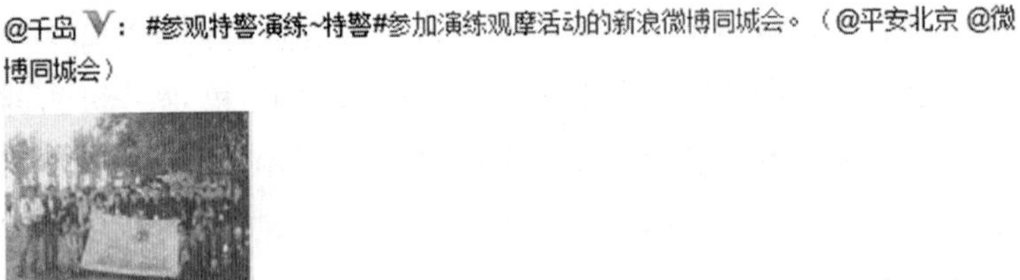

图9-6 "@千岛"发布"#参加特警演练#"微博

在新浪微博搜索相关话题时，搜到了超过1万条的讨论，按时间顺序排列后可以发现，在全国的公安系统微博中，"@平安北京"可以说是最早设置此类话题的，因此其能引起媒体的关注也就不足为奇。对此，北京电视台也进行了报道，进一步增强了宣传效果。

（四）结合热点、有趣味

如"@广州番禺公安"的微博："元芳，你怎么看？广州番禺警方制

---

① 《菜贱伤农"@微博江苏"为滞销白菜找买家》，人民网，http://yuqing.people.com.cn/n/2012/1119/c210118-19617304.html，2012年11月19日。

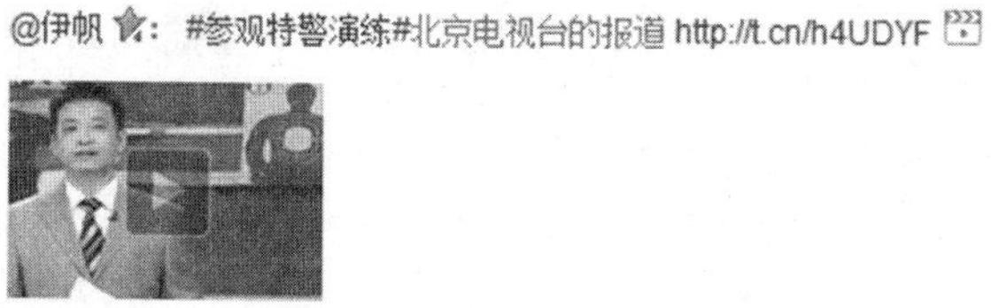

图 9－7 “@伊凡”发布北京电视台对特警演练活动进行报道的微博

《防骗 style》被赞很潮很亲民……”这条微博不但吸引了众多微博用户参与互动，而且其结合热点的方式十分巧妙：一是运用了目前较为流行的“元芳体”；二是结合火遍全球的《江南 style》制作相应视频并进行传播，这两大热点足以引爆粉丝的传播热情。在粉丝的大量转发中，微博的层级式传播特点使得更多的微博用户接触到了该微博。另外该微博所发布的视频在结合热点的同时还做到了寓教于乐。这三个要素相加，不仅令该微博被广泛转发，其附带的视频也引起了网民的点击热潮。

（五）运用“小众化”策略

在设置话题时，要擅于运用小众化“策略”，利用长尾效应提高微博关注度。这里需要解释的是，“头”和“尾”的概念是依据正态分布曲线产生的。正态曲线中间的突起部分叫“头”，两边相对平缓的部分叫“尾”。从人们需求的角度来看，大多数的需求会集中在头部，而分布在尾部的需求是个性化的、零散的小量需求。而这部分差异化的、少量的需求会在需求曲线上面形成一条长长的“尾巴”，而所谓长尾效应就在于它的数量上，将所有非流行的市场累加起来就会形成一个比流行市场还大的市场。①

具体到微博信息的发布上，长尾理论的指导意义主要体现在：一条信息不可能同时满足“头”的需求，而满足“尾”部个性化、零散的小量需求还是可以做到的。所以这就要求政务微博在发布信息前对受众进行归类，对信息进行精准策划，走小众化路线。倘若信息能够满足不同的“小众”需求，那么在日积月累中，微博信息的传播效果便不会逊色。

如“@昌邑公安”的微博，“#微提醒#临近春节，网上又办起了‘年

① 长尾效应，百度百科，http://baike.baidu.com/view/350131.htm。

货节’——‘全场5折起’、‘限量大礼包’、‘1元秒杀’……广告语刺激人们网购的欲望。然而，网购虽方便，但陷阱也不少。在此‘@昌邑公安’整理《防骗手册之网购年货须警惕四大陷阱》，希望对大家有所帮助。”

这条信息发布时正值年关，购买年货是一个热点，对于微博用户中的网购一族而言有较强的指导作用，信息发布指向性强。由于该信息以电影截图配合图表的形式制作，形式上寓教于乐，所以相较于其他类似微博，其转发量还是较大的。其中，有不少其他地区的政务微博更是直接以复制的形式对该信息进行转发。

这条微博在制造话题方面能够以“小众”为切入点，且形式新颖，所以传播效果良好。由于该微博被其他政务微博广泛转发，所以其最终达到了由“小众”走向“大众”的效果。

第十章　政务微博如何应对突发事件与危机事件

2011 年 7 月 23 日 20 时 30 分，甬温线浙江省温州市境内，D301 次动车与 D3115 发生追尾事故，造成 40 人死亡、172 人受伤，直接经济损失 19 371.65 万元。

2012 年 7 月 21 日，北京遭遇 61 年来最大暴雨，全市经济损失近百亿元，“7·21”特大自然灾害造成 77 人遇难。

同年，陕西省安监局局长杨达才在车祸现场的笑容惹怒了网民，随后他在各种场合戴的名表被曝光，“表哥”杨达才被撤销职务；紧随其后的“房叔”——原广州市城市管理综合执法局番禺分局政委蔡彬，“拥有 21 套房产，却只申报两套”，终被双规。至此，“表哥”与“房叔”成为 2012 年度网络热词。

继“表哥”和“房叔”之后，2013 年热传“房姐”——神木县农村商业银行副行长龚爱爱，在京有 20 多套房产，总价值近 10 亿元，且一人坐拥两个身份证。

不一而足，诸如此类的自然灾害、社会矛盾等突发事件与危机事件，近年来层出不穷，而这也对政府官员的执政能力提出了新的要求。

一、突发事件与危机事件是什么

（一）突发事件

根据国务院发布的《国家突发公共事件总体应急预案》的陈述，突发公共事件指突然发生，造成或者可能造成重大人员伤亡、财产损失、生态环境破坏和严重社会危害，危及公共安全的紧急事件。突发事件有几个明显的特点：

第一是突然性。突发事件通常是在没有征兆的情况下发生的，由于它的突然性和快速蔓延性，导致人们没有充足的时间应对，政府官员也没有过多的时间作出反应。

第二是不确定性。突发事件一旦发生，结果很难预料，如2008年汶川地震，地震发生之后的次级危害很难具体预测到；再如群体性突发事件，由于群体的数量会变化，群体的要求不同，心态各异，也不好把握突发事件的节奏。

第三是危害性。突发事件常常会造成人员的重大伤亡，造成巨大的社会经济损失。如果处理及时，危害可能会减小，但是处理延误或者决策失当，就会雪上加霜。不管何种情况，突发事件的危害性极大，政府部门所能做的就是尽可能降低危害。

第四是复杂性。突发事件往往会牵涉众多方面，对社会的各个系统都会造成冲击，它的发生和处理也不是单一的社会组织或部门就可以完成的，需要多方力量协同面对与解决，这种复杂性更加考验决策者的能力。

（二）危机事件

危机事件是指突然发生的，造成组织或个人重大利益损失，给组织或个人的声誉造成严重负面影响的事件。对政府来说，危机事件更倾向于对政府部门或者官员的形象造成负面影响。危机事件在初始阶段，往往因为事件较小而没有引起重视，等到事件扩大后，原本是比较好解决的问题就会变成危机事件。危机事件有以下几个特点：

第一是意外性。危机事件总是在人们没有准备的情况下发生的，事件的规模、严重程度以及结果都是未知的，正是因为事件的发生很突然，所以人们大多没有做好心理准备，导致应对危机事件滞后。

第二是紧急性。危机事件一旦爆发，集聚起来的破坏力量会迅速扩散，导致事件呈现高度的紧急状态。

第三是破坏性。危机事件更显著的特点是破坏性，它易对政府的公信力或者个人的形象造成破坏。破坏的程度有轻有重，有些问题如果及时回应，那么危机就会被扼杀在摇篮之中；如果放任问题不理，小事也会变成大事。

第四是蔓延性。危机事件呈现出扩散和蔓延的特点，如个人危机事件，一旦没有处理好，就可能牵涉到其所在的机构或单位；一个公司的危机事件，因缺乏相应的公关策略而使整个行业受到打击。

突发事件和危机事件往往有交叉，如2012年“7·21北京特大暴雨事件”，本来是一场突发的自然灾害，但是如果交通部门没有及时地疏通路况，救援部门没有及时进行救助，气象部门没有及时发布天气信息，最终也会酿成危机事件。

在我国转型期各类矛盾激化的当下，应对突发事件与危机事件成为考量政府执政能力的一大指标，只有掌握有效的处理方法，倾听民意、为民办事，才能满足时代需求，提升政治文明。

二、政府用微博应对突发、危机事件的必要性

（一）微博渐成自媒体中心

互联网天赋开放性，从其出现、发展到普及，逐步扩展着普通个体的表达渠道，深化自媒体特性。如在微博出现之前的博客，作为个人“门户”，可通过写博客、写日志来发表自己的看法观点，但它主要局限在于开放性不足，难于推广——如果没有门户网站的推荐，一般网民很难找到入口，酒香也怕巷子深，而且博客很容易消散普通网民发布的信息，虽然很多事件都是由网民曝光出来的，而且信息详尽，但由于传播力不足、到达率很低，如果不是特意关注，极易沉入大海。

相比之下，微博具有强互动性、开放性和低门槛性等优势，加之庞大的用户基数和名人聚集，使得信息发布“短、灵、快”，扩散力极强、传播效果明显，一定程度上弥补了博客的不足。从2006年Twitter在美国诞生，到2007年我国第一家具有微博色彩的饭否网开张，再到“微博元年”——2010年国内各大门户网站推出微博应用，微博逐渐成为普通民众的自媒体中心。

（二）微博能迅速回应民众诉求

很多突发危机事件在微博上发酵，网民主要是通过微博提出诉求和反映问题，政务微博同样具有微博的特性，能快速地解决网民的问题或给其满意的答复。

事件一旦演变成危机突发事件，政务微博要抢占时间点，迅速在微博上发布相关消息，只有在时间上领先，才能把握话语权，通过自己发声的方式引导舆论，积极主动应对，化危为机。

（三）政府了解舆情的需要

微博上聚集了大量民意，政府通过开通微博，可以随时了解社会的重要事件，对突发危机事件的掌握会更加迅速。政务微博同时也能和民众互动，了解民众的诉求并且使问题得到解决。

政府只有了解舆情，了解民众关心的问题，才能掌握社会舆论的动向，进一步指导政府的发布工作，所以政务微博的开通很有必要性。

（四）把握话语权的需要

政务微博是政府部门的发声筒，政府部门除了可以通过传统纸媒、官方网站、新闻发布会发布信息，微博也是一个重要的渠道，通过微博发布的信息，能更加快速传达，从而把握在微博上的话语权。

媒体往往掌握强势的话语权，他们通过电视、报纸、广播等发布他们的讯息，但是现在由于微博的发达，每一个个体都掌握了一定程度的话语权，政务微博也同样如此。如果有突发事件或危机事件，政务微博发布相关的处理情况，那么马上就可以占领舆论制高点，掌控事件的发展方向和进程。

三、不同类型的政务微博应对突发事件、危机事件的方法

（一）公安微博

公安微博在全国的政务微博中是很有影响的一类，由于其工作与普通老百姓更贴近，公安微博也成为民众关注度很高的一类，公安微博平时不仅发布警务信息和动态，一些治安刑侦事件也会在微博上发布，民众在遇到困难时，还会通过微博求助，基本都收到了较好的答复。像北京公安局的官方微博“@平安北京”，广东省公安厅官方微博“@平安南粤”，都成为公安微博的典型代表。

公安人员经常会遇到危机突发事件，这些事件中很多都是刑事案件，紧急而且刻不容缓，公安微博就是一个重要的回应工具。在2013年3月，“吉林长春婴儿被盗案”牵动了全国人民的心，且看吉林公安是如何处理这场突发事故的。

1. 事件概况

2013年3月4日7点20分左右，在长春西环城路与隆化路交会的19

中附近，一辆灰色 RAV4 丰田吉普车被盗，车内有一两个月大的婴儿。警方出动近万人全城搜救，数千私家车车主和出租车司机自发寻找。最终，犯罪嫌疑人周喜军在 3 月 5 日 17 时许到公安机关投案自首。据其交代，他盗车后在驾驶途中发现后座上有一名婴儿，车辆行驶到公主岭市怀德镇至永发乡公路旁，将婴儿掐死埋于雪中。

2. 过程解析

（1）前期阶段。

在事件发生后的两个半小时，即 10 点 52 分，“@ 吉林公安”率先发布“紧急线索征集”，通报了被盗车辆的车牌号、车辆的细节特征，并且对婴儿的衣着也做了描述。之后采用刷屏式的方法，不断对公安部门在公路段设岗，数万名警力展开地毯式搜索寻找的情况进行发布。

图 10－1 “@吉林公安”就婴儿被盗事件发布的第一条微博

此外，“@ 吉林公安”不断地“@”多家新闻媒体，从全国级媒体的央视、人民日报到本地的交通广播电台，让新闻媒体了解事件的最新动态，保持自身信息发布的权威性。

（2）中期阶段。

吉林公安经过一天的地毯式搜索，3 月 5 日上午 8 时许，发现了被盗的银灰色 RAV4 丰田吉普车，但是没有发现婴儿。

搜救婴儿的行动仍在继续，当晚 8 点左右，微博中发布已经锁定犯罪

@央视新闻 @央视今日关注 @人民日报 @人民微博 @新华网 @新华吉林聚焦 @新华社中国网事 @凤凰网 @中国之声 @中央人民广播电台 @新华吉林聚焦 @新文化网 @新文化报 @东亚经贸新闻 @城市晚报官方微博 @中新社 @长春交通之声广播电台 @FM1038吉林交通广播 @吉林广播网

@吉林公安 V：【关注长春"304"案件】目前，省公安厅已在全省范围内组织开展"304"专案侦办工作。所有公路卡点全部上岗，进行排查堵截，同时动用一切力量对可能藏匿嫌疑车辆和丢失婴儿的区域、部位进行地毯式搜查，确保查找到位。各级公安刑侦、技侦等部门正在动用一切可以动用的手段，全力进行专案侦查。

3月4日 19:56　来自专业版微博　　转发(895) | 评论(209)

3月4日20:03　来自专业版微博　　转发(27) | 收藏 | 评论(15)

图 10－2 “@吉林公安”主动“@”多家新闻媒体

嫌疑人的消息。“经公安机关昼夜连续工作，通过多种侦查手段，将周喜军列为‘304 案件’重点嫌疑人。迫于公安机关强大压力，周喜军于 3 月 5 日 17 时许到公安机关投案自首。”

本来案件侦破是一件好事，但是微博中的“迫于公安机关强大压力”的措词令民众不太满意，在这条微博的评论部分，众多网友转发的这样一条微博表达他们的情绪：“中国式官腔发布，恶心！婴儿被害了，一开口还不忘邀功！他是迫于媒体全国‘围剿’、强压关注下出来自首的吧。”

吉林公安在对婴儿的营救过程中是不遗余力的，公安刑警们不眠不休，就为了将罪犯绳之以法，这种敬业精神值得肯定。但是官方的话语系统和民间的话语系统有一定的差别，官方微博一字不慎即会招致民众的反感，为了创建官方和民间顺畅的沟通渠道，公安微博在发布时多倾听民意，效果会更好。

（3）后期阶段。

犯罪嫌疑人周喜军交代，偷走丰田吉普车后，途中发现被盗车后座上有一名婴儿，车辆行驶到公主岭市怀德镇至永发乡公路旁，将婴儿掐死埋于雪中。最后检察机关对周喜军以涉嫌故意杀人罪、盗窃罪批准逮捕。

由于案件迅速告破，所以后期的微博发布不算太多，很多网民在留言中反映他们更希望看到后续报道，例如小孩的遗体是否找到、案件的审判结果等。

3. 事件点评

“吉林婴儿被盗案”在3月4日一天之内引发了大量的关注，舆论呈井喷状爆发，在媒体的密集报道下，吉林本地近万市民自发寻找，“@吉林公安”适时发布案件信息，有助于让公众了解案件的详细情况。

婴儿在3月4日失踪，3月5日案件即宣布告破，吉林公安的办案速度值得赞赏。“@吉林公安”在4日到8日期间一共发布了36条微博，这36条微博具有连贯性，细致地说明了案件的进展情况，也解答了民众的疑惑。

吉林公安通过在微博上发布信息，号召民众提供线索，成功地让市民自发地组成了搜救群，虽然结果不尽如人意，但是在一定程度上有利于案件的告破。“@吉林公安”在发布微博的过程中，主动“@”多家新闻媒体，对大事不藏不掩，积极推进事情的解决，同时也保证了信源的权威性。

在婴儿被盗的案件中，如果公安机关不适时发布最新进展，网络上的谣言会很快蔓延。在这起事件中，就出现了两个谣言：一是警方的查找工作还在进行中，但有媒体报道孩子已经找到；二是犯罪嫌疑人自首，有传言公安局会依据自首情节定罪量刑。“@吉林公安”快速地发布辟谣声明，及时地遏制了谣言的蔓延，消除了对社会的不良影响，有力地保证了案件侦破工作的开展。

4. 公安微博应对刑事突发危机事件的方法

（1）快速发布案件信息。

公安机关对大案要案不能遮遮掩掩，要及时通报民众，人民群众作为最广泛的力量可以为案件的侦破提供线索。

（2）及时通报案件进展。

对案情细节信息的发布不能滞后，要与案件处理的情况保持一致性，让民众了解具体的办案情况。可以理解对一些较为敏感的刑事案件，警方不能透露过多信息，但在不影响警方侦破的情况下，还是要赋予公众知情权。

（3）树立权威，遏制谣言。

谣言的流传大多是因为没有权威的信源，公安微博要树立自身的权威性。

（4）善始善终，报告后续进展。

公安人员在案件的破获过程中，要避免出现开始积极热情，后面草草收场的情况，微博的发布要具有连续性，对案件的最终处理结果也要公布。

（5）话语体系与民众对接，不能自说自话。

在公安微博“如何说话”的问题上，要倾听民意，耐心解答民众问题，这样才能赢得更多掌声。

（二）交通微博

交通微博是与普通民众联系非常紧密的一类微博，民众通过交通微博了解路况信息，获得实时的交通资讯。一旦发生交通事故，微博可以作出最快反应，及时告知民众事发地点，让人们做好应对措施。

交通类政务微博发布的不仅仅是路况等基本信息，与交通部门相关的突发危机事件，微博也要作出相应解答。下面这个事件最初发生时好像与交通无关，但后来与交通紧紧联系在了一起。

1. 事件概况

2013 年 1 月 28 日 16 时 40 分，广州市荔湾区康王路商铺突然塌陷，路面上出现了一个大坑，面积约 100 平方米，深 10 多米。临街商铺员工只见地面突然翘起，惊魂未定之际，4 间店铺滑入地面下陷的深洞中，近百平方米的地面突然下陷，人行道、商铺、绿化树和电线杆瞬间陷入地面的大坑。截至 2013 年 1 月 29 日零时，已有两栋楼六间商铺坍塌，无人员伤亡。

2. 过程解析

（1）前期阶段。

地陷首先会造成交通堵塞，最先发出消息的是“@广州交警”，在事故发生 14 分钟后，发出了一条交通信息：康王路杉木栏路发生地陷，车辆绕道行驶。“@广州地铁”很快意识到是由于地铁施工造成的地陷，在 1 小时 20 分钟后，转发“@广州交警”的微博，解释可能和六号线施工有关。之后在 20:34 分披露事故详情：地铁施工人员在 16 时 20 分发现六号线施工旁边的地面有下沉迹象，随即疏散周边人员。不久路面发生下陷，路边商铺倒塌。目前无人员伤亡。

在这场地陷事件中，广州地铁较快认识到与地铁施工有关，并且比较迅速地发布了事故详细信息，解答了人们的疑惑。

（2）中期阶段。

广州地铁随后多次发布路况抢修信息，而且对每个时间点的各种信息汇报都很及时，比如供电、供水、排水及燃气管道铺设进展等，让周边市民能尽快得知水、电和燃气的供应情况，解人们所忧。

在地陷事故发生后，民众最关心的是自身人身安全，周围是否还会发生地陷，他们能否有一个安全的落脚之地。“@广州地铁”发布信息称情况已经稳定，不会有险情，但是没过多久，又发生塌陷，再度引发民众恐慌的情绪，网友在微博上质疑广州地铁的信息不实。这时候，“@广州地铁”如果处理不当会陷入非常被动的局面，因为对这种突发的地陷事故，民众会把矛头指向广州地铁。其施工不当造成地陷给民众造成了精神和财产的损失，如果地陷没有进一步得到缓解，那就会对民众的生命造成威胁。

不过“@广州地铁”没有让这样的被动局面出现，马上回应网民，表示是在施工过程中造成的一次震动。这个解答及时消除了民众的疑虑，也消除了网络谣言。

（3）后期阶段。

广州地铁在抢修道路的同时，也积极对受损住户进行赔偿，相关领导亲自慰问受损群众，给他们带去关心和温暖。在赔偿方面，广州地铁与居民签订赔偿协议，截至2月3日，已经有99户居民签订了赔偿协议并且获得了赔偿。最后在2月4日康王路恢复通车，地陷所造成的大坑也已经填补好，周边的居民也开始正常的营业和生活。

3. 事件点评

广州地铁对地陷事件积极应对，从1月28日地陷发生，到2月4日该路段正式恢复通车，“@广州地铁”发布信息让民众了解最新情况。

在微博的发布内容上，第一是道路的抢险施工情况，第二是受损住户的赔偿措施。道路恢复情况每隔一段时间即公布进展，详尽地向民众报告路况的最新信息，使民众不慌乱，有足够的心理准备时间。对受灾群众的赔偿情况，广州地铁也很重视，对这场由于地铁施工不当引发的塌陷事故，广州地铁积极承担责任。

在微博的发布形式上，图文并茂，不仅仅是用文字说明施工情况，而且基本都附有现场图，让网民感受到现场劳动工人的辛勤付出。

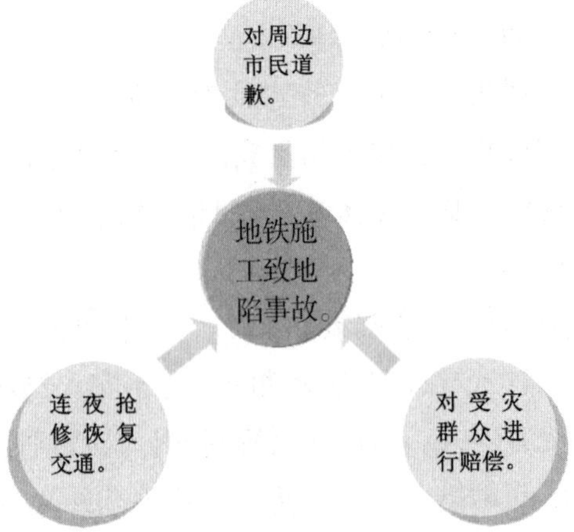

图 10－3 “@广州地铁”对地陷事故的应对方法

“@广州地铁”的信息发布并不是杂乱无章的，而是以“#进展跟踪#”和“#抢险跟踪#”这样的形式，把发布的信息进行归纳。“#进展跟踪#”主要关注事件的后续进展，而“#抢险跟踪#”主要关注路况信息、抢险情况，把微博的信息进行归类，有利于网民快速找到其想要关注的内容，而且也有较好的观感。

“@广州地铁”发布的微博注重细节。微博不仅仅是简单地通报施工抢险情况，而且发布的内容非常精确，比如水、电、燃气抢修完成的进度，微博上都有具体的数字，这让民众感到踏实和放心。

4. 交通微博应对突发危机事件方法

（1）告知人们路况是否安全，是否还会发生事故。

安全是民众考虑的第一问题，所以在事故发生后，交通微博应及时告知民众是否会再次发生事故，如果此路况不安全，也要想好应对措施，安全地转移民众。

（2）发布信息具有连续性。

交通问题的解决并不是一蹴而就的，往往会经过一段漫长的时间。在这期间，政务微博要及时发出权威声音，连续公布事件进展情况，避免谣言滋生。

（3）发布形式注重图文并茂。

应对交通事故之类的突发事件，官方要擅于发布事故照片和事故处理现场照片，这样能使民众更直观地感受到官方的处理力度和效率。

（4）及时发布处理赔偿事宜。

对由交通部门所造成的人民生命与财产的损失，交通部门要对受灾者进行适当的赔偿，积极承担责任，给受灾者一个满意的答复，同时在微博上也应公布相应的赔偿办法，传播政府勇于担责的形象。

（三）市政微博

市政部门主要对城市的基础设施、环境卫生和市容市貌进行综合整治，其中城管部门与普通民众生活密切相关。对于城管，大家都非常熟悉，它是媒体上的常客，人们经常可以看到城管与普通小贩发生矛盾的新闻，内容基本都以城管“欺负”小贩为主。这一刻板印象的形成与城管应对危机意识的欠缺密切相关，而这导致了每一次危机后受众对城管负面情绪的累加。城管在遇到与小贩的危机事件时，倘若处理得更加果断和迅速一些，也许，危机就不再是危机。

1. 事件概况

3 月 6 日 15 时 40 分，广州大道南近客村立交处，广州城管试图赶走一带小孩的女小贩。这看起来是一次普通的城管执法事件，但是该事件迅速在微博上引发轩然大波。其中有一个重要的原因：一条“一名城管执法人员上去掐住女小贩脖子意图将其放倒”的微博引起了公众的关注，该微博还附有女小贩双手被绑在身后，其女儿大哭的照片。

随后，女小贩老公到场，发现妻子被警方强行扣押上警车，要求城管下车给出说法，对方不予理睬。

2. 过程解析

当人们看到一位母亲双手被反绑、蹲在地上，想抱女儿但不得的情景，很多人都会心生怜悯，当看到微博内容“掐住小贩脖子并且意图将其放倒”时，民众对“母亲”的同情早已化为了对城管的愤怒。

面对汹涌的民意，广州海珠区赤岗街道党建网于 3 月 6 日发布了该事件原委：该妇女占道摆卖番石榴，执法人员依法要求其立刻停止非法摆卖，妇女就开始对执法人员进行辱骂，并用其摆卖的水果、铁秤砸打执法人员。

事后，赤岗街立刻召开紧急会议，对 3 月 6 日的执法情况进行了反思检讨，对执法过程中个别队员的不当行为进行了批评教育，并予以停职处理。会议要求全体执法人员在今后的执法过程中一定要做到“打不还手、骂不还口”，依法行政、文明执法。

赤岗街反应速度值得称赞。城管和小贩的冲突于6日下午发生，当天，赤岗街党建网就发布了事件经过及具体的处理方法，试图第一时间消除误解。但是在官方网站上发布的消息传达率不高，官方的回应和处理结果并没有第一时间被网民所看到。政府没有在微博阵地争夺话语权，所以导致当天晚上对事件解读时微博上仍是一片“城管掐小贩脖子”的声音。

第二天，3月7日早上9点50分左右，“@广州城管执法”发布了关于该事件的第一条微博，内容是“该事件正由海珠区宣传部、赤岗街道办事处和城管执法分局调查核实”。

“@广州城管执法”发布微博显然有一定的滞后性，这对城管的形象产生了一定的负面影响。其次，这条微博与赤岗街官网上发布的信息存在矛盾之处，网站已发布信息说有处理结果，但是微博上却显示还正在处理。

信息的不一致容易使民众困惑，继而对信息发布主体不信任。虽然之后“@广州城管执法”在微博上以配图和文章链接的方式转发了赤岗街道对城管执法情况的说明，但这时已经是3月7日的下午4点20分，距离事件发生已经过了整整一天。

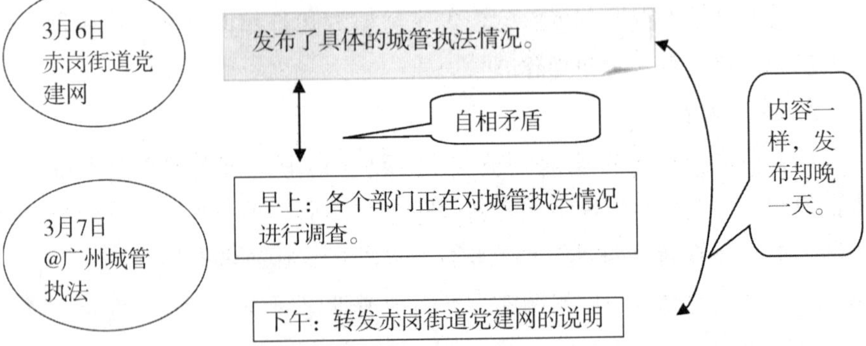

图10－4 赤岗街道办和“@广州城管执法”发布的信息

“@广州市政府新闻办”紧接着也使用长微博加链接的方式发布了之前赤岗街道党建网对事件的情况说明。

相对于广州海珠区赤岗街道党建网而言，“@广州城管执法”和

"@广州市政府新闻办"的回复速度较慢，发布信息的滞后不仅使其丧失了做事件权威定义者的机会，而且导致了危机的进一步扩大。

"@广州城管执法"发布了事件处理结果之后，紧跟着发布了三家媒体对该事件的调查。发布广州本地重要媒体对事件的报道从一定程度上体现了官方微博的开放度和透明度，但是微博的发布形式过于简单，试图用"此事"模糊化处理敏感问题的做法实际上也降低了权威信息的传达效率。

此外，三条信息中有一条链接无法打开（大粤网的报道链接），这是由发布信息前的审核不到位所致。链接打不开，其实可以采取生成长微博的方式。要知道，微博用户顺利接收信息是其引导舆论的前提。

虽然该事件中的执法人员已经被停职处理，女商贩一家也已经安全，但是不少网友还是发出了疑问：在该事中，城管和小贩到底谁对谁错？

距离事件发生的半个月后，即3月21日，官方发布了现场视频，但是只还原了部分现场情况，视频中没有警方扣押女商贩上警车的过程。

对于为何这么晚才公布视频的质疑，广州市城管局副局长吕志任表示，城管首次公布执法视频，已经走出了一大步。他承认这次公布视频的时间比较迟，以后将会考虑在第一时间公布有关的执法视频。对于为何视频只拍摄到一部分的质疑，吕志任透露，该视频是城管人员在执法过程中自己拍摄得到的，当时也确实只拍到这些情况。

城管公布执法视频确实是一大进步，体现了其对公众知情权的尊重，但是其公布视频不及时，另外视频公开的信息在微博上没有同步体现，这不免会让公众质疑其发布视频的初衷。

3. 事件点评

以上事件反映了城管与商贩间的尖锐矛盾，在城管和女商贩的冲突发生不久后，3月17日，广州天河区车陂街执法队辅助队员苏家权在协助履行公务时，遭到一商贩的袭击，头部等处被砍七刀，身受重伤。

可见，广州城管与商贩的矛盾已经非常激烈，面对这样严峻的情况，广州城管任重而道远。对于此事，政府部门在配合上存在以下缺陷：

（1）网站发布信息快速，但微博发布信息滞后。

虽然3月6日赤岗街道在网站上已就该事件做了说明，但是"@广州城管执法"和"@广州政府新闻办"的微博反应速度却明显偏慢，没有与其他相关部门同步。

（2）各政府部门没有形成一股合力。

应对突发事件时，发布微博倘若能够走群体联动路线，便能将危机风险降至最低。通过以上事件我们看出，政府部门缺乏沟通的现象依然存在。以上事件中，信息发布口径的不一致与沟通的欠缺有关。

（3）微博语言不规范。

政务微博在发布信息时，语言的运用十分重要。一条微博起码需要具备说明事件的基本要素，如果没有主体也没有客体，那么网民便会不知所云，信息传递的预期效果也将难以达到。

（4）没有坚守微博阵地。

广州城管在事件发生之初，曾积极在微博上回应事件的处理进展，但其没有同步公布后期视频公开的相关信息，信息发布缺乏一定的持续性。

4. 市政微博应对突发事件与危机事件的方法

（1）要重视突发危机事件。

市政部门是一个经常会应对突发危机事件的部门，由于城管部门经常要处理商贩占道经营或者是乱摆乱放的问题，所以城管与商贩间冲突的发生较为频繁，这就要求市政部门高度重视类似的突发危机事件。

（2）发布信息口径要一致。

各个部门不能自说自话，在突发危机的不同阶段，部门之间要保持紧密的联系，对外发布信息时保持口径一致。

（3）语言使用要规范。

作为微博世界的权威发声者，政务微博在微博语言的运用上要注意规范，要做到不缺事件要素，准确传达事件信息。

（4）要建立突发应急预案机制。

由于市政部门面临高频率的突发事件，所以建立和完善应急预案十分必要。例如就城管和商贩的冲突而言，遇到类似的问题，要和哪几个部门进行联合协作以及怎么处理，这些都是预案需要涉及的内容，有助于以后应对类似事件。

（四）科教文微博

科教文微博通常的职能是发布有关科学、教育及文化方面的事宜，从近两年发生的突发危机事件来看，教育系统的突发危机事件较为频繁。从2012年9月至今，麻城小学生背课桌上学、浙江幼师虐童案、河南光山学生被砍伤等事件，都引发了社会的高度关注，但在应对过程中却充分暴露了教育部门的无力。

如2013年2月发生的上海毒校服事件：

1. 事件概况

2月7日，上海市质监局在官网发布信息称，对上海市生产和销售的学生校服产品质量进行专项监督抽查，共抽查学生校服产品22批次，经检验，不合格的有6批次。其中，上海欧霞公司生产的冬季校服含有致癌风险。春节假期后，上海电视台在2月16日播报此条新闻，引发网友关注。

2. 过程解析

上海质监局在2月7日发布了欧霞公司生产的校服有质量问题后，由于临近春节，这个消息并没有被广为传播。直到上海电视台2月16日播报了相应新闻后，才引发了一场舆论热潮。

2月13日，“@上海发布”转发了“@上海质检发布”的微博，表明部分企业被立案查处，但是当时舆论对此并无激烈反应，“@上海教育”（上海市教育委员会官方微博）和“@浦东教育体育”（上海市浦东新区教育体育局官方微博）均未对此进行表态。2月16日媒体曝光后，该事件的热度指数才频频“爆表”。2月16日晚间，知名微博用户“@六六”在新浪微博上质疑“毒校服”背后是否存在猫腻，“@六六”的这则微博引发了网友的评论热情，截至2月20日19时，“@六六”的这则微博被转发评论7 000余次。“@六六”对“毒校服”背后是否存在猫腻的质疑也一直贯穿整个事件的始终，成为网友关注的一个重点。

17日，“@上海教育”首先发布了一条市教委的措施，把质监局的调查结果告知本市各学校，另外其还通过“@”的方式告知“@六六”，希望可以借名人的影响力消除公众质疑。之后“@上海发布”公布了有关部门对欧霞公司的处理进展，调查结果的公布使得市民及时了解了哪些学校购置了“问题校服”。

18日，上海市针对校服推出了5项加强监管的举措，这些措施提高了校服的准入标准并试图杜绝此类事件再次发生。

19日，事件信息被进一步披露：“问题校服”的致癌面料来自浙江，所以需要浙江省质监局协助调查。此外，浦东新区表示，在“问题校服”的购销过程中，会着重调查教育系统的公职人员、教职员工是否涉及违纪

17日 发布质监局调查结果，公布欧霞公司学生服处理结果。

18日 发布采购欧霞公司学生服学校名单；推出新措施。

19日 教育局纪检监察部门开始调查问题校服购销过程。

20日 公布上海市订购不合格校服的学校名单。

图10－5 “@上海教育”17—20日对“问题校服”的微博回应情况

（来源：“@上海教育”）

违规行为。

质监局在行动，教育局也在行动。在此次校服事件中，人们最关注的问题是为何有重大问题的校服会流入学校，并且覆盖了上海的多数学校以及在流通过程中出现了哪些问题。对此，浦东新区教育局质监部门适时成立调查组，暂时缓和了民众的情绪。

3．事件点评

上海“问题校服”最初由上海质监局曝光，有关部门虽然发现了问题，但是应对举措却不到位，直至电视台曝光事件，舆论热潮形成之后，政府才被动应对。

这之后，上海微群联合发布信息且取得了一定的效果，如“@上海教育”、“@上海浦东教育”、“@上海发布”、“@上海质监”等微博都积极互动、互相转发和评论微博。但是这样的信息发布只持续了几天，随后，政务微博并没有发布事件的后续调查情况，官方也迟迟没有公布调查报告及对相关人员的处理情况。

4．科教文微博应对突发危机事件的方法

（1）在媒体曝光之前就主动回应。

政府官员普遍有这样一种心态：出事了才采取措施，事情不大或者民众不关注就放着不管。现在网络很发达，微博上信息流传很快，一些直接侵害儿童健康的问题会很快传播，政府官员不能光想着怎么把事情盖住捂住，而要主动应对、积极公开信息，这样才能获得民众赞誉。

（2）对事件的后续处理要适时通报。

在事件的后续阶段，也就是舆情的平息阶段，政务微博同样要发布相关的信息，避免滋生谣言。

（3）及时公布调查结果。

面对系统内发生的重大事件，政务微博应在第一时间公布调查结果，让民众了解事件详情，同时官方应及时开辟其他传播渠道，提高信息的传播率。

（五）环境微博

环境与人类的生活息息相关，改革开放以来，中国工业建设迅猛发展，随之带来的是相应突发危机事件的急剧增多，例如宁波镇海 PX 项目群体事件、江苏启东群体事件、四川什邡群体事件等，这些与环境相关的突发危机事件往往都能在全国范围内引起高度关注，所以环境微博在处理此类事件时更应小心谨慎、认真对待。

2013 年 3 月，上海黄浦江出现的大量死猪让民众把目光转移到了水质问题上，是否能喝到干净清洁的水成为民众最为关心的问题。

1．事件概况

3 月 5 日，上海水上保洁人员在横潦泾水域打捞到几十头死猪。起初，工作人员并未在意，3 月 8 日，上海松江网友“@少林寺的猪 1986”发布一条图文微博，显示大量死猪伴随着垃圾漂浮在黄浦江上游水源地，引起网民的关注。3 月 9 日 19 时 41 分，上海市农委官方微博“@上海三农”也发布了微博称，“目前已打捞死猪 900 多头”。然而，影响力极大的“@上海发布”却迟迟没有发声。

2．过程解析

（1）“@上海水务海洋发布”：黄浦江水质无问题。

3 月 7 日，“@上海新闻网”转发了一位网民的微博，“黄浦江上游到处可见动物的尸体”。“@上海水务海洋发布”回应：黄浦江沿线的街道保洁问题由上海绿化市容负责。这样的回应遭到了大多数网友的反感，他们认为水务局是在推卸责任。

由于动物尸体出现在黄浦江上游，对水质有一定影响，所以“@上海水务海洋发布”应即时发声。对此，“@上海水务海洋发布”于 3 月 8 日晚间发布信息，发布了启动应急供水预案的微博。9 日、10 日恰逢周末，由于工作人员休息，政务微博处于全面噤声状态。然而，其他微博对此事却仍热议不断。

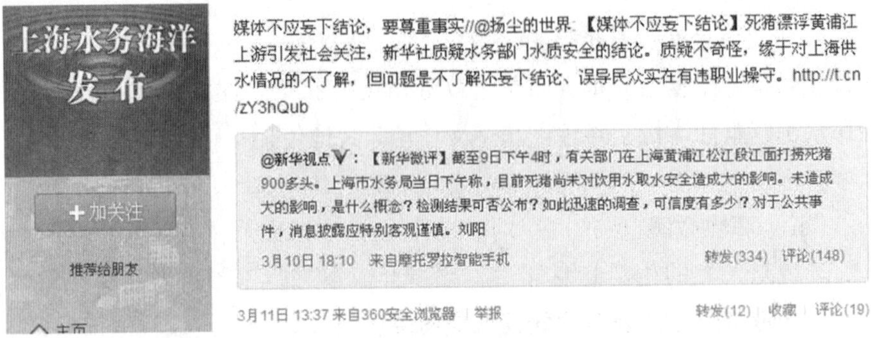

图 10－6 “@上海水务海洋发布”和“@新华视点”较上劲了

“@新华视点”发表新华微评：“截至 9 日下午 4 时，有关部门在上海黄浦江松江段江面打捞死猪 900 多头。上海市水务局当日下午称，目前死猪尚未对饮用水取水安全造成大的影响。未造成大的影响，是什么概念？检测结果可否公布？如此迅速的调查，可信度有多少？对于公共事件，消息披露应特别客观谨慎。”

11 日，周一上班期间，“@上海水务海洋发布”转发了“@扬尘的世界”的微博：“【媒体不应妄下结论】死猪漂浮黄浦江上游引发社会关注，新华社质疑水务部门水质安全的结论。质疑不奇怪，缘于对上海供水情况的不了解，但问题是不了解还妄下结论、误导民众实在有违职业操守。”转发的同时留言：“媒体不应妄下结论，要尊重事实。”

“@上海水务海洋发布”指责媒体妄下结论，但是从“@新华视点”的微博来看，其并没有对事件下结论，而只是对水务局进行了发问。另外，水务局的指责显然是欠妥的，其不应仅以“媒体不应妄下结论”这样的语言回应“@新华视点”，而应摆出充分的事实予以反驳。

11 日到 22 日，“@上海水务海洋发布”持续发布微博，内容主要为黄浦江水质稳定，符合国家生活饮用水卫生标准。显然，这样的结论难以让公众信服。

上海水务局这样解释：“上海除了对水质的 9 项常规性指标即指浑浊度、色度、臭和味、肉眼可见物等进行检测外，目前还有针对性地将猪圆环病毒等微生物指标补充入水质监测指标，并对出厂水增加了猪链球菌、沙门氏菌、大肠杆菌 O157、耐热大肠菌群等指标的检测。检测结果是，9 项常规性指标均符合国家标准，总大肠菌群、耐热大肠菌群为‘未检出’。”

近万头死猪被丢弃在黄浦江中，民众自然会质疑水质有问题，在面对公众的极度不信任时，水务局应该做的不仅仅是发布监测结果，而应该采取更有力的说服方式引导舆论。

水务局的主要职能是提供给民众一个健康的用水环境，发生了这样的公共事件，政府既要保护民众的利益不受损害，更要主动解释和说明问题，给民众信任感和安全感。

（2）嘉兴农业经济局微访谈回应质疑。

除了水质问题，人们也关心这些死猪到底是从哪里来的。由于浙江省嘉兴市是主要的死猪来源地，所以，3 月 13 日，嘉兴市农业经济局（以下简称“嘉兴市农经局”）官方微博“@嘉兴市农经局”在人民网微博上做了一个微访谈，对网友的相关疑问进行解答。

嘉兴市农经局反应快速，积极用微访谈的形式回答网民问题，值得肯定。但是其回答问题时却明显地避重就轻，网民问了 71 个问题，而农经局只回答了 8 个。

另外，其回应问题时官腔十足，比如“@浙大大刘”问：“对于乱扔乱抛死猪的行为你们会怎么处罚?”农经局的回答是：“我们的态度是‘零容忍’，严厉查处。”这样的回答方式让网民看不到问题具体是如何处理的，没有达到很好的沟通效果。

此外，“@嘉兴市农经局”对事件相关信息的披露没有连续性，其在人民网微博上发布的微博总数仅为 8 条，而这 8 条微博恰恰是做微访谈时发布的微博，农经局没有在人民网微博上继续发布信息，民众也不知道其进一步的处理结果。(如图 10－7)

黄浦江出现大量死猪，这对上海的环境也造成了一定的影响。对此，上海市环境保护局官方微博“@上海环境”作出了表态，但是回应速度较慢，9 日发生的事情到 13 日才有回应，而且发布微博太少，只有 5 条：3 月 13 日 2 条，3 月 17 日 2 条，3 月 18 日 1 条。另外，其微博全部都为转发“@上海水务海洋发布”和“@上海发布”的微博。原创性的欠缺反映的是其责任担当上的欠缺。

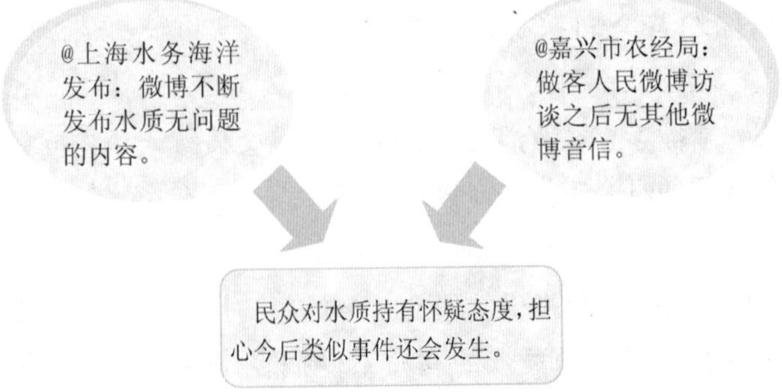

图 10－7　微访谈并未起到应有的作用

3. 事件点评：

（1）发布微博方式有待改善。

从3月8日到3月22日，虽然“@上海水务海洋发布”几乎每天都在发布黄浦江水质的有关信息，然而内容却是千篇一律的“出厂水水质符合国家生活饮用水卫生标准”这样的信息，缺乏互动与水质监测的具体数据。总体而言，其内容发布形式较为呆板。倘若其采用长微博的形式对公众质疑进行详细阐释，效果可能会更好。

（2）部门之间有“踢皮球”的嫌疑。

虽然大批死猪是从浙江嘉兴流入的，但是死猪在上海区域被发现，上海的政府部门就应担负起相应的责任，然而上海却把矛头指向了浙江嘉兴。对于这件事情，两地的环境卫生部门都负有一定责任，在面对问题时，首先应该想到的是解决问题，而不是踢皮球，互相推诿责任。

（3）环境微博影响力小。

在“@上海水务海洋发布”对此事发布的微博中，评论数量通常只有几个，转发数量也未超过50条。由此数据可以看出环境微博影响力较小的状况，同时也说明了环境微博改善自己工作的必要性。

（4）做实事才能赢得信任。

“@嘉兴农经局”使用微访谈这一创新的形式发布事件信息，得到了一些网友的认可，但其更多的只是一场作秀，并没有解决公众真正关心的问题，因此也未赢得公众信任。

4. 环境微博应对突发危机事件的方法

（1）使用灵活的形式发布微博。

环境微博的发布因其涉及一些数据，故常常形式单一，内容枯燥。在发布微博的时候，政务微博需要特别注意这些问题，让民众能看得懂。

（2）多个部门要合力解决。

环境问题一般都是需要多个部门一起应对和解决的，因此，政务微博要擅于合作、擅于分工，积极协调解决问题。

（3）用多种方式吸引网民。

足够的粉丝数可以增加政务微博的传播力，因此政府部门应采取积极措施增加粉丝数量。如发布民众最关心的问题，使用轻松活泼的语言拉近与网民的距离，积极展开互动等。

（六）旅游微博

旅游微博的特性使其在赢得粉丝关注时具备得天独厚的优势，但是倘若应对危机不当，则会对其自身形象造成负面影响，也会对当地的旅游事业产生影响。2012 年 10 月国庆期间，众多游客奔向著名的华山景区，景区承载能力不足，由此导致了一场危机。

1. 事件概述

2012 年 10 月 2 日，正值中秋国庆黄金周，华山景区的游客激增，超过华山缆车的运送能力，许多游客滞留山顶。部分游客对华山景区管委会提出了质疑，要求退票，并封堵了华山景区的入口。多位网友通过微博求救，称万余游客滞留山上。当晚 22 时左右，游客董立文及妻子王娇在华山景区被人用刀捅伤，有人发微博称是被景区的保安所伤，华山景区面临一场突发危机。

2. 过程解析

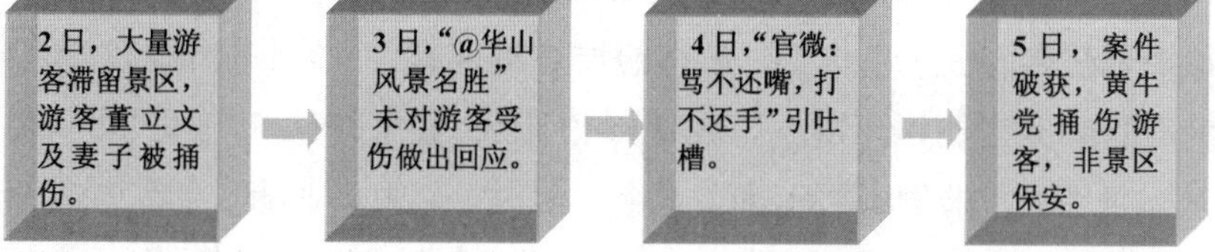

图 10－8　华山十一期间游客滞留和游客被捅事件过程

2日晚间，大量游客在景区滞留，对景区的管理问题十分不满，华山景区管委会官方微博“@华山风景名胜区”当天不断回复网友的问题，频率较高，最后一条微博是在凌晨1点，说明微博工作人员对此事比较重视，而且没有出现到下班时间就不发微博的现象。在回应的微博中，多表达了歉意，姿态较低，容易拉近与游客的距离。

但是仔细看发布的内容，发现“@华山风景名胜区”也是被动回应网友的问题。10月2日，官方微博并没有主动发布景区拥堵、游客滞留的信息，而是当日晚间，大量网友在微博上求助下山，并指责华山景区时，官方微博才有些许回应，而此时，已经到了23点49分，这说明华山景区管委会对突发事件的应急处理机制存在缺陷。

当天晚上微博上发布游客被捅伤的消息，但是官方当天没有作出回应。到了3日，“@华山风景名胜区”还是没有对游客受伤一事作出任何回应，这造成的结果是，微博上疯传是华山景区的保安捅伤游客，华山景区管委会陷入非常被动的局面。

官方微博终于在10月4日回应，称华山景区员工持刀捅人事件“网传信息与真实情况存在差异，华山景区员工在工作中一向本着骂不还嘴、打不还手的工作原则。针对于网传游客打架事件，华阴市公安局已立案侦查”。华山景区错失了最佳的信息发布时机，而且微博中的“骂不还嘴、打不还手”引发了网友新一轮的吐槽。

10月5日，“@华山风景名胜区”宣布案件破获，从微博中得知，是两名票贩子与游客发生冲突，导致游客受伤，而不是景区保安捅伤游客，危机事件得到了很大程度的缓解。

3. 事件点评

(1) 微博平易近人，态度比较诚恳。

华山景区的官方微博相比于其他政府部门的微博，更加具有亲民性，更加像是游客的一个小帮手，游客想要咨询问题，“@华山风景名胜”基本上都能给出答复。例如，“@Katze雨潇”：我下午问天气没有回复，其他人都回复了，求华山君解释。“@华山风景名胜”回复：亲，如果下次没有及时回复你，也可以私信问的。昨天天气是晴天，今天预报是有雨，气温13度至24度。这样的对话看上去就比较生动，值得称赞。

在十一期间游客滞留景区事件发生后，官方微博多次在微博中表达了歉意，这样的低姿态可以消除游客的怒气和怨气，能建立与游客对话的平台。

（2）存在微博用语不专业的问题。

华山景区最后用微博发布案件情况：“10 月 2 日晚，刘渭军和王琪在华山东山门低价收购下山游客门票，然后到售票窗口排队原价退票时，刘渭军和游客董立文发生争吵、打架，相互追逐中董立文之妻王娇跑了过来，刘渭军掏出折叠刀朝王娇背部捅了两刀；王琪也掏出折叠刀，两人将董立文捅了九刀。”

从该微博的用语看，存在不规范的问题，例如“发生争吵、打架”，“董立文之妻王娇跑了过来”。整段语言表达不太清晰，而且口语化，作为风景区的官方微博这样的用词应该要注意改善。

（3）对事件的处理避重就轻。

华山景区同时面临游客被捅伤和大批游客滞留的问题，在这两个问题的处理上，景区采用了不同的方式，对前一个问题微博很少回应，而对后一个问题回应较多，处理问题有避重就轻之嫌。

4. 旅游微博应对突发危机事件的方法

旅游微博最常见的突发危机事件就是游客对景区提供的服务不满，在面对这样的问题时，旅游景点要做的就是尽量完善自身的硬件和软件，为游客提供最好的服务。

（1）表达歉意，解决问题。

景区是以服务游客为主，当游客在景区没有享受到风光，体验不到旅游的乐趣，甚至反而受到伤害时，景区首先要表达歉意，并且提出相应的解决办法。旅游微博没有其他政务微博那么强的官方特性，这是可以继续保持的。对于出现的矛盾和问题，只要是在景区的解决范围之内，时间都不应过长。

（2）训练专职的微博发布人员。

旅游微博的发布信息频率很高，和网民的互动也较好，可以看出基本是有专职的微博发布人员。但是如何才能成为一个合格、称职的发布者，还需要学习和训练。在重大突发危机事件的发布上，要使用准确规范的语言，尽量少用口语化的句子，以体现官方微博的权威性和可信度。

（七）司法检察微博

司法检察微博平日发布的信息多和案件有关，如案件的发布情况、犯罪嫌疑人的处理情况，所面临的突发危机事件较少，所以在处理此类问题时没有太多经验，微博应对比较滞后和被动。下面这个事件体现了司法检察微博应对突发危机事件的典型特点。

1. 事件概况

2012 年 9 月 10 日，一条“80 后官二代在武汉、襄阳两地检察院任职，均不上班吃空饷”的微博被网友大量转发，“两地任职吃空饷”、“官二代”等关键词迅速引起各界关注。

湖北省人民检察院表示，该女子挂职的工作经历属实，但是挂职期间，襄阳市检察院并未向其发放工资，所以在挂职单位“吃空饷”一说不属实。

2012 年 9 月 13 日晚，襄阳组织部和襄阳检察院回应称，刘真在检察院挂职一年，并未发放任何工资和津补贴。湖北省检察院武汉铁路分院也回应，刘真自费攻读法学博士，该院决定给予其每月 2 000 元的生活费，现已博士毕业并回院上班。

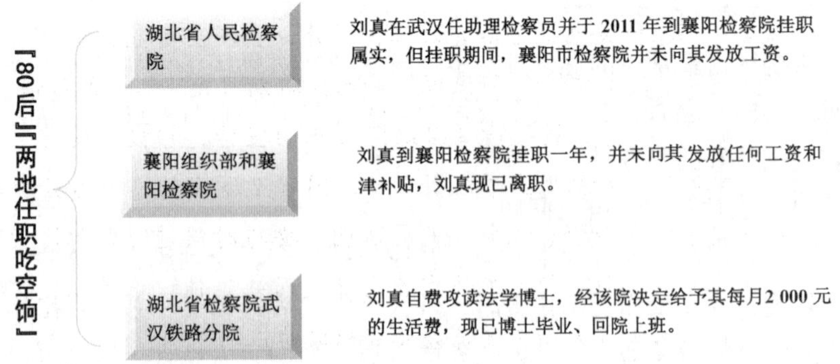

图 10－9　武汉、襄阳两地对“80 后”“两地任职吃空饷”的回应

2. 事件进程

在事件发生之后，检察机关主要是通过网站的形式发布信息，湖北省人民检察院武汉铁路运输分院在其网站上发布了“关于刘真同志有关情况的说明”。襄阳市委组织部和市人民检察院通过“襄阳党建网”共同发布“关于刘真同志挂职襄阳市人民检察院检察委员会委员有关情况的说明”。

但是在微博的利用上，检察机关就非常缺位。湖北省人民检察院在新浪的官方微博上，只发布了一句话：“湖北省人民检察院将本着实事求是的态度，调查核实情况，并向网民回应。”

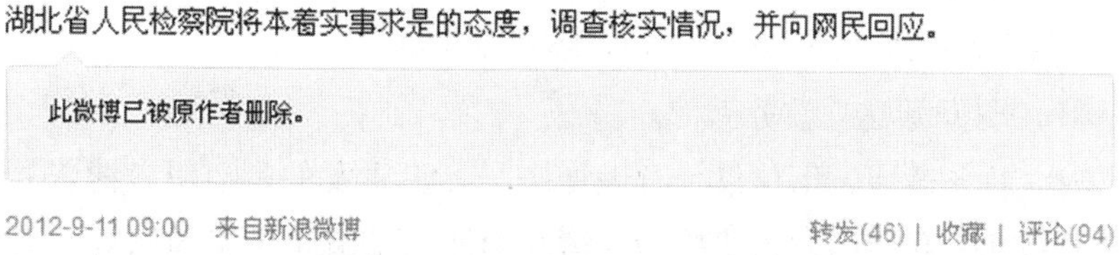

图 10－10 湖北省人民检察院在微博上发布的回应信息

在这条微博之后，湖北省人民检察院没有对此事作进一步回应。这让网民看不到事件的进展和处理结果。

在腾讯微博上，认证为湖北省襄阳市人民检察院的官方微博“@襄阳市人民检察院”，在9月10日到9月13日期间没有对该事件作出回应。在4天时间里，转发的两条微博分别是：

9月10日：“检察官段军霞：检察机关也要加强自身反腐倡廉。现在全省检察机关电视电话会议正在召开，要求要自觉接受群众监督‘探照灯’、‘镁光灯’、‘显微镜’和人民群众目光下工作的习惯！”

9月12日：【王晨：精心组织网上正面宣传，积极开展网上舆论引导，依法依规加强网上管理】9日，国家互联网信息办召开推动社交网络健康发展经验交流会，王晨强调：要与时俱进、大胆探索，自觉把互联网宣传引导管理工作重点向社交网络延伸，推动社交网络在服务党和国家工作大局中发挥更大更积极的作用。

如果关注了新闻事件的网友看到“@襄阳检察院”的微博，会不知其所以然，在网上舆论最激烈的时候，官方微博发布的信息和此事件无关，而且这两条微博还是转发，转发的话语也带有浓厚的官方气息，没有让网民感受到亲和力和愿意调查事件的意向。

3. 事件点评

司法检察微博平时最常发布的信息是关于某些案件的情况，很少会遇见突发危机事件，所以在这方面使用微博应对的意识比较差，由于平时微博人员没有养成这种微博处理信息的习惯，所以一旦有突发危机事件就会应接不暇。表现就是发布微博数量少或者根本不发，在事件高度关注期发一些与事件无关的内容。

4. 司法检察微博应对突发危机事件的方法

（1）要开始建立政务微博。

建立政务微博，不仅仅是有微博账号，更重要的是运用微博账号，要让政务微博为我所用。司法检察微博相对于公安微博、交通微博还有很长一段路要走，这些微博在突发危机事件的应对上，已经建立起了一定的体系，现在是处在完善阶段，而司法检察微博缺乏这方面的经验，还需要向一些优秀的政务微博学习。

（2）除了在官网上发布信息，也要在微博上发布信息。

司法检察机关在网站的利用方面做得很好，但有时忽略掉了微博部分。微博作为一种新兴的媒介形态，已经越来越成为我们生活中的重要组成部分，而且众多网民养成了每天刷微博的习惯，作为政府部门，要及时把握新动向，跟上时代的潮流和节奏，利用微博促进司法检察工作的开展。

（3）官方微博要解决热点问题。

当突发危机事件发生后，司法检察微博要迅速回应和事件相关的信息，产生“刷屏效果”，这方面“@广州地铁”在应对“地铁施工导致地陷事件”中做得不错，从地陷的那一天到最后交通恢复的那一天，“@广州地铁”不断发布有关道路交通的信息，让网民感觉信息及时而且能把握事件的下一步进展。

所以，在事件发生后，可以着重发布与事件相关的信息，造成强势的舆论效果。这并不代表其他类型的微博就不发布，我们强调的是集中舆论力量，有效扩散政府信息。

（八）政府微博

最近一两年来，各地的地方官员屡屡被网民曝光有大量的名牌手表、多套房产、几个户口，如“表哥”杨达才、“房姐”龚爱爱、“房叔”蔡彬等。这些事件本身是官员的个人问题，但是如果相关部门处理不当，就很容易牵涉到当事人供职的单位或者纪检、司法部门。

对于官员的违纪违法行为，有关部门不能采取包庇、纵容的态度，而要及时处理，不要让某些官员个人的问题影响到大局，尽快平息舆论。

1. 事件概况

2012 年 10 月 9 日，有网友在论坛发帖称广州市城管局番禺分局政委蔡彬有 21 套房产，引发网友关注，蔡彬由此也被称为“房叔”。随后，番禺区纪委对此事进行调查，确认网友举报属实，番禺区对蔡彬作出停职处理。

2. 过程解析

事件在 10 月 9 日被曝光，番禺纪委的官方微博“@廉洁广州”次日发布信息，表示成立调查组对该事件进行调查。这种做法有利于取得网友的信任，同时有利于增加民众对政府的信心。广州市纪委借助官方微博公布处理结果，在“民间舆论场”传递出官方信息，有利于化解网民的对立情绪。

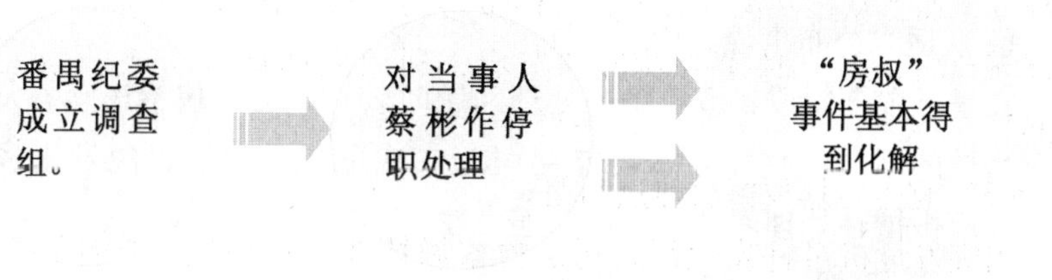

图 10－11 “@廉洁广州”在微博上对“蔡彬事件”的回应

在 10 月 11 日，“@廉洁广州”发布对当事人蔡彬作停职处理，很大程度上缓解了民众的情绪。广州纪委的应急处理速度非常快，舆论很快得到平息，体现了广州纪委的办事效率和对危机事件很强的处理能力。

广州纪委通过两个步骤成功应对了危机：第一，番禺成立调查组，承认网友所说情况基本属实；第二，马上对当事人停职处理。这两个步骤看上去简单，但是很多部门在操作的时候犹豫不决，就错失了最佳的信息发布时机。在“房姐”龚爱爱事件中，公安局声称找不到龚爱爱，无法对事件进行下一步的调查，这样的态度自然让民众不满，从而把情绪从龚爱爱转移到相关部门身上。

3. 事件点评

（1）应对及时有效值得称赞。

“@廉洁广州”由于发布信息及时，而且针对性强，以最快的速度抢占了舆论制高点，对事件不隐瞒、不回避，以开放的心态面对和处理问题，得到民众的好评。

（2）对“房叔”的进一步处理结果没有公布。

“@廉洁广州”发布了对蔡彬停职的处理信息，并表示“会公布下一步进展情况”。但是下一步的情况一直没有音讯，广州纪委对当事人的具体调查情况如何，为何能购买20套房产，中间是否还有其他的问题，民众都不得而知。

4．政府微博应对突发危机事件的方法

（1）及时公布对涉案官员的处理情况。

纵观多起危机突发事件，如果相关部门对涉案的政府人员进行了停职、撤职的处理，事件会得到较快的缓解，民怨也会相应地消减。所以，凡网民曝光官员的个人问题，相关的部门只要对事件公正处理，都能得到民众的肯定。

（2）适当公布事件的后续进展。

在事件前期阶段，政府微博处理问题时较快，能很快给民众答复，但是对事件的后续关注不足，可能会引起二次危机。为了避免发生多次危机，政府微博在处理问题时要注意连贯性。

（3）与其他部门微博进行联动合作。

政府部门面临的事件有更强的复杂性，需要多个部门一起处理，所以各个部门要有合作和协商，以统一的口径应对外界，发布微博具有一致性。

四、总结

（一）政务微博应急处理借鉴

1．迅速回应，争取第一时间

政务微博在对突发危机事件的处理上，第一次回应都很快，“@吉林公安”发布了搜救婴儿的信息，向市民征集线索，在一定程度上使寻找到婴儿的成功率增大。还有一些政务微博主动发布问题，如“@上海质监”最先发布了上海问题校服的情况，使民众获得最新、最权威的信息。

2．热点跟踪，促进信息流动

当媒体对事件进行大规模、大范围报道，民众密切关注事件进展时，政务微博的回应比较及时、到位。从案例中政务微博的信息发布可以看出，在舆论高峰期，政务微博的发布数量明显增多，而且回应涉及的点都很全面，如“@上海教育”连续几天对“问题校服”事件发布处理结果和后续措施。

3. 联动发布，合力引导舆论

在对突发危机事件的发布问题上，各个部门的政务微博已经具有一定的合作意识，一个部门通过转发和评论另一个部门的微博，形成传播合力。例如，在上海“问题”校服事件中，“@上海教育”、“@浦东教育体育”、“@上海发布”、“@上海质监”等几个微博都作出了回应，体现了较好的联动性。

（二）政务微博应急处理建议和对策

微博的出现改变了人们的生活方式，以前人们喜欢在论坛、贴吧上表达意见，而微博作为草根性质的发言场所，具备自媒体的传播特征，任何人都可能成为事件的焦点。在这种环境下，事件在微博上传递速度很快，爆发力也很强，人人都是参与者和传播者，所以一些重大的突发和危机事件往往都是在微博上引爆。

由于资讯传播的发达，突发事件和危机事件很容易大规模爆发，政府官员需要有大局意识，积极应对。应敢于发布第一手信息，抢占话语权，避免陷入被动的局面。

突发事件、突发公共危机发生后留给官方的处置时间是“黄金24小时”，即在事发24小时内发布权威消息主导舆论是平息事件的关键。微博出现后，信息在短时间内迅速传播，高关注度促使民意快速发酵，以往的“调查—层层上报—官方汇总发布”的工作方式明显无法满足微博时代的民意要求。

1. 政府部门须养成用微博发布信息的习惯

在面临突发危机事件时，政府工作人员还没有真正把微博看成是回应的一种方式，这导致政务微博有时候会遗漏一些重要信息。按照惯常做法，政府工作人员通告媒体后或在官方网站发布信息之后，就不会再用微博发布信息。这种信息传播渠道的不完整，将会直接引发信息传播的失衡。例如，“@广州城管”在对“城管和女商贩冲突”事件的微博播报中，事件前期发布的相关信息较多，但是之后有关部门公布了当日的视频，而微博上却没有看到相关的消息，显示其对事件的跟进不够。

2. 做好部门间信息传播，应急处理避免“踢皮球”

应急处理过程中往往涉及多方权责，需要各部门通力合作。如在黄浦江死猪事件中，需要由多个管理部门共同施力；但是在事件爆发之初，可能会由于事出突然、信息不灵而导致相关部门应对迟缓，或是事件涉及多方利益而存在权责不清的现象。微博的“秒传”效应使得信息传播尤为迅速，所以在突发危机事件发生后，政务微博应该迅速反应，实时掌握各方新闻信息和舆情观点，促进部门间的沟通，以免延误事件的处理。

3. 持续关注事件发展，将负面影响降至最低

在事件的爆发期或者扩散期，各方信息、观点存在博弈，此时政务微博发布都比较迅速、及时；但是在事件的消散期，也要保持一定量的关注和发布，从而保证在信息发布过程中事件处理的持续性、稳定性，将事件的负面影响降至最低。例如，“@吉林公安”没有公布犯罪嫌疑人的处理情况，而“@上海教育”也没有进一步公布“问题校服”相关政府机构人员的处理情况。

4. 不断“刷屏”，制造强势舆论

在突发危机事件发生后，政务微博对事件的回应会采用不同的方式。一种是置之不理，不在微博上回应，反而发一些与事件无关的内容；一种是偶尔发布，频率不高；还有一种是连续几天不断发布事件信息，制造强势舆论。

当网民看到一个政务微博“刷屏”进行信息发布，微博的内容翔实，形式丰富，会自然而然地产生好感。

“刷屏”不是指重复地发布内容，而是指对事件的进展作出频率较高的答复，这样产生的结果是，网民看到的内容都是政务微博发布的信息，显示政府在积极行动。所以在突发危机事件发生后，政务微博要明确自身职能，快速行动，抢占有利时机，发布翔实内容，制造强势舆论。

5. 要制定应对突发危机事件的机制

事实上，各级政府部门很重视如何应对突发危机事件，也建立了相应的突发危机事件应急机制，但是很少有部门把政务微博也纳入应急机制中。例如，有的政务微博在节假日照常放假，万一发生突发危机事件，很容易陷入被动。

当黄浦江发现大量死猪后，人们最关心水质问题，但是水务局在周五发了一条微博后，周六周日照常休假，没有发布微博及时向民众告知。在这样的公共事件中，由于事件直接危及上千万民众的生命健康，若是工作人员仍以日常发布标准来进行应对，难免会丧失民众的信任，政府的公信力也会受到损害。

6. 培养专业的微博管理团队

政府部门对政务微博的重视程度日益加强，为了发布高质量的微博，应配备相应的微博发布人员。有些政府部门不太重视微博，公务人员本身有工作，只是在闲暇的时候才发发微博，导致一天只发布几条信息，或者出现好几天都没有刷新微博的情况。

所以首先要配备专职的发布人员，保证其有足够的时间管理微博。其次，要对专职工作者进行培训，培训的内容包括语言文学、新闻传播学等知识。

微博以文字为主呈现，所以发布者对基本的语言规范需要有一定的了解，我们并不是一定强求语言要非常优美或者有文采，但是基本要保证语言通畅、表达清楚，不要出现低级的错误。

此外，突发危机事件的微博应对和新闻学、传播学等学科知识密切相关，发布人员应该有针对性地补充相关方面的内容，完善自己的知识结构，不断提升发布微博的能力。

7. 提炼语言，规范发布，提高传播效率

微博只有140个字，如何在有限的字数内表达清楚主题是一个需要思考的问题。微博的内容必须短小精炼，加入图片和视频更能吸引网友。政务微博在发布信息时，最基本的要做到把事件陈述清楚，不要出现表达不清或者有歧义的现象。发布政务微博也要严谨、扎实，民众才会对其增加信任。如在“城管与女商贩冲突事件”中，“@广州城管”发布的一些信息没有主语，微博中附加的链接打不开，这种问题是完全可以避免的。

第十一章　政务微博如何应对网络谣言

一、什么是网络谣言

谣言，简单来说，就是骗人的虚假消息，未被官方证实却已经在社会上广为流传，犹如毒品，危害颇大。在信息时代，谣言插上了网络的翅膀，可以在瞬间就被复制、传播、放大，它的危害力也随之剧增，是伴生于信息社会的“毒瘤”。微博，由于它的使用方便快捷、传播范围广泛、影响力巨大，更是成为网络谣言的“重灾区”。

二、网络谣言有哪些类别

网络谣言层出不穷，“一波未平一波又起”。总结大量网络谣言可以发现，与政府、官员有关的谣言通常有以下几种形式：

一是利用部分网民的仇官心态，捏造领导干部贪污、腐化的“丑闻”。如“重庆贪官外逃加拿大”的帖文称，重庆市某干部携亲戚10人，带3亿贪污款，以出国旅游为名逃到加拿大，密谋申请政治避难。

二是利用一些地方干部群众之间关系不和谐，将偶然事件“升级”为激烈的“干群矛盾”。如在“钱云会案”中，网络传言为“上访村主任被故意碾死”，浙江乐清市公安局调查取证后，最终将该案件定性为“交通肇事案件”。

三是谣言“回锅”，“添油加醋”，炒作旧事，混淆视听。如深圳某派出所一名巡逻民警在启动警车时不慎将一名两岁男孩撞倒在地，经抢救无效死亡，多日后一条微博在新闻报道的基础上大加渲染，并称“警察大声叫喊‘他在影响我执行公务’”，引起广泛转发，衍生出各种版本。

三、网络谣言是怎么产生与传播的

网络谣言尤其是一些涉及政府、官员的谣言，之所以甚嚣尘上、屡禁不止，并非偶然，是由多方面原因造成的。

首先，谣言产生于社会环境的变化。当前，我国正处在改革攻坚期、矛盾凸显期，社会日新月异，生活方式的不断变换给公众带来不确定感与危机感，也为谣言的产生提供了温床。此时，权威部门如果不及时公开信息，就会给谣言的传播提供契机。造谣者出于发泄、娱乐、谋利等心理，开始捏造种种假象，裹挟公众的意见。

其次，在公众日常生活中，一些政府部门的工作不到位，一些官员的作风不严谨，难免造成党群关系、干群关系的紧张甚至对立。在官员负面形象屡屡出现于媒体的背景下，公众对于官员的负面谣言产生心理预期，标签化的形象如“官二代”、“富二代”、“城管”等容易激起公众的“集体记忆”，谣言经过众多网民之“口”不断衍生、扩散。

谣言传播的基本范式可以这样表达：谣言产生—谣言在网络上传播、衍生—传统媒体介入—网络二次讨论谣言—传统媒体持续跟进、政府部门介入—谣言平息，有些谣言可能在长时间沉寂后还会“死灰复燃”。

四、公众为什么传播谣言

从公众的心理来看，公众传播谣言主要出于以下几种心理：

一是宁信心理，即“宁愿信其有，不愿信其无”。在“新疆滴血食物传播艾滋病”的谣言中，不少人由于艾滋病知识的缺乏，宁愿相信谣言，并衍生出多种版本广为传播。

二是从众心理，“众口铄金、三人成虎”就是这个道理。当人们发现周围的人都相信某个谣言时，迫于要与集体保持一致的压力，很容易丧失理智和判断力而随波逐流。

三是恐慌心理，谣言传播带来的恐慌心理就像多米诺骨牌，越来越多的人不自觉地加入传播队伍的行列。“谣盐”事件中，人们恐惧核辐射的危害，纷纷抢购碘盐，正是恐慌心理所致。

五、网络谣言有什么危害

网络谣言通常选择的是社会关注度高或者与公众关系密切、容易引起共鸣的话题。以这样的话题进行造谣，公众的情绪很容易被煽动，大大增强了谣言的破坏力。“云南某省级领导包养众多情妇为其滥权”、“警花天天陪领导吃喝”的谣言虽然已经被戳穿，却严重损害了干部、警察的形象；“河南钴60辐射危机”、“杭州不明怪病致人死亡”的谣言虽然已经渐渐淡去，但它们曾经造成的混乱仍然让人们心有余悸。

网络谣言一方面可能伤害一个无辜的人，侵犯其隐私权、名誉权、肖像权，给他带来无法弥补的身心伤害；另一方面，盲目从众、“愤青”心理的出现将会削弱个体的才智与理性，而谣言的大肆传播可能会促使网民将非理性情绪转化为现实的社会行动，采取极端的方式发泄不满，爆发群体性事件，影响社会稳定，威胁着每个人的正常生产、生活。

根据中国互联网络信息中心（CNNIC）发布的《第31次中国互联网络发展状况统计报告》显示，截至2012年12月底，中国网民的数量达到了5.64亿，而且现在还在平稳增长中。任何一个微小的谣言，如果乘以5.64亿网民，都会变成一个影响全国的大问题。有种说法是“十个正面干部典型也盖不过一个负面干部典型”，可以想象，一个恶意损害政府部门和领导干部形象的谣言，会对政府的公信力和权威性造成极大的破坏。网络谣言的“毒性”，我们必须引起足够的重视。

六、微博辟谣有什么优势

第一，微博辟谣最大的优势在于微博传播的时效性强。谣言产生后，政府部门可以利用政务微博这一平台实时发布辟谣信息，直接面向所有“关注”的用户，而无须其他流程，有助于政府部门在第一时间赢得话语权，压缩谣言传播的生存空间。此外，微博具有多个接口，同一条辟谣信息可以通过手机、电子邮件、即时通讯、论坛等多种终端立体传播，效果显著。而如果通过报纸、电视辟谣，则要经过联系、发言、采写、编播等一系列程序，有深度无速度，适合后续跟进。

第二，微博辟谣互动性强。微博主与粉丝之间能够就信息内容进行沟通交流，质疑、回复可以随时开展，大大降低了公众的焦躁与恐慌情绪。而传统媒体的传播方式是单向性的，有时会发生这样的情况：政府、媒体自顾自地澄清，百姓自顾自地调侃，官方不能及时收到公众的反馈，信息传播的针对性弱。

第三，微博辟谣渗透性强。据《2012 中国微博蓝皮书》显示，中国目前的微博用户量已经达到 3.27 亿，平均每天使用一次及以上的高活跃度用户超过 70%。如此庞大的用户群，从精英到草根，这其中几乎覆盖了所有的社会阶层，传播范围极广。一旦官方辟谣消息发布，可以在短时间内渗透到社会各个角落，渗透到各个人际圈中，迅速消灭谣言。

七、对付网络谣言用什么招式

（一）第一招：主动介入热点事件，抢占话语权

能否在谣言产生后第一时间发现并及时发出权威的声音，至关重要。人们一旦感觉到自身生活受到威胁，就会寻求真实信息来消除疑惑。当无法获取真相时，人们转而寻求看似合理的解释，这就为谣言的产生提供了土壤。即使造谣者在微博上发布虚假信息后很快就删除，一些关乎热点的谣言仍会很快被网友转发、扩散，造成难以预料的恶果。政府部门要主动发布权威信息及事件调查结果来应对网络谣言，千万不能等到网络谣言已经传播到难以遏制的地步才开始介入。

在 2011 年"大连 PX 事件"中，不少网友甚至是高级别的"公众知识分子"、"意见领袖"都在传播"如果 PX 泄露或爆炸，大连就会被毁掉"、"意味着大连放了一颗原子弹，大连人民以后的生活将在白血病、畸形儿中度过"的谣言。[①] 由于政府的消极回应，本就与民意相冲突的大连 PX 项目，变成了一个"火药桶"，不管是真出事还是人们想象中的"要出事"，事件爆发在即，越来越多的谣言奔向 PX 项目，如有网友将某次化工厂的泄漏事故嫁接到 PX 项目之上。政府权威信息的缺失、福佳大化公司的

---

① 《大连 PX 事件》，舆情与社会管理网，http://yqjd.jnu.edu.cn/multimedia/49.html，2012 年 9 月 11 日。

"围堵曝光，殴打记者"，导致公众猜疑，引发舆论爆点。经过网友在新浪微博和 Twitter 上的连日号召，2011 年 8 月 14 日，大连市民前往人民广场游行。

"点子正"在他的新浪微博中记录，在民众举行的示威游行中，围观群众不断地跟亲朋好友打电话进行直播，"你没看到微博里说的吗"、"能发到微博里吗"，现场拿着手机拍照的比比皆是。在这起 PX 事件中，大连市政府只在腾讯中设立了一个专题，丝毫没有与网民进行互动，至今也未在传播性最强的新浪微博中开设官方微博。而新浪大连公安官方微博在 8 月 15 日上午发布的信息只是简短的一句话"大连决定福佳大化 PX 项目立即停产并搬迁"，并附有新闻链接。虽然开始回复网友疑问，但影响力仍然不够大，到目前为止这条链接式新闻仅被转发 2 054 次。在一个"人人都是通讯社，个个都有麦克风"的时代，政府方面的被动状态导致了整个事件愈演愈烈。最后，在市民的游行声中政府妥协，PX 项目搬迁。

纵观整个事件，官方掩盖信息，公众难以获得权威渠道的信息转而相信谣言，导致谣言满天飞。公众就 PX 项目拷问官方及政府，要求得到合理的答复和处理，但官方却置之不理，沟通不畅进一步引发舆论对 PX 项目的极大不满。这一事件凸显了政府在应对网络谣言过程中的短板，谣言扩散造成不良后果后政府才反应过来，双方产生对抗，政府陷入被动境地。"前事不忘，后事之师"，在应对这类事件时，政府要建立完善的舆情预警机制，及时发现舆论热点，并主动介入事件，赢得话语权、主动权，在与公众的充分沟通中消除谣言，化危机为转机。

与此相反，2012 年 7 月 5 日南京市有关方面仅用了 155 分钟就歼灭了一起网络谣言，被传为佳话。当天 13 时 54 分，有微博爆料称，南京市雨花台区共青团路有一名 9 岁孩子因没有户口无法上学，只能每天随母亲扫地。它以每分钟 10 余次的转发量不断被扩散，而经粉丝上百万的新东方联合创始人徐小平及歌手韩雪的转发，更是使得这条微博扩散速度"暴增"。南京市委宣传部官方微博"@南京发布"在经过 155 分钟的查询、寻找等核实工作后确认此微博信息不实，经联系，微博主自行删除了这条谣言微博，时间是当天 16 时 29 分。①

---

① 刘克梅：《155 分钟歼灭网络谣言值得借鉴》，《新华每日电讯》，2012 年 7 月 9 日。

在这个事件中，最值得我们借鉴的是南京市建立了官方微博信息联络员制度，主动监控热点事件，联络员可及时发现不良信息并立即提供给有关部门处理。当地政府处理这起谣言中坚持公开透明的原则，第一时间调查谣言来源，变被动为主动，用较短的时间平息了谣言，维护了政府的形象，也提升了政府的公信力。

（二）直接针对谣言本身的漏洞辟谣

微博具有及时性、互动性、裂变式传播等特点，谣言容易在微博上疯狂扩散，但也正是由于微博的这些特点，谣言也容易在微博上得以澄清。政府部门如果能充分利用好自己的政务微博，就能够让它们发挥巨大的作用，把它们变为谣言的“粉碎机”和真相的“挖掘机”。在辟谣过程中有几种直接的辟谣方法可以借鉴：①指出谣言中的明显漏洞，如图文不符、地点或人物子虚乌有等；②指出谣言中的不合逻辑之处，如内容与客观事实不符等；③指出谣言发布者的可信度低，经常发布不实信息；④揭穿造谣者的动机，如造谣者与谣言受害者有矛盾等；⑤请谣言中曝出的主人公说话，或者请权威部门澄清。

我们具体来看一则案例——广东深圳“5·26”飙车案。2012 年 5 月 26 日凌晨，深圳滨海大道一辆高速行驶的跑车与两辆出租车相撞，致使 3 人死亡。[①] 当天中午 11 时，“@深圳交警”发出有关事故概况的第一条微博，并在当天下午 5 时进行事故续报。第二天，网络尤其是微博上开始出现各种版本的“内幕消息”，如深圳有关部门对媒体发布了“封口令”、肇事司机并非警方公布的侯某、真正的肇事者颇有背景并已外逃等。5 月 28 日，深圳交警召开新闻发布会，公布视频和照片作为证据辟谣“顶包说”。

发布会并未平息谣言，网友提出更多质疑：警方提供的医院监控视频为何不是原版，而是手机翻拍的？为何侯某在游艇会所的监控视频片段中头顶“光环”？不少网友在“@深圳交警”微博上要求警方拿出更多证据以分辨侯某是否为车主“顶包”。5 月 29 日，“@深圳交警”晒出肇事者侯某与车主许某的半身对比照片，照片上侯某有明显的撞击痕和安全带勒痕，进一步澄清谣言。5 月 30 日，“@深圳交警”公布 DNA 检验结果，确认肇事者，并于当晚 20:00 ~ 21:00 开展“微访谈”，直接回应网友质疑。

---

① 李晓旭：《深圳飙车案 8 天回顾　舆情分析报告已发布》，《羊城晚报》，2012 年 6 月 4 日。

次日，“@深圳交警”以长微博加链接的方式整理出采访、调查目击者的音频、视频，“顶包”谣言基本平息。6月2日下午2时，一名女网友在深圳福田交警大队门前打出红色醒目横幅，向深圳“5·26”飙车案办案警察公开道歉。

在“5·26”飙车案中，虽然“@深圳交警”的调查、回应不断受到网民的质疑，但其对网络舆情走向的高度重视值得肯定。“@深圳交警”利用政务微博实现了“双赢”：一方面满足了公众的知情权，另一方面深圳交警的公信力也得到极大的提升。在整个辟谣过程中，“@深圳交警”实时发布最新掌握的视频、音频、图片等证据材料，直击网民的质疑点——“是否顶包”，给广大网民一个接近真相的渠道，破解了“谣越辟越真、话越说越假”的魔咒。

（三）借助意见领袖微博的力量

意见领袖是指那些在人际传播网络中喜欢向他人提供信息、施加影响的“活跃分子”。他们在信息传播过程中起着中介或是过滤的作用，他们既可以将信息扩散给更多的受众，又可以选择让信息止于自己。微博上的意见领袖包括个人意见领袖和机构意见领袖。“大V”意见领袖们往往粉丝人数众多，如“微博女王”“@姚晨”的粉丝数已达到四百多万，信息的传播效率、规模远高于一般人的微博。谣言发生时，如果能够获得微博意见领袖的支持与帮助，整个辟谣过程往往能够事半功倍。

相反，如果自身粉丝数不多而又不充分借助“外援”，很可能会发生谣言比真相跑得更快的现象。2012年3月6日，辽宁盘锦市发生一起爆炸事件，“@盘锦市公安局”以“#盘锦爆炸# #官方消息#”为话题，发出两条微博公布情况：①“3月6日18时13分，兴隆台区兴四街一烧烤店因燃气泄漏发生爆炸。截至3月6日21时30分，事故致1人死亡，20余人受伤，周围建筑不同程度受损。受伤群众被立即送往医院进行救治，经处置，大部分出院。事故具体原因和造成损失正在调查，事故现场正在清理中。”②“截至3月7日14时，已有3人因抢救无效死亡，其余22人中，重症9人、轻伤13人，均已得到妥善救治。事故原因和具体损失情况正在调查核实中。至3月6日18时的盘锦市一家烧烤店因燃气泄漏发生爆炸事故已造成4人死亡、22人受伤。”“@盘锦市公安局”能够及时发布消息值得称赞，但它并没有“@”任何人，包括它的上级（“@平安辽宁”），官方的声音难以传播。另外，意见领袖也没有参与政府官方舆论的引导，我们可以发现，“@盘锦市公安局”发布的两条微博分别有“38条转发，24条评论”和“80条转发，43条评论”，影响力微弱，虽评论中充斥着质疑、指责、猜测，但官方没有直接回复。

随后，微博上开始爆出谣言。“@月观海”称“死亡人数60人以上，消息一律封锁”，并得到广泛转发、扩散，后发的谣言跑得比先发的官方消息更快、更远。而“@盘锦市公安局”并未紧追谣言，及时辟谣，公信力进一步遭到质疑。

图11－1 辽宁盘锦爆炸超过60人死亡信息不实

（图片来源：新浪微博不实信息曝光区）

在这里我们还要看到一个问题：有时意见领袖为了舆论监督、为了言论自由、为了吸引“眼球”并获得粉丝的更大关注，可能会站在与官方相反的立场上，他们并不能为官方辟谣所用。所以，平日里官方还要注意加强代表官方看法的意见领袖的力量，如媒体从业人员以及政府部门领导干部的微博用户等。

（四）集中辟谣形成规模效应

“人多力量大”、“众人拾柴火焰高”在微博辟谣过程中也同样适用。

辟谣时，政府有关部门如果能够联动、集中辟谣，能够有效提升辟谣的效果。

2012 年 6 月 11 日上午，一场突如其来的黄色大雾笼罩武汉，市民不知大雾来源，感到迷惑。当日上午 9 时，微博上开始出现第一条关于武汉“黄雾漫天原因”的谣言——“是武钢锅炉爆炸了!”不少微博紧随其后，“武汉石化发生氯气泄露”，“80 万吨乙烯工程泄露”，“火灾”、“农民焚烧秸秆”等谣言甚嚣尘上。[①] 微博上还流传着一张“化工厂烟囱上黄烟滚滚”的照片，并被解读为武汉青山化工厂爆炸（泄露）的现场图，迅速被网友转发、评论。一些微博发布者自称身体不适，而各类毒气防护知识也开始在微博上散布，在短短一个多小时的时间内，武汉市不少药店的口罩被抢购一空。

针对这一突发状况，“@平安青山”、“@武汉环保”、“@武汉气象”、“@青山政务”等武汉市政务微博联手，及时调查，不断发出微博进行澄清，积极引导舆论。“@平安青山”表示：“经查证，今天青山地区未发生任何泄露、爆炸等事故。”“@武汉环保”称：“受东北风与下沉气流共同影响，今日在我省中东部（含武汉）形成大面积雾霾天气”，“经安监、环保部门核实，我市未发生爆炸和有毒气体泄漏事故，也未发生大面积燃烧秸秆现象”。“@武汉气象”分析雾霾成因并“温馨提示”有呼吸系统疾病的患者尽量减少外出，以免造成身体不适。“@青山政务”也核实，当天青山区钢铁化工等企业未发生气体泄漏等安全事故。

今天上午武汉地区突然出现特殊天气变化，网上有传言此变化是由青山地区某企业发生泄漏或爆炸引起。@平安青山 迅速与辖区消防、环保等部门联系，经查证，今天青山地区未发生任何泄露、爆炸等事故。11时55分@平安青山 率先发布微博辟谣。后经咨询武汉市气象局、环保局等有关部门，此天气状况应称为雾霾。

2012-6-11 14:56 来自新浪微博　　转发(51) | 收藏 | 评论(52)

图 11－2 “@平安青山”澄清爆炸谣言

政务微博的立体联动发声，发挥了微博辟谣的强大威力。新浪微博与人民网舆情监测室联合发布的《2012 上半年新浪政务微博报告》显示，

① 《有网民自称有图有真相　官方微博联手破谣言》，《工人日报》，2012 年 6 月 13 日。

受东北风与下沉气流共同影响，今日在我省中东部（含武汉）形成大面积雾霾天气。据环保部门监测，雾霾天气颗粒物成分中植物性有机碳（如燃烧秸秆等）含量增加，其他成分未见异常。经安监、环保部门核实，我市未发生爆炸和有毒气体泄漏事故，也未发生大面积燃烧秸秆现象。（武汉市政府应急办）

2012-6-11 15:20　来自新浪微博　　转发(1584)　收藏　评论(891)

图 11－3　“@武汉环保”称当日天气实为雾霾

【温馨提示】今天的雾霾天气可能是由于空气中有烟雾扩散，污染物颗粒累积，不能扩散，形成遮阳层，阳光在污染物中多次折射和反射，导致天空呈现土黄色，空气略感刺鼻。建议有呼吸系统疾病的患者尽量减少外出，以免造成身体不适。

2012-6-11 11:18　来自新浪微博　　转发(934)　收藏　评论(293)

图 11－4　“@武汉气象”分析雾霾成因

武汉中心气象台2012年6月11日10时17分发布大雾黄色预警信号：武汉市现在已经出现能见度小于500米、大于等于200米的雾，未来3小时仍将持续。经核实，今天青山区钢铁、化工等重点企业未发生任何气体泄漏等安全生产事故。

2012-6-11 13:03　来自新浪微博　　转发(1949) | 收藏 | 评论(480)

图 11－5　“@青山政务”澄清泄漏谣言

“@武汉环保”、“@武汉气象”、“@青山政务”和“@平安青山”4家武汉政务微博因在黄色雾霾事件中联动服务荣获群体奖。其实，在武汉雾霾事件发生前，这4家政务微博的表现并不算突出，粉丝数量比较少，微博的转发数和评论数也不多，但在武汉雾霾事件发生后，这些政务微博的转发数和评论数暴增，成为政府发布信息、澄清谣言、引导舆论的重要阵地。政府部门积极作为，也赢得了广大市民的理解与支持。

（五）信息公开常态化，提升公信力

微博谣言常常聚焦官员腐败、环境污染、食品安全、疾病传播等敏感话题，容易引起社会关注，造成不良后果。其实，这些谣言背后折射的是社会转型时期公众的不安心态。公众传播谣言、相信谣言，很大一部分原因是政府没有及时公开信息，公众变得好奇，变得不信任政府。当前，各地各级政府部门都很重视加强网络建设，但在维护管理方面却不“给力”。在政务微博方面，不少微博是只开通不管理，“僵尸化”、“空壳化”的现象不在少数，政务微博没有发挥应有的作用，不能及时发现问题、回复问题、解决问题。各部门各单位政务微博只有建立起完善的信息公开制度，常常让公众听到来自政府的“真实声音”，满足公众对公共事务、突发事件的知情权，不断提高政府官员的“美誉度”，增强公众对党和政府的“信任度”，谣言才能被扼杀在摇篮里。

卡普费雷在《谣言：世界最古老的传媒》一书中指出，谣言并非全然空穴来风，而是社会自发的产物。公众对于信息，尤其是对真实信息有着天然的强烈需求，在当今的信息社会，信息量虽然已经足够大，但是权威的、真实的信息依然稀缺。微博的火热，为政府信息传播提供了新渠道。在危机事件中，微博可以用于澄清谣言，抑制公众的恐慌情绪，信息越公开透明，谣言越容易消弭，而社会也就越安定；在正常时期，微博可以用于发布政务信息，维护社会秩序，逐步提高政府部门的舆论引导能力和公信力。

公信力是政府的立身之本。政府没有塑造良好的公信力，很可能会陷入恶性循环中，公众在公共事件中不信任政府，政府的公信力越来越低下。“塔西佗陷阱”这一定律描述的正是这种现象，当政府部门失去公信力时，无论说真话还是说假话，做好事还是做坏事，都不被认可。然而，公众不相信官方信息，也是长期积累的后果。从我国政府应对重大公共突发事件、危机事件的历史来看，政府部门和公众信息不对称的现象十分严重。在重大公共事件中，如甘肃徽县铅中毒事件、辽宁海城豆奶事件、SARS 事件前期，政府部门往往是持一种“不让说”、“不愿说”、“不先说”的态度。这里面有着政府希望避免公众恐慌的心理，但这种做法将会带来严重的弊端，即公众产生心理阴影、政府失去公众信任，以后遇到类似事件政府即使公开信息，公众也会持怀疑态度，转而通过其他渠道挖掘信息。就算是谣言，网民也不愿进行理性分析，而是希望营造舆论的压力，倒逼政府回应，曲线获得事实真相。

政府部门要想游刃有余地利用政务微博应对谣言，日常的信息公开很重要。《中华人民共和国政府信息公开条例》规定：“行政机关应当及时、准确地公开政府信息。行政机关发现影响或者可能影响社会稳定、扰乱社会管理秩序的虚假或者不完整信息的，应当在其职责范围内发布准确的政府信息予以澄清。”这就强调了政务微博的信息服务功能。在没有危机事件发生的时期，政府部门应主动立足于政务微博，做好正面宣传工作，为公众答疑解难，树立良好的官方形象。政务微博的传播内容一般包括政府部门在政治、经济、文化、安全等方面的工作情况，以及政府对国家政策、法律的宣传。为了加强与公众的互动，一些政务部门还推出了便民栏目。例如，“@成都发布”推出固定栏目“早安成都”、“晚安成都”、“成都新闻”、“住在成都”、“成都气象”、“美食成都”等，并不定期开展微访谈，努力为公众提供细致的信息服务。2013 年 3 月 5 日，“@成都发布”在微博上呼吁，市民有时间可以来陪每天在成都理工大学训练的轮椅网球队的孩子们聊聊天，为他们加加油、捡捡球，用实际行动关心残疾孩子的生活，体现了政务微博的爱心以及对民生的重视。

当网络谣言产生时，政府部门凭借平日积累的公信力，第一时间找出证据，利用政务微博公开事实真相和调查、处理的进展，并随时回复公众的质疑和询问，最大程度减少网络谣言所造成的危害。美国学者艾尔波特和波茨曼曾经提出过一个著名的谣言公式，即谣言的流通量 = 事件的重要性 × 事件的模糊度。这个公式为我们展示了谣言的流通与事件的重要性、模糊性之间的相互关系。对于公众来说，事件的重要程度难以改变，但政府部门可以从另一个变量着手，加强信息公开，降低事件的模糊程度，以减少谣言的流通扩散。

谣言止于公开透明。政府部门利用政务微博发布信息，保持沟通，积极引导，主动应对，将会使谣言失去赖以生存之地。

（六）软性手段辟谣为主，警惕网民反弹

在辟谣时，政务微博可以采用上文介绍的软性手段。但有些部门想要“立竿见影”而采取删除微博、关闭评论等硬性手段，这样虽然能在短时间内收到表面上“风平浪静”的效果，实际上平静的水面下隐藏着汹涌的民意暗流。“防民之口甚于防川”，周厉王止谤的历史故事告诉我们：对待民意要善于疏导，蛮横堵截只能导致更大的反弹。

追究造谣者的责任时也要注意量刑的问题，分清故意造谣与不明真相的质疑之间的区别，既要保护公众的言论自由、舆论监督的权利，又要提高违法成本，给造谣生事者以合理的警示。2012 年 2 月 19 日，刘某微博爆料称“保定252医院确认一例非典”，保定市卫生部两次出面辟谣，舆论热度才开始下降。当月27日，保定市公安局新市区分局称对造谣者依法劳动教养两年。此消息一经披露，再次引爆舆论关注。“保定非典”事件末期，围绕保定市对造谣者判罚是否过重的话题，网民争论不断，官方形象遭遇了“二次伤害”的风险。

微博的本质是媒体，本身并没有好坏之分，重要的是微博主如何利用它。利用得不好伤人伤己，利用得好微博将带来巨大效益，它将成为政府辟谣的有力武器。面对不同意见，政府部门多一些引导、多一些关切、多一些规劝，微博这片天空将会更加蔚蓝，更加美丽。

第十二章　如何运用政务微博获取民意和监控舆情

一、为什么能够通过政务微博来获取民意和监控舆情

在网络技术飞速发展的今天，互联网正深刻影响着我们的生活，它不再仅仅是我们认为的虚拟社会，如今已逐步往现实社会靠拢。随着互联网技术的迅猛发展，当今的媒介生态环境正发生着巨大变化，中国社会的舆论传播格局也相应发生着变化。网络舆情虽然不是一个新鲜的词汇了，但随着微博的兴起，它的内涵也发生了根本性的变化。

网络舆情，就是民众通过网络发表的对一些公共事件和社会管理者产生和持有的态度与情绪的总和。网络由于其开放性和互动性的特征，舆情信息可以产生即时的传播与互动。中国社科院于 2011 年 12 月 19 日发布的《社会蓝皮书》曾指出：在这网络媒体越来越发达的时代，公众的话语权实现了空前的普及，社会各阶层都已经习惯在网络上“喊话”、表达个人观点。一些社会事件一旦上网曝光，网络舆论就成为事件发展的最重要推手。

在微博尚未出现之前，舆情主要产生和集中在 BBS、博客以及贴吧等。微博一出现便立刻崭露头角，成了很多网民发布信息的第一选择，且微博越来越多地成为舆论话题的重要来源。“微博爆料→微博内部形成舆情热点→传统媒体跟进→网民围观→网络媒体转载→传统媒体再互动→网民及媒体深度挖掘→爆料频出→当事主体被迫回应”，已成为目前重大舆情事件的基本演进模式。[1] 中国传媒大学网络舆情研究所发布的《2011 上半年中国网络舆情指数年度报告》也指出，微博已超过论坛，中国舆论的重心

---

① 尹韵公等：《中国新媒体发展报告（2012）》，社会科学文献出版社 2012 年版，第 101 页。

迅速向微博转移。究其原因，主要可归因于两点：一是微博使用的迅速普及，使“大众麦克风时代”得以到来，互联网越来越成为公众生活的一部分，微博更是为公众获取信息和表达态度观点的重要平台；二是公众“网络问政”热情的高涨。新媒体环境下，公众参政议政的热情越来越高，网络成了公民行使知情权、表达权和监督权的重要渠道，互联网上大量反映出来的社会问题、民生问题，给了监控舆情以契机。

二、为什么需要通过政务微博来获取民意和监控舆情

（一）可以了解网民诉求，是新时期政府执政为民的体现

2010 年“两会”期间，人大代表和委员们纷纷开通微博与网民互动，听取他们的意见并接纳他们的方案，及时将会议情况和表决结果通过微博传出会场，让广大网民们充分感受到了“微博问政”的满足感，这些也为当年的两会添上了浓墨重彩的一笔。微博已经为“网络问政”开启了全新的窗口，人大代表和委员们放下身段，问情于民，对现在的政府部门不得不说是一个有益的启示。因此，利用政务微博主动搜集和观测舆情，了解民众之所需、所惑和所怨，帮助民众解决困难，能够充分体现出政府体察民意、为人民服务的姿态，同时也是管理上的创新。这也是十八大以后，政府走更加贴近民众之路的应有之举。

（二）掌握舆论主动权，避免危机事件

对当前的一些危机事件进行分析不难发现，很多危机事件是政府未能及时察觉，给了它们发酵的时间和最终爆发的机会。例如，2011 年接连在世界各地发生了众多街头政治运动，其中包括颠覆了中东、北非多国政权的政治运动（“阿拉伯之春”）、在英国多地发生的街头骚乱（“伦敦之夏”）、起源于纽约并波及西方多个大都市的占领运动（“华尔街之秋”）以及发生于俄罗斯的反对与支持普京的游行运动（“莫斯科之冬”）。运动中的参与者大多是 Twitter 等社交媒体的用户，他们利用社交媒体相互鼓动、联络沟通，迅速达成共识并走上街头，将网络空间中的政治诉求付诸现实中的政治行动。由此可见，政府不重视、不关注网民意见，任舆论风波放任自流，疏于监控，不能及时发出官方声音和采取必要的措施，就不能掌握到舆论主动权，而对一些负面话题介入过迟或者不介入，非理性的

情绪和声音就会膨胀，甚至导致谣言滋生，这会对现实中的社会产生极大的破坏力。

（三）通过实时关注舆情来把握网民心理，拉近政府与民众的关系

开设政务微博是政府愿意倾听网民声音，拉近政府与民众距离的尝试。既然要走进广大网民心里，那就需要对自身所在的公务范畴的网络舆情进行密切关注，这样才能与网民有话可说，并且通过得当的表态很容易拉近与网民的距离。此外，政务微博已经开始承担起化解政府与民众紧张关系的纽带作用，利用政务微博收集民意和监控舆情，是政府部门主动出击，以低姿态参与社会进程的表现，使得政府权力和社会力量交流互动变得可能和趋向频繁，更容易推倒民众与政府之间由不信任堆砌的“墙”，主动化解日趋紧张的社会矛盾和地方趋于紧张的官民关系。

三、什么时候最需要注重收集和关注舆情

（一）重大事件发生后，真相滞后和政府回应缓慢容易引发激烈讨论

2012 年 3 月份，上海黄浦江上游死猪漂浮事件成为一时热点。从 3 月 8 日以来，短短的两三周内，上海方面打捞起的死猪总计上万头，如此骇人听闻的事件触动了全国人民的神经。在微博上，网友们对死猪的来源议论纷纷：是否有疫情？这么多死猪如何能够安全处置？如何杜绝此类事件的再次发生？他们也对政府部门一而再地宣称死猪没有影响到当地水质表示怀疑，一时间，微博上好不热闹。通过这个事件可以看出，重大社会事件发生后，会引起微博上“井喷式”的热议，探讨的点会慢慢集中，这是一个不断“聚焦”的过程，在网络世界，这个过程却是极为迅速的，如果能够及时关注到舆情的“焦点”，给予及时澄清，对事件的解决就能起到极为关键的作用。虽然在本次事件的后续处理中，作为影响力极大的“@上海发布”针对死猪打捞情况和水质等问题进行了播报，但在开始阶段，“@上海发布”却迟迟未发声，受到网友们的质疑。

与此相类似的是“@宁波发布”尴尬的遭遇，与其联系在一起的是引发激烈争议的 PX 项目，虽然“@宁波发布”在 2012 年 10 月 28 日发布了“坚决不上 PX 项目”的“誓言”，但其因在 10 月 26 日前从未发过任何与“镇海炼化一体化项目”相关的信息受到网友指责，甚至出现“掉粉”

现象。

（二）对新政策、新法规的质疑和讨论

2013 年新年伊始，公安部新交通法规正式执行。这对于有车一族来说，无疑是最为关心的，但新交通法规的实施遇到了一系列问题，其中引发讨论最多的莫过于闯黄灯扣 6 分，超过规定时速 50% 扣 12 分，驾驶时拨打、接听电话扣 2 分等，微博成了有车一族们吐槽的集中地。针对网民集中质疑的几个方面，一些公安和交通部门微博敏锐地嗅到了网民们的情绪，并迅速给出回应，释疑解惑，给出贴心提示。例如，“@上海公安”的“图解抢黄灯”等微博都得到了民众的喜爱和支持，极大地缓解了新交通法规实施后受到的压力。可以说，公安和交通部门比较密切地关注网络，特别是微博舆情，听到民众们的评论和争论点，切中要害地给予回应和解答，为新交通法规的实行保驾护航。

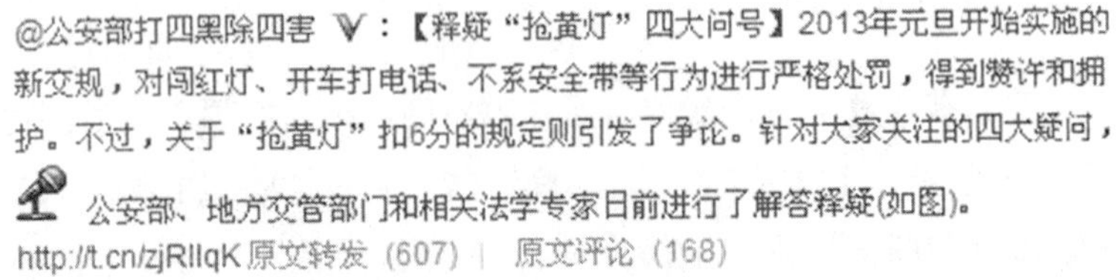
@公安部打四黑除四害 V：【释疑“抢黄灯”四大问号】2013年元旦开始实施的新交规，对闯红灯、开车打电话、不系安全带等行为进行严格处罚，得到赞许和拥护。不过，关于“抢黄灯”扣6分的规定则引发了争论。针对大家关注的四大疑问，公安部、地方交管部门和相关法学专家日前进行了解答释疑(如图)。
http://t.cn/zjRlIqK 原文转发（607）| 原文评论（168）

图 12－1 “@公安部打四黑除四害”解答民众对于新交规“抢黄灯”的质疑点

（三）公共话题的引爆，容易产生公众话语共振

在一般情况下，微博上的信息呈分散和孤立的姿态存在，但一旦有公共话题的出现，会立即引爆网民们的讨论热情，围绕同一话题的讨论呈井喷式出现，容易产生舆论共鸣。

2012 年 9 月 11 日，日本政府不顾中国的反对，不顾钓鱼岛是属于中国的这一历史事实，执意“购岛”的事件在中国国内引起强烈反应，成为当时全国人民最为关注的话题。随着钓鱼岛事态的逐步升级，全国各地多个城市发生了多起民众的保钓行动。其中，在微博上，一些非理性的声音和情绪大量涌现，在现实中，焚烧或打砸日系车等过激行为开始出现。针对这种情况，很多政府和公安微博纷纷发声，号召理性爱国。

对此类热点公共话题及时介入，能够先发制人，会引导舆论向好的方向转化，从而有利于社会安定。

@北京发布V：【钓鱼岛是我们的，和谐安定也是我们的】日本右翼势力发动所谓的钓鱼岛"国有化"后，我国政府采取了从法制到经济的反制措施，我国民众也自发地表达了爱国主义情怀。但我们反对砸抢的行为，因为这不是爱国，而是害国。我们要保钓也要安定！

9月17日 19:57 来自政府版微博 转发(369) | 评论(65)

图 12－2 "@北京发布"号召理性爱国

四、利用政务微博收集民意和监控舆情的方式有哪些

（一）关注合适对象，查看民意舆情

1. 浏览相应新闻发布机构的微博及其评论

对政务微博所处地域的本地新闻媒体微博或者与其职能属性相关的新闻媒体微博进行关注，是比较直接和有效的收集舆情的方法。新闻机构的微博由于有着广泛的新闻来源，每天都会产生新的话题和社会热点，由于新闻机构发布的微博比较"新"、"奇"，并且与民众的利益息息相关，总能吸引广大网民"评头论足"一番，这样也就聚集了网民对某一事件的整体态度和质疑焦点，同时随之会产生舆情。对于这些舆情以及走势加以注意和分析，就能得到最新的网络舆情，从而能够尽早介入，引导网络舆情向有利的方向转化。

2. 关注微博上的"意见领袖"

微博上的"意见领袖"多是社会各个领域的名人或者草根代表，他们的微博往往有着很高的社会关注度和比较广泛的信息来源，所发表的言论也会受到粉丝们的热力追捧。对于他们身份的辨认，往往可以从两个方面出发：一是直观的粉丝数，每个意见领袖往往都有一定数量的拥护者；二是微博的被转载数和评论数，每个意见领袖的拥护者都会用转载、评论博文的方式表达对其的态度，意见领袖的"领袖气质"也是通过网友的不断转发和评论得以扩展、弥漫到微博的各个角落。

"意见领袖"在微博里的作用不可小觑。例如，于建嵘就因为在微博上"敢说真话"而受到追捧，他对上访、拆迁、维稳等社会问题都不惮于发表自己的言论，无畏于指出社会弊政，他在微博上发表的江西万载县县委书记"雷语"事件为人们所津津乐道。他于 2013 年春节期间发起的

“随手拍豪华军车”活动，更是得到了网友们的热烈响应并踊跃举报，让人们看到了军车私用、假军车等现象。透过这些都可以比较清晰地看到广大民众对于廉洁政府的期盼。意见领袖们甚至可以改变议题的走向，有强大的“领导”能力。因此，能够识别和关注意见领袖，可以让监控者更容易辨清时下的网络舆情以及追溯其源头。对意见领袖被大量转载和评论的微博进行重点关注，能够及时察觉正在形成和已经形成的网络舆情，这时候再有针对性地进行引导，可以达到比较好的效果。

关注全国范围内职能相同或相近的政务微博，不仅可以通过察看它们的微博获知自身职能领域内相近发生的重点事件和舆情焦点，也可以形成网上联动关系，共同应对问题。

此外，对能够代表一定群体民众意见的博主给予关注，也可以极大地鼓舞其表达意见和看法，倾听到民意。对时常散布不实信息以及对社会充满偏激看法的博主给予关注，能够达到威慑作用，同时，也要对其通过评论或者私信功能进行交流和教育，防止其不当言论扰乱社会秩序。

（二）通过受理投诉和回应网民求证，获取民意和舆情

通过政务微博受理投诉的渠道主要包含查看“@”信息、评论和私信等。由于公安、交通类微博承载的特殊功能，通过受理投诉和接受爆料来获取民意的情况比较多。例如，2013年2月份引起不小关注的“高中生微博炫速骗粉”事件，“@深圳交警”立刻截图，展开调查，并提示严禁超速，得到网友支持。随后发生的有网友挖出深圳女警一年前的飙车照，尽管有“网络不曝光是不是就不处理了”的质疑声，但“@深圳交警”坦诚、详细地公开信息和依法进行处理的举措还是赢得了网友的认可。从“@深圳交警”的案例可以看出，政务微博已经以敞开的姿态接受民众的投诉和质疑，并且接受网民的监督，积极回应，线上线下相结合，从而有力缓解了网络舆情，维护了政府形象。

对广大网民来说，他们主动接触政务微博，接收信息是一部分原因，还有就是表达诉求、宣泄情绪以及通过微博向政府部门求证信息。面对这种情况，政务微博不仅不能疏于回应，而且要及时给予解答和讲究应对技巧，不然网民就有可能通过其他形式来继续表达诉求，会造成更大的负面影响。而不失时机并且“晓之以理，动之以情”般的回应，往往会取得意想不到的成功。比较有代表性的案例是2013年2月份“@南京发布”关于南京区划调整的信息发布。

2013 年 2 月 16 日，有关南京区划调整的信息在微博上引起了讨论的热潮，南京媒体和网民都极为关注，并纷纷提问“@ 南京发布”进行求证。随后的 2 月 17 日，《现代快报》独家介入报道此事，将区划调整由微博传言扩散到新闻传播，并且疑似有关南京区划调整的文件图片开始在微博上热传。一边是舆情的不断升温和众说纷纭、莫衷一是，一边是当地政府的“三缄其口”，这些使得网民们对南京政务信息公开的速度提出了质疑。而与此同时，南京市政府的相关部门已经开始密切关注网络舆情，搜集民众关注和争议的焦点，并着手策划信息发布的时机和方式。2 月 20 日当天，“@ 南京发布”精心策划的博文——《南京行政区划调整“小布说”》正式与广大网友见面，并且以“在一起，更美好”为切入点，针对先前网络上大家争论的焦点给出了正面回应，语言俏皮鲜活，使用了大量的“萌语言”和老南京的家常话，巧妙地进行情绪引导。随后又以问答形式与网民互动，不断地解答网民的疑问，取得了极好的舆论引导效果，体现了相关政府部门娴熟的微博使用技巧和智慧。①

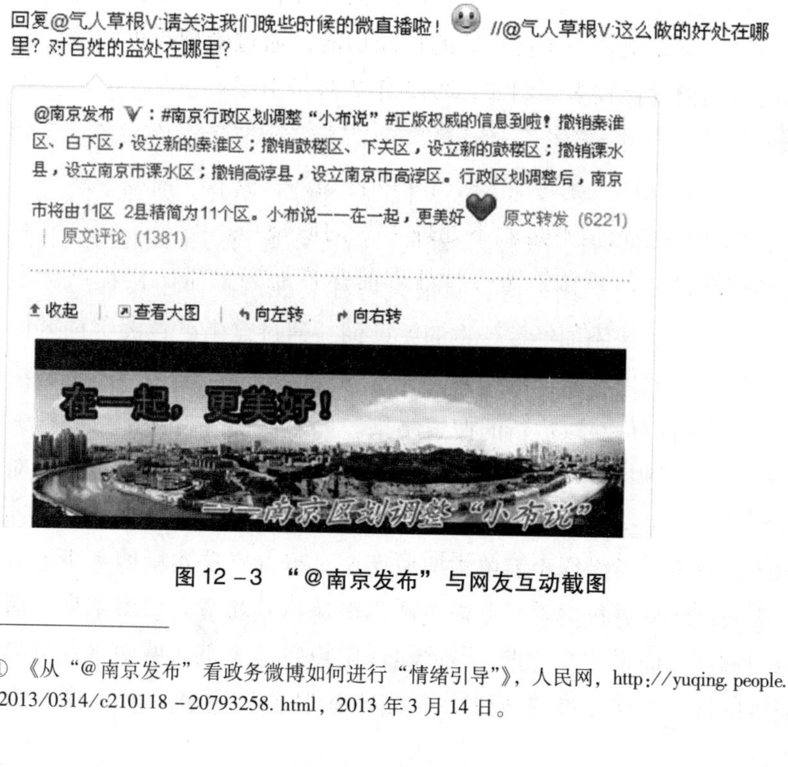

图 12－3　“@南京发布”与网友互动截图

① 《从“@南京发布”看政务微博如何进行“情绪引导”》，人民网，http://yuqing.people.com.cn/n/2013/0314/c210118－20793258.html，2013 年 3 月 14 日。

“@南京发布”的这次成功，与密切关注网络舆情，善于分析和总结舆情焦点，把握舆情发布时机是分不开的。

（三）学会利用微博搜索来获取舆情

微搜索时代微博海量内容背后的搜索价值正在凸显，随着微博网站各项功能的日趋完善，微博的搜索技术也不断健全。2011 年 10 月 20 日，新浪微博独立搜索页面——s. weibo. com 悄然上线，意味着微搜索时代的来临。

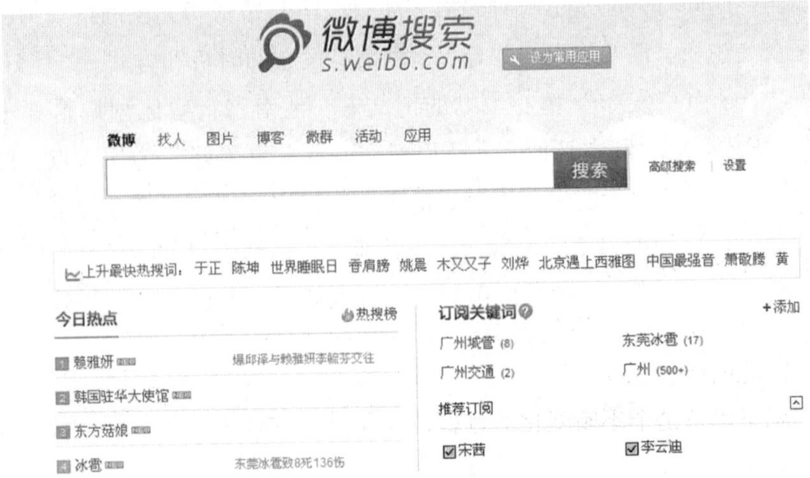

图 12 -4　新浪微博独立搜索界面

在新浪微博独立搜索页面上可以进行微博、图片、博客、微群、活动等搜索。只要在搜索栏中输入关键词，就可以查找到相关的博文、微博上发起的活动以及目标用户等。新浪微博独立搜索页面还具有“订阅关键词”的功能，只要添加经常搜索的关键词，通过点击已存关键词就可以实现快速搜索。如果有包含该关键词的新的博文出现，词条旁边也会给予显示，点击查看即可获取最新的搜索结果。如果需要进行更细致的搜索，可以使用“高级搜索”功能，通过筛选时间、地点等条件获取更有针对性的信息。

此外，就新浪微博更简单的搜索而言，可以直接在微博主页上方的搜索栏输入关键词进行搜索，这样也可以快速得到相应的搜索结果。对某一目标用户进行固定信息搜索，可以在该用户微博主页的博文正上方的搜索功能项进行，启用“高级搜索”功能同样可以达到精细查找的目的。

其他的一些博客网站也有搜索功能，具体用法大同小异，这里不再赘述。

由于微博只有140个字，不同于一般意义上的网页，用户通过设置关键词进行搜索与一般的网页搜索也有所不同，那么，关键词该如何设定才能跟对应的微博进行匹配呢？

首先，要尽量使用具体的关键词，避免使用含义过于宽泛的词语作为关键词。比如，想了解网民对新交通法规的看法，如果单纯以“新交通法规”作为关键词，搜索到的结果多达数百万条，难以全部查看，而以“新交通法规的争议”作为关键词，搜索结果只有数百条，而且通过浏览结果可以得出民众的争议点集中在“闯黄灯扣6分”上，有了这个结果，再有针对性地对舆情进行疏导，就能直切要害，达到比较好的效果。

其次，当发现搜索的结果有很多无关信息时，可以考虑增加关键词来进行过滤，并且要结合舆情预判，运用多种关键词组合进行搜索，逐步缩小搜索范围。例如，要想得到网民对新交通法规关于闯黄灯要被扣分的态度，可以使用“新交通法规 闯黄灯”进行搜索。如果想进一步了解交通部门对此的执行情况，可以使用“新交通法规 闯黄灯 处罚”进行搜索。由于网络舆情是个不断变化的过程，还要及时调整关键词及其组合，以适应新的舆情特征。

需要注意的是，在设定关键词时要避免使用无意义的词汇，如助词、叹词以及一些连词等，提高关键词的使用效率，同时这样也能提高搜索的质量。例如，“如何看待铁道部被撤销呢”就不如直接使用“铁道部撤销”，这样可以得到更有质量的结果。

掌握好微博搜索的技巧可以快速而又精确地得到相关内容，但由于每次的搜索目的都不一样，很难保证所选择的关键词都恰到好处，只有在搜索过程中进行敏锐判断，不断进行修正，才能最终找到所需的信息。

通过设定关键词，主动寻找网民声音并形成习惯，体现了政府部门“主动出击”打捞舆情的理念。

（四）通过设置话题讨论、发起投票和设置留言功能进行微博调查

前美国总统克林顿曾这样表达了对民调的态度：民调数据若在40%以下不会被采用，50%有可能考虑，如果达到60%～70%很可能会好好考虑。重视民意是任何时候政府都需要坚持的一个原则，随着微博的兴起，政府与民沟通的渠道变得更加宽阔畅通，也更加容易进行民意调查，快速而又较为准确地获取到民意。

1. 就热点问题设置话题，引发网友讨论

在党的十八大之后，“@微博银川”及时推出了一期以“我们的生活，我们的城市，我们的未来”为主题的微访谈活动。邀请了教育、卫生、食品安全等部门，与网友进行实时的互动交流，回答网友关心的问题。“@微博银川”在这中间扮演了“牵线搭桥”的角色，抛出民众所关心的话题，让网民与一些当事部门能够进行交流互动，可以让相关部门“接地气”，如同深入群众调研一样，直接了解民众当下关心的问题，并且“倒逼”相关部门尽快落实当前百姓亟待解决的问题。[①]

微博有发起话题讨论的功能，一般是将话题关键词或名称放在“# #”之间，发布问题，后面加上具体的内容。例如，#你如何看待“国五条”#。也有通过设定主题，并把主题放在“【】”内来引出话题。“@广州交警”在2013年3月22日发布的一条微博内容为“【小措施 大改善】南田路昌盛小区门口东往东掉头位设置在左侧，公交车等大型车辆掉头困难，近期准备将右侧设为掉头车道，保证大型车可以正常掉头通行。广州交警正联合交通部门对市区交通拥堵点、事故多发点进行排查、整改，如有发现交通设施存在问题路段或交通改善建议，欢迎大家向我们反映”。

现在很多政务微博都已经有了比较固定的栏目，也会根据时事热点，不断创造新的话题供网民讨论，收集网民意见和态度。这样既能够充分激起网民的热情，有效地收集到民意，也利于政务信息的分类，甚至形成品牌效应。此外，这样的做法还有利于网友根据关键词进行搜索。在与网民的互动中，对网友评论多给予肯定和鼓励，并不断深入，得到更有价值的民意。

2. 通过微博发起投票，直接获取网民的看法和态度

通过发起投票的方法获取民意是一种既简单又直接的行为，这种方式比较适合于收集网民对于某一问题或事件的基本看法，无须进行复杂的文本分析，直接通过数据就可得出相关结论，一目了然，直截了当。但这种

---

① 《政务微博这样“接地气”》，人民网，http://nx.people.com.cn/n/2013/0124/c192150-18070309.html，2013年1月24日。

方法的弊端也是显而易见的，就是无法获得深层次的民意，并且由于设置的问题多是闭合式的，网民的回答也受到了很大的局限性。

3. 开辟微博特色“留言板”，直接收集民意舆情

近些年来，人民网曾陆续推出了“地方领导留言板”、“公安局长留言板”、“直通中南海留言板”等板块，对网友留言作出公开回复，受到了极大的好评。随着微博的迅速发展，特别是政务微博的崭露头角，政府部门和政府官员已经从在媒体的组织下上网与民交流变成现在有了自己的“领地”更加轻松地、随时随地触摸民意了。一些政府部门为了最大化地获取民意，广开言路，在政务微博的首页设置了“留言”功能，只要网民进入到该政务微博的首页，直接在留言框内输入自己的话语，并点击“留言”按钮，就完成了一次留言活动。

（五）创建政务微博发布厅或组建相关微群，收集民意

开设政务微博发布厅，直接获取民意，并且通过政府部门来帮助民众解决问题，是政府部门利用政务微博直接与民众面对面，为民众办实事的大胆尝试。比较典型的案例是2012 年11 月26 日“豫法阳光微博发布厅”的上线，它是把河南省百余个法院政务微博集中到一个平台上，组建成“政务微博群”，并开设了“关注进城务工人员讨薪”和“赖账户曝光台”等专区，网民只要在发新浪微博时加上“# 豫法阳光关注务工人员讨薪 #”的关键词，反映的问题就直接显示在办事大厅里，随后相关人员就将组织法官给予解答或解决，帮助进城务工人员拿到工资。

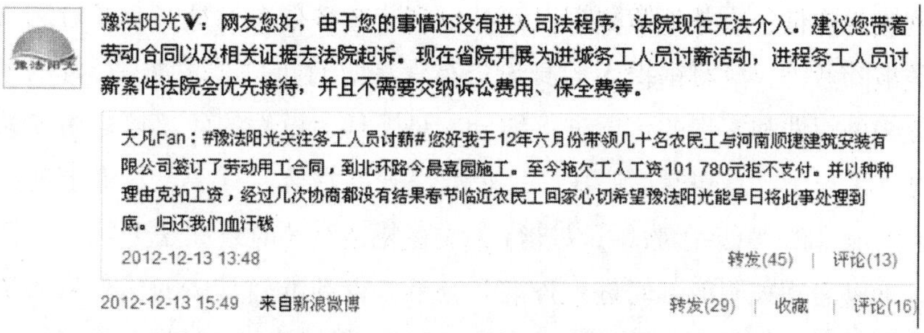
豫法阳光V：网友您好，由于您的事情还没有进入司法程序，法院现在无法介入。建议您带着劳动合同以及相关证据去法院起诉。现在省院开展为进城务工人员讨薪活动，进程务工人员讨薪案件法院会优先接待，并且不需要交纳诉讼费用、保全费等。

大凡Fan：#豫法阳光关注务工人员讨薪#您好我于12年六月份带领几十名农民工与河南顺捷建筑安装有限公司签订了劳动用工合同，到北环路今晟嘉园施工。至今拖欠工人工资101 780元拒不支付。并以种种理由克扣工资，经过几次协商都没有结果春节临近农民工回家心切希望豫法阳光能早日将此事处理到底。归还我们血汗钱

2012-12-13 13:48 转发(45) | 评论(13)

2012-12-13 15:49 来自新浪微博 转发(29) | 收藏 | 评论(16)

图 12－5 “豫法阳光微博发布厅”主页上“@豫法阳光”为讨薪民众解答问题

2012 年，政务微博发展后劲十足，这都预示和逐渐证实着微博平台逐渐从单向的网民时事热议、话题分享、生活展示平台，升级为可供官民互

动沟通和公共服务的双向通道。多地政府部门联合建设微博发布厅，促进政务微博集群化发展，并且开展了大量的民生服务活动，极大地扩展了政务微博民生服务厅的网络问政渠道，努力为民众办实事，使得政务微博“发布厅”逐渐向“办事厅”转变。此外，各地不少政务微博出现聘请“网络监督员”的现象，他们的工作主要是密切关注当地网上信息，搜集最新舆情动态，跟踪问责强化监督，及时回应社会热点。①

五、如何对收集的民意和舆情进行内容分类

对于收集到的民意和舆情，在进行统一备案之前还需要进行必要的梳理分类，这样才能一目了然，并且可以从同类中提取到有价值的信息，以及对舆情的轻重缓急有个基本的判断，对开展应对措施的先后顺序和力度都有极大的指导意义。此外，将民意和舆情分门别类进行整理备案，还可以追踪到民意与舆情的变化趋势，不仅可以作为政府机关舆情监控是否取得实效的参考，也可以触摸到民意与舆情的脉搏，从而进行更有针对性的引导。

（一）根据内容的性质进行民意分类

这种分类法一般可以把民意分为“投诉举报类”、“建议类”、“查询求证类”、“赞扬类”。对于“投诉举报类”，在对其进行基本的核实后，需要转到相应的职能部门，让其立即开展调查取证活动，查处的结果可以在微博上进行公示并告知举报人，对一些涉及举报人人身安全或者应举报人要求匿名的，应对举报人的身份进行保密。对于“建议类”，可以根据实施的可能性和实现的价值进行细分，对极具建设性的建议可以考虑落实到实际工作中，这也是聆听民意、汲取民智的举措。对于“查询求证类”，对力所能及的信息咨询，可以进行在线答复；对一时还无法明确给予答复的，可以向相关职能部门进行咨询和查证，得到准确具体的信息后再进行反馈；对于比较复杂，需要跨单位甚至跨区域协作才能解决，或者一时还无法得出定论的重大问题，可以在微博中不断公布事情处理的最新进展，

① 《政务微博发展新模式　微博变身“办事厅”》，新浪网，http://mn.sina.com.cn/news/finance/feature/2013-03-20/10311060.html，2013年3月20日。

尽可能地保证网民的知情权。

（二）根据舆情的轻重级别进行分类

对于收集到的舆情，一般都有轻重缓急之分，对舆情的严重和紧急程度进行分类是必要的，这样就可以避免办事过程中出现本末倒置的现象，以防错过了应对重大舆情的“黄金时间”而造成危机发生。这也意味着，对一些较为重大、比较迫切的舆情，需要提到日程安排上，尽快集中和协调各方面力量进行解决。

对收集的民意和舆情进行分门别类，进行有针对性的处理，是有效应对和解决问题的重要举措，这样也能使得在民意回应和舆情应对上更加规范，从而形成高效的办事风格，提高党政机关的服务质量。

六、如何来应对收集的民意和舆情

现在以微博为主要阵地的网络舆情具有网民参与广、传播速度快等特点，并且往往缺乏一定的舆情征兆，因此，加强日常工作中的舆情监控就显得尤为重要。

（一）微博时代应从“控制”向“引导”转变

在还未踏入“微博时代”之前，舆情往往是在一些地方的论坛上出现并不断被发酵，当地党政机关可以通过不断关注一些固定的当地论坛掌控舆情，甚至是用政治权用力强制论坛删帖。这是政治权力介入舆情管理后的“控制”手段，它能够减少网络上“不和谐”的声音，但无法在根本上解决问题。

而如今，微博出现后，一些热点话题会顷刻间通过微博的不断转发传遍全国各地，微博时代，造就了“一人爆料，众人围观”的独特景象。民众也越来越意识到微博的巨大作用，逐渐把言论阵地转移过来，靠以往的监控方法根本难以维系，并且只要网民言论不触犯法律法规，不危害公共安全，不属于造谣滋事等范畴，一般后台也不会轻易删除。微博信息传播的无地域性和“控制”难度的增加，使得政府部门靠以往的经验和遮遮掩掩的做法在微博这面光亮的“镜子”面前显得越来越笨拙，只会引起民众的质疑和反向激化。因此，政府部门应对网络舆情和社会民意在微博时代应从“控制”向“引导”转变。

1. 正面应对，快速分析，尽早介入

微博上的舆情传播已经不像以往如同一颗石子投入水里所形成的涟漪，由中心向四周慢慢荡漾开来，它更像是一颗威力巨大的炸弹被突然引爆，瞬间向四周辐射开来。如果反应不够及时，就会错过舆情应对的“黄金时间”，因此，尽早介入是新时期政府应对网络舆情的一个基本要点。例如，在2012年12月份引起广泛关注的“天价切糕”事件中，湖南省岳阳市公安局的新浪官方微博“@岳阳公安警事”用了消极的处理方式，在并未作出任何解释的情况下，对微博信息进行删除处理。不敢正面回应网民的质疑和追问、不做解释的姿态，使得官方丧失了话语主动权。删除信息，只能会使网民原本的猜疑加速膨胀，从而使得舆情快速升温。在继“删微博”事件发生后，“@岳阳公安警事”两天后才出面回应，错失了舆论引导的时机，使得官方回应的影响力大打折扣。[1]

此外，网民的年轻化使得网络讨论富有激情和冲劲，这些特点在微博上更是被一览无遗地展现出来，同时表现出来的是易冲动和非理性。年轻化还和娱乐化“比肩接踵”，在网络空间，特别是在微博上，舆情总伴有调侃的味道。在“天价切糕”事件中，“天价切糕”这个词迅速成为网民狂欢和集中调侃的一个新对象，众多网友纷纷以切糕为对象，撰写的各种“切糕体”走红网络就是极为鲜明的例子。因此，只有识别微博舆情的这些新特征，才能辨清舆情的真面目和网民的质疑点与诉求点。

要做到尽早介入，并不意味着没有步骤、没有计划地表态和发声，只有做到快速识别舆情，及时研究应对措施，把握好网民心理和进行灵活的干预才能有的放矢，做到应对自如。例如，首先要进行特征分析，主要包括网民对事件的集中观点、网民的诉求点和事件的矛盾点；其次要明确事件发生的社会背景和表达群体的身份。在干预过程中，要统筹好共同利益与个体或者局部群体的利益，既把公共利益放在首位，也充分尊重个体或某些群体的利益，平衡好舆情中的利益点。

2. 第一时间参与和组织评论，抢占舆论高地

除了发布及时权威、准确的信息外，以观点先行与议程先导的评论来

---

① 朱明刚、庞胡瑞：《“@新疆发布”积极回应“天价切糕”事件 人民网舆情监测室发布天价切糕事件舆情报告》，人民网舆情监测室，http://yuqing.people.com.cn/n/2012/1206/c210118-19812649.html，2012年12月6日。

抢占舆论高地，越来越成为政府部门利用微博进行舆论引导的一个重要方式，但这一切又是建立在观点明确、绝不模糊的前提之下，要极力做到公平公正。例如，在“天价切糕”事件中，新疆维吾尔自治区人民政府新闻办公室官方微博“@新疆发布”的题为《切糕、切糕，怎么了》的长微博，称切糕真名“玛仁糖”，博文表达了平息纠纷、友爱互助的信念，并发表了“沟通和习俗差别来添扰”的看法，纠正了网络上的偏激看法，较好地平抑了网络舆论“一边倒”的形势。

除了政务微博的“身体力行”以外，还可以与媒体微博和舆论领袖微博互动，更大范围地传播对化解舆情有利的信息和评论。对于舆情中含有明显不实的部分也要及时给予澄清。

（二）把政务微博的传播力与政府部门的决策力有机结合起来

对于网络舆情，如果政务微博只是在微博上应答得漂漂亮亮，在现实环境中并没有达到网民预期的效果，或者网上说一套，现实中做的又是另一套，这样就会极大地透支政府的公信力。在获悉舆情后，利用政府部门的行政权力及时给予回应，在现实生活中付诸行动，产生实效，并利用政务微博及时播报，给予民众满意答复才能取信于民，维护好政府部门的良好形象。总的来说，政务微博所有的舆情观察和民意收集最终都体现在服务于民上。

第十三章　政务微博如何有效整合信息资源

“如此过剩的信息有什么好处呢……它们只是在毒害我们……”获得1976年诺贝尔文学奖，也曾获得普利策新闻奖的犹太作家索尔·贝娄如是说，“一个杰出而有人文关怀的更具音乐性而不是言辞性的小说家有力量战胜分心的零碎事物，摆脱让人烦恼的不安状态，甚至能在混乱中带来整合，带领我们进入专注的状态，人们渴望这些……”

在信息传播纷繁、碎片化的境遇下，普通个人获取目标信息的成本越来越高，而从事信息相关工作的能力要求也愈明显，即“信息管家”——为公众提供有效处理信息的方法，有助于他们理解，就像贝娄的“小说家”一样能“在混乱中带来整合”。

作为党政部门政务服务的新型信息平台，微政务管理者如何将庞杂的碎片化信息合零为整，如何聚合政务信息、优化业务流程，如何推动电子政务信息资源的集成，从而实现政府“服务个性化”、“按需服务”和“及时响应”，将成为衡量政务水平的重要指标之一。

一、自成“一”体

运用企业形象识别系统（Corporate Identity System，简称“CIS”）这一理论，可以很好地解释单个政务微博如何自成“一”体，具体包括理念识别（Mind Identity，简称“MI”）、行为识别（Behavior Identity，简称“BI”）和视觉识别（Visual Identity，简称“VI”）三方面，MI、BI和VI三者的有机结合构成政务微博的整“一”体。下文将从不同角度、不同层面来演示和说明这一理论原则的指导作用。

（一）形象设计易辨识，节约官民对接成本

一般每一个虚拟的政务微博账号都对应着现实中职能各异的政府部门，作为现实政务的一种延伸，政务微博的所有方面都应该以其特定职能

为核心指导，包括微博命名、头像设计、背景模板、职能简介等，形成具有高度统一性的整体形象，提升辨识度，节省普通民众诉求过程中的注意力，方便官民对接。

作为最直观的微博命名、头像设计、背景模板、页面布局等要素，共同形成政务微博递给民众的一张名片，这些要素的视觉效果不仅关系着民众对它的第一印象，更是民众诉求依赖的有效路径，因此准确、易识别、强关联度成为设计的关键原则。

作为最主要识别对象的微博命名，最好直接使用职能部门的简称，或者选用职能相同的同一系列名称，方便民众归类搜索。如“@广州户政”（广州市公安局户政处官方微博）、“@吉林经侦”（吉林省公安厅经济犯罪侦查总队官方微博）等，直接明了。再如各地新闻办公室官方微博系列的“@天津发布”、“@上海发布”等，公安“平安系列”的“@平安太原”、“@平安武汉”等，都是当地公安局官方微博，辨识度较高。但也有例外，如“@平安佛山”，并不是佛山市公安局官方微博，而是经认证的“中共佛山市委政法委员会官方微博”，“@公安主持人”为佛山市公安局官方微博，辨识度较低。除此之外，笔者不甚赞成名字“巧设”，譬如口号性质的话语，以及各类形容词、副词、数量词等修饰语，除非其职能特别到独一无二的程度，如外交部官方微博“外交小灵通”。

相较于微博名字，头像设计、背景模板等其他外形元素的易识别要求则相对较低，因此可以在真实严谨的原则下尽情创新，以喜闻乐见的面目“接待”民众的访问，可以亲切、可爱、有趣，可以寓意十足，但不可离题太远，更不可缺失。如各地标志性建筑、名胜古迹，卡通漫画等。背景模板可以根据特殊政务活动和特殊时期而有所调整，应时应景，提升整体辨识度。

政务微博一般通过简介来体现MI，从中传递职能部门的主要职责、执政理念、精神特质与核心价值观。如“@商务微新闻”（国家商务部新闻办官方微博）的简介：“微言国内外商务大情小事，博道线上下新闻后果前因。”作为国家部委的新闻官方微博，这句对仗工整、言简意赅的简介，正是其现实身份的最好注脚。再如“@吉林经侦”的简介：“用法律保障国计民生，用法律促进有序发展，用法律维护合法权益，用法律捍卫公平正义，用法律守望和谐安宁——白山松水气正风清，吉林经侦伴您同行。”

五个“用法律”形成的排比句，层层递进，不仅体现其主要职能，更透露其核心价值追求。

（二）常规发布有规律，提高信息规整性

通过前文的详述，将政务微博的静态层面设置到遵循 CIS 原则后，就要在更为重要的动态行为方面有所作为了，也就是常规的信息发布，包括信息发布的形式与内容。如何能使发布的信息不那么碎片化，不那么让人觉得随意和杂乱无章？微政务管理者需要制定并遵循较为统一的标准与规范，使信息整齐划一、有规律。

在发布形式上，可以灵活运用多种符号对信息进行区分。如“# #”，将关键词放入两个井号之间，用以表示某一话题，如“#晚安#”。系统会根据“晚安”这一标签将相关讨论分类汇总，点击便可以进入“晚安”微话题。如“【】”，用以表示概括总结性的内容或者较为重要的话语，用法较为广泛随意，其主要用途在于强调。例如，引用媒体报道时，可以将标题这样标示出来，如“【香港官员：撤销限带奶粉令需符合 4 个条件】”，这是来自新华网的一则报道，导语和其他主要内容紧随其后，一般再通过链接阅读原文；另外可以将一些认为重要的话语或人名置于括弧内，以显示其特殊性，如“【人，要有梦想】、【詹天佑】”等。

除了形式上的规整，微政务管理者还可以通过特定话题发布时间一致、话题类别相对固定来实现信息内容的规律性。如“@中国广州发布”在 2013 年 3 月 24 日一天所发布的信息：

表 13－1

序号	发布时间	#话题# 及【关键词】	转发次数	评论次数
1	07:08	#广州早晨#【今天有雷雨，注意防范】	117	14
2	07:42	#微提醒#【雷雨天气 外出需注意安全】	112	42
3	08:50	#微提醒#【暴雨及雷雨大风预警解除】	183	41
4	09:07	【田心村改造：公开公平公正】	32	5

（续上表）

序号	发布时间	#话题# 及【关键词】	转发次数	评论次数
5	09:38	#广州城事#【逛波罗诞 看“五子祝寿”】	59	15
6	10:18	#羊城风物#【第一游波罗,第二娶老婆】	111	20
7	10:49	【香港官员:撤销限带奶粉令需符合4个条件】	49	6
8	11:25	【小心被“碰瓷”】	368	34
9	11:59	【“一杯水的爱情”感动网友】	101	34
10	12:59	#冷知识#【全球互联网1分钟内发生的事情】	64	10
11	14:05	#微提醒#【注意饮食卫生,慎防诺如病毒】	111	17
12	14:38	#微健康#【做好六招 远离肺结核】	68	2
13	15:13	【广东最大梯田:坪山千亩梯田】	230	37
14	15:43	#正能量#【爱,不需要血缘】	105	12
15	16:22	#微健康#【麻辣烫就戒了吧!】	265	45
16	16:55	#冷知识#【手机屏幕上信号字母代表什么?】	188	38
17	17:37	#微提醒#【乘坐火车严禁带的危险品知多少】	63	2
18	18:09	#食在广州#【凉拌莴笋丝】	76	10
19	18:37	#微提醒#【6龄女童六楼坠落 过路男子徒手接住】	118	29
20	19:10	#微提醒#【粗心父亲 倒车压死亲儿子】	140	41
21	19:43	#微提醒#【你的密码安全吗?】	94	6
22	20:16	【领带的10种打法】	165	20
23	20:44	【一吻夺命!抽烟父母请离宝宝远一点】	164	20
24	21:13	#微健康#【市民误摘“断肠草”煲汤 一家6口全中毒】	95	19
25	21:46	【缺觉一周700多种基因改变】	170	29
26	22:07	#南粤先贤#【詹天佑】	50	12
27	22:30	#晚安广州#【人,要有梦想】	120	17

表格说明：转发与评论次数统计截至2013年3月25日凌晨01:51

作为“广州市互联网新闻信息中心官方微博”的“@中国广州发布”是一个综合信息平台，有近106万粉丝，其发布内容涵盖多方面，但从上表可以发现其若干发布规律，尤其是惯用“# #”和“【】”，让整个页面看起来较为有序，而且有些话题及内容相当固定、有规律。譬如“#广州早晨#”、“#晚安广州#”、“#微提醒#”、“#食在广州#”、“#南粤先贤#”等话题，关于天气预报、地方名人、美食及常识介绍等内容，在使信息规整的同时，也使内容具有一定的延展性，便于民众查阅关注。

除此之外，对于特定的发布内容，还可以通过编号进行规整。如“@广州体育”（广州市体育局官方微博）在介绍“2013乒乓球团体世界杯赛”时，发布的微博从“【2013乒乓球团体世界杯赛（一）】”到“【2013乒乓球团体世界杯赛（十四）】”，分别介绍了赛事器材、开赛期间活动、票务信息等多个方面的信息；在同一时间段还在介绍“世界女子七人制橄榄球系列赛”、“维生素与运动”、“空气与运动”、“水与运动”、“减肥的效果判断”等话题，都是通过编号进行发布，虽然多个话题信息交叉发布，但在各自编号的引导下，很容易将话题连贯起来，不显杂乱。

目前，在日常运作制度化方面做得较好的“@平安肇庆”，则是通过安排具体民警、警官等工作人员值班的形式来实现规划信息的发布，既有具名的个人又有固定的在线栏目和时间段，信息易查性很高，如下图所示：

“平安肇庆”公安微博值班表

日期 时段	星期一 03月18日	星期二 03月19日	星期三 03月20日	星期四 03月21日	星期五 03月22日	星期六 02月23日	星期日 02月24日
上午9:30-11:30时	文辉在线 @采云砚斋	申莹在线 莹sugar	小静在线 @秋日之恋	海玲在线 @墨荷纤纤	边检在线（固定）	彭SIR在线 @188彭家祥	永博在线 @陈永博
下午15-17时	森警在线	车管在线（固定）	消防在线（固定）	交警一大队在线	户政在线（固定）		

图13-1 “@平安肇庆”微博值班表

（三）“系列”活动须做足，保证延展性

称之为“系列”的微话题或微活动，首要特征便是其所具有的延展性，因此一旦主动发起或者参与该类讨论和行动，就要“善始善终”、“有头有尾”，并始终将自身职能特性贯穿期间，保证其完整性与完备性。

如福建“@泉州公安”微博嘉年华系列活动。“@泉州公安”在2012年11月到12月间，联合新浪网举办“2012泉州公安微博嘉年华暨凤里派出所警务创新沙龙”系列活动：

表13－2 “2012泉州公安微博嘉年华暨凤里派出所警务创新沙龙”系列活动

时间	活动名称	活动内容
11月10日	启动仪式	让来自不同地区的微博达人和公安微博粉丝体验“一日警”，邀请其参加出警、站岗、交通劝导等警务行动
11月24日	福建泉州晋江市公安局首届“警察文化节”晋江警民微博墙	在办公大楼前、出入境服务大厅等三个人流量较大的地方挂起了LED大屏幕，24小时全天候同步滚动展示场内外发送的彩信、短信、微博内容以及晋江市公安局官方微博的回复内容，使场内外观众了解现场情况
12月16日	走进台商公安局	邀请了一批微博明星到场观摩，台商区特警准备了警务技能演练、警用装备展等警营节目表演，活动还有100多名粉丝参加
12月20日	嘉年华晚会	警用车辆、装备展示及晚会

据了解，以嘉年华形式举办警民微博线上线下互动在全国公安机关尚属首次。从11月5日“@泉州公安”发布第一条关于此次活动的消息，到12月20日最后一条活动落幕信息，既有前期的广泛宣传，也有活动进行时的动态播报、与民互动。不过缺少活动后的回顾总结，尤其应该针对本次活动广泛听取民众意见，如嘉年华举办的前提与合理性、举办操作不当的地方，为以后类似活动提供有益指导，并减少网民质疑。

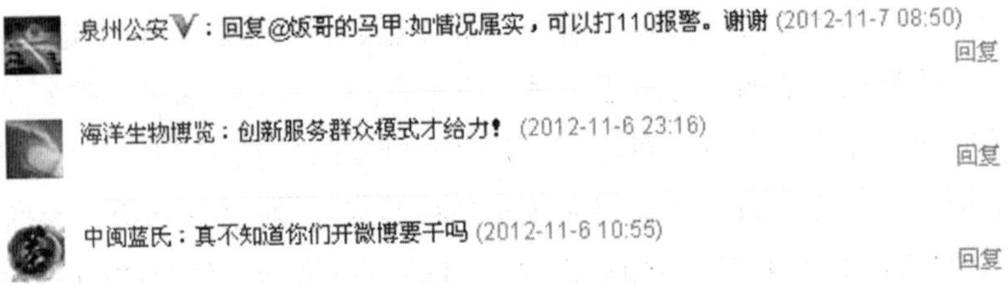

图 13－2 “@泉州公安”“嘉年华系列活动”网民评论

相较于其他电子政务平台，政务微博最大的特点在于即时互动和开放性，各职能部门应当始终铭记其根本职责在于便民服务，一切活动均应以此为终极目的。因此，一次活动的举办，首要须利用网络的广泛参与特性征询民众意见，论证其合理性、必要性，让它的前提具有足够的说服力。

如新浪微博的“微访谈”应用，在“生活”栏目下，有许多地方类主题，如“谈荆论楚”、“七彩云南”、“大话四川”等，以地方名人、历史、风土人情为主要介绍内容，可以把它看作各地的宣传展示平台；也有许多职能部门尝试开设微访谈专栏，如“平安太原”、“成都机动警务”、“安徽公安访谈”、“淮北公安访谈”等。但据笔者观察统计，为数众多的政务访谈栏目缺乏持续性，如山西太原市公安局微访谈栏目“平安太原”，只在 2012 年 1 月 10 日开展了一期题为“对话 110”的访谈，截至 2013 年 3 月 25 日，没有丝毫更新；类似情况还有安徽公安厅和该省内 16 个地市级公安局联合开展的“安徽公安访谈”。开设“微访谈”、“微话题”、“微活动”等尝试都是好的，但应该有明确的行动计划与目的，须有较为长足的规划，保证行为的延展性，起码在情况有变动调整的时候，应告知民众。

（四）应时应需设专号，方便政务信息集散

在常规情形下，每个政务单位开设一个专属的微博账号，只要能保证微政务管理者的维护，就足以很好地执行任务，如发布消息、信息咨询、受理投诉、搜集舆情等。但在应对较为突发或者特殊重大事件时，信息的传播一般呈现高密度、高强度的特点，常规账号难以应付，这时就该有针对性地开辟专号，专号可以是临时的，也可以是新增的长久账号，视情况而定，此类专属账号应应时应需，方便信息的集散。

常见的如自然灾害、事故灾难、公共卫生和社会安全事件等突发、危机敏感事件，这些都会导致各类状态的失衡与失序，如普通民众的生活环境遭到破坏、心理焦虑不稳定、信息不对称等，突出表现为不确定性的剧增，所以信息渠道的构建与疏通显得尤为重要。

政府部门在应对上述事件时，一般会成立专项行动小组，并建立专属信息平台与之配套。如“@公安部打四黑除四害”，是公安部治安管理局、公安部“打四黑除四害”专项行动办公室的官方微博，经过2011年上半年的“大走访”开门评警活动，针对群众反映强烈的问题成立该专项行动小组，联合各级公安机关深入开展打击整治行动。“@公安部打四黑除四害”成为该类信息的集散平台。

再如公益类专项组织“@大爱清尘”，由记者王克勤与中华社会救助基金会联合发起，专项救助中国尘肺病农民，各地方工作区也分别设立相应的微博平台，如“@大爱清尘—广东”、“@大爱清尘—四川”、“@大爱清尘—重庆”、“@大爱清尘—安徽”等，多方联动，几乎涵盖所有有关尘肺病的信息。社科院于建嵘教授发起的“@随手拍解救乞讨儿童”活动，也属此列。

行政部门可以借鉴这些专设账号的经验，灵活设置专属平台，便于职能的落实。如近几年连续出现的农产品严重滞销现象，信息的不对称、不流畅是主要原因。因此各省市的商务厅、农业厅应尽快推进农务微博专属平台的建设，利用新媒体的强交互性减少流通环节的障碍。

（五）职责精细化，服务更专一

政务微博作为一个信息平台，既可以通过发布信息进行形象宣传，也可以通过信息咨询、受理投诉等落实政务职能，后者为根本，但前者的良好运营可以增进官民理解与信任，间接服务于整个社会关系。不过两种基本功能的实现途径各有侧重，尤其体现在所发布信息的不同性质，如果将所有这些信息汇聚在同一个平台，臃肿混杂，不仅不便于民众搜寻，更难有效落实其职能。因此，政务微博的职责及功能需要细化，建立不同的传播平台，优化信息传播环境，提高信息到达率，使服务更专一。

如2012年7月31日，广东省佛山市南海区政务微博启动“服务无微不至——微南海新发布”，以“@南海微力”和“@南海发布”为主平台，前者主打微博行政，即提供信息咨询、受理投诉，将网民诉求纳入政务服务信息化后台进行处理，充当网民的“城市管家”和“服务生”的角色；后者整合原“@南海新闻办”，主打信息发布，专司品牌传播，充当信息“小灵通”角色。这种微政务管理职能细化的尝试，有助于倒逼现实机制，再造行政流程，真正达到为民、便民、利民的效果。

二、多方协“同”

“推进政府机构改革，初步建立职能统一的大部门体制框架。”这是温家宝在十八大政府工作报告中对过去五年工作的总结。“按照精简、统一、效能的原则和决策、执行、监督相协调的要求，继续推进政府机构改革，科学规范部门职能，合理设置机构。”这是十六大政府工作报告对政府机构改革基本的定位，即“建立健全决策权、执行权、监督权既相互制约又相互协调的权力结构和运行机制”。

顺应当代政府行政管理体制不断科学化与效能化的趋势和要求，大部门制度（即“大部制”）成为提高行政效率、降低行政成本的有效途径。而这主要在于大部制有利于减少职能交叉，减少扯皮，从而落实“问责制”，建设责任政府，最终实现政府职能转变，即以提供公共产品和公共服务为己任。

因此，依循“大部制”精神，现阶段各职能部门可利用其政务微博平台有效整合信息，跨部门、跨地域多方协“同”——共“同”服务公众的“同”一终极职能。

（一）跨部门联合集群，重在相互督办协作

目前，我国民众的一般政务诉求仍以地理区域为主，通过网络微博的形式将本地各政务部门集群化，能够优化现实行政流程，便捷为民服务。

据《2012年新浪政务微博报告》统计，从2011年11月17日全国首个微博发布厅——“北京微博发布厅”上线至2012年底，落户新浪微博平台的政务微博发布厅总数达135个，腾讯政务微博同样呈现出明显的“集群化”发展趋势。不仅有基于地理位置的平行部门聚合，更有基于相同职能的垂直聚合。如“@中国铁路”，聚合18个路局官方微博、63个站段官方微博、7个服务品牌微博，以微博发布厅的形式呈现，几乎将全国各地的铁路相关微博聚合在一起；利用“@”等功能，联动各个路局官方微博进行统一策划、宣传，为民办事。再如以各市市委宣传部、互联网新

图 13－3 “@中国铁路”微博群账号集合

闻中心及政府新闻办公室为核心账号建立的“发布厅”系列微群，聚合了本地公安、交通、司法、医疗卫生、市政、科教文、环卫、旅游等几乎所有职能部门，涵盖了市民衣、食、住、行、卫生、安全等生活的各个方面。

但这种静态的聚合形式自身并不能达到很好的联动效果，充其量只是节省了民众搜索关注的注意力成本，如果各个子账号不能主动相互评论、转发互动，原本孤立的政务微博仍然停留在“各自为政”的阶段，难以形成联动的效果。因此，各政务微博最主要的还在于加强相互之间的沟通交流、线上协作、线下联动，相互配合、相互监督、相互促进，以此达到为民服务的“一站化”。

如“@问政银川”（银川市委办公厅、市政府办公厅官方微博），是银川党务政务网络平台的工作专用微博，将民众各类诉求汇集然后按照职能分类“@”到相应部门，督促办理，并将处理结果进行公布。（如图 13－4）

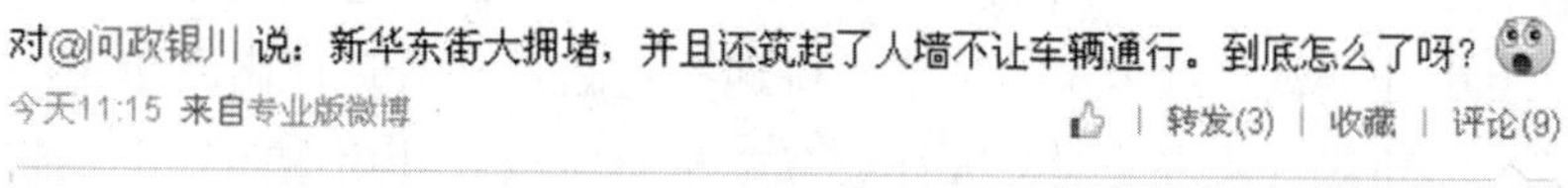

图 13－4 “@问政银川”反映路况信息

银川市民“@咩咩爱家丫”于上午 11:15 发出询问微博，得到了以下回应（见图 13－5）：

可以看到整个信息链的传播路径与时间接力，整个道路拥堵事件从网民发布信息到彻底解决，前后相隔不到 10 分钟，可见效率之高。而事件之

图 13－5 “@问政银川”带动不同部门高效处理问题

所以能够如此快速得到处理，得益于不同部门的联动，尤其得益于汇集事务诉求信息的核心账号“@问政银川”的广泛带动，既方便民众询问，又方便为具体职能部门提供信息。

（二）跨区域通力合作，为“自由迁徙”助力

“加快推进户籍制度、社会管理体制和相关制度改革，有序推进农业转移人口市民化，逐步实现城镇基本公共服务覆盖常住人口，为人们自由迁徙、安居乐业创造公平的制度环境。”十八大政府工作报告首次提到了“自由迁徙”一词，在中国大规模城镇化进程中，一定意义上，农民工实现了自由迁徙，但远未享受到公平待遇。户籍承担着远超出其单纯人口信息统计的功能，代表着对部分社会资本享有特权，并用诸多约束限制的方式造成巨大的社会不公。

相较于现实物理空间关系，互联网最大的优势便在于跨越地理障碍，因此，政务微博利用这一优势提升联动效率，合力为广大民众服务，将成为政务微博未来发展的一大动力。如2012年5月份新浪微博联合“@成都发布”、“@南京发布”、“@银川发布”、“@中国广州发布”四大账号，共同发起“#随手拍幸福家庭#”主题照片征集活动，并得到新华社、人民

网等主流媒体的报道宣传，吸引了郑州、宁波、合肥等多地发布类账号的参与，许多网民加入关于幸福家庭的讨论，影响力广泛。

但就目前来看，跨地域联动还存在诸多限制，尤其体现在行政区划不同单位之间的权力分配限制，很难进行实质性的通力合作，所以这类多地联合发起的活动还停留在浅层次的信息互动层面。不过公安部门的多次异地联合执法，以及环保部门针对污染问题的联合实际行动，都是这一理念的有效尝试，可为其他职能部门提供借鉴。

（三）借力传统媒体，拓宽扩散渠道

虽然网络新媒体的影响日益突起，但作为新生事物，其公信力仍然不及传统媒体；同时由于新媒体不具备自主采编新闻的权利，其原创信息的客观性、真实性等都相对较弱。因此，在当下的中国信息环境中，传统媒体依然具有不可比拟的传播资源和传播优势。政务微博作为现实政务的网络延伸，无论是其形象构建与传播还是“微施政”都需要借力传统媒体，双方形成良性互动，以扩大影响力。

互动的形式，其一是将本地媒体机构的官方微博纳入政务微群。如“@南京发布”（南京市委宣传部新闻发布官方微博）。

图 13-6 “@南京发布城市广场”媒体类官方账号集合

截至 2013 年 3 月 27 日，页面上共显示 36 家本地媒体的官方微博链接，有广播台、电视台、杂志、报纸等，但经笔者尝试点击进入，发现其中也有未经认证的个人微博，如“@江苏人民广播电台”、“@薇格桑”。这是政务微群在建立时应该避免的差错，所有这些汇聚的链接理应经过严格审查与管理。

除了静态的汇聚媒体官方微博链接，还可以展开有效互动：政务微博可以通过查看媒体发布的信息，搜索政务相关线索，转发媒体相关报道及评论，查漏补缺，提升服务质量，一般要在微博末尾附新闻链接，同时“@”该媒体官方微博或者用“via@新闻机构名称”表明新闻来源，也可以通过“@”媒体主动提供新闻线索，网络线索逐渐成为媒体新闻选题的主要途径之一。如前文详述的关于广东省佛山市南海区政务微博启动“服务无微不至——微南海新发布”，就得到多家媒体报道，“@南海微力”和“@南海发布”这两个平台得到较为广泛的宣传推广。再如“@直播银川”（银川电视台《直播银川》官方微博）将了解到的市民反映的情况通过“@问政银川”向职能部门转告，并最终得到解决。

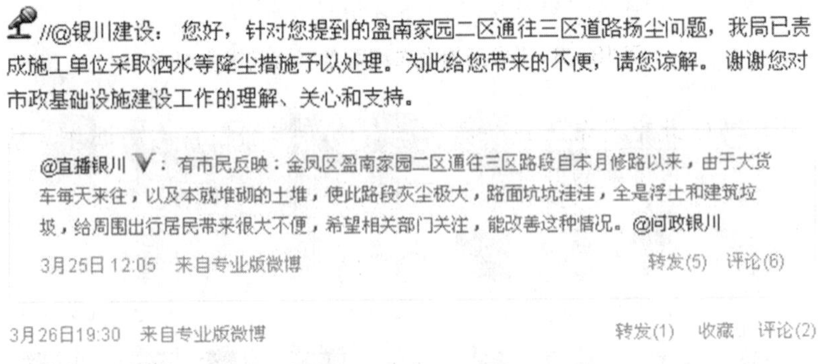
//@银川建设：您好，针对您提到的盈南家园二区通往三区道路扬尘问题，我局已责成施工单位采取洒水等降尘措施予以处理。为此给您带来的不便，请您谅解。谢谢您对市政基础设施建设工作的理解、关心和支持。

@直播银川：有市民反映：金凤区盈南家园二区通往三区路段自本月修路以来，由于大货车每天来往，以及本就堆砌的土堆，使此路段灰尘极大，路面坑坑洼洼，全是浮土和建筑垃圾，给周围出行居民带来很大不便，希望相关部门关注，能改善这种情况。@问政银川

3月25日 12:05 来自专业版微博 转发(5) 评论(6)

3月26日19:30 来自专业版微博 转发(1) 收藏 评论(2)

图13－7 “@直播银川”与“@问政银川”的互动

（四）常与意见领袖互动，增强信息传播力

网络的自媒体性质，缔造了许多具有强大话语影响力的意见领袖，这些个体在网络上的影响力甚至堪比现实中的媒体机构，关注度很高，号召力极强。政务微博如果能有效利用这些资源，也会极大地提升自身影响力，间接增强服务民众的能力。

除了通过“@”网络意见领袖这种简易但成功率较低的形式外，各政务微博也在做常态化、制度化的尝试，如“网络问政监督员”、“微博新闻

发言人”等。如“@无锡发布”聘请16位微博名人为网络问政监督员，既有媒体工作者也有企业管理者等，意欲使其参与到网络问政工作中，参与到重大信息发布、舆情引导、城市形象推广等行动中。

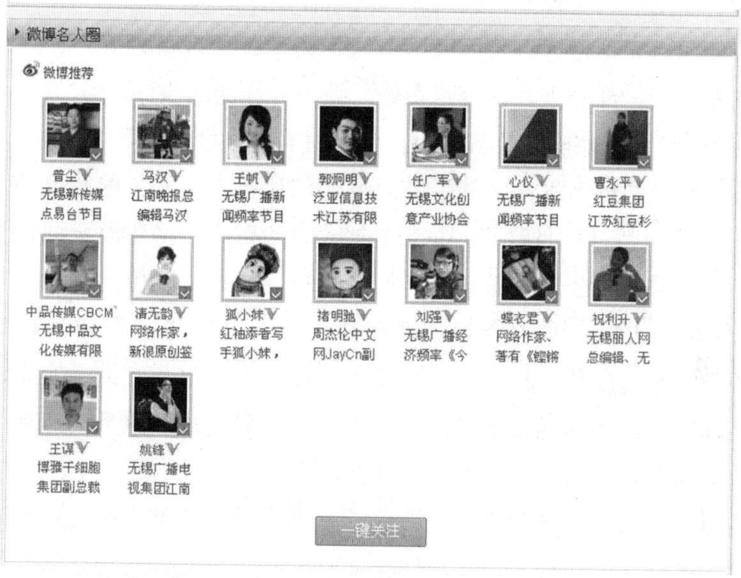

图13-8 “@无锡发布厅”的网络问政监督员

再如“@北京发布”政务微群既有各职能部门官方微博作为成员单位，也有“北京市新闻发言人”——部分职能部门的官员扮演网络新闻发言人的角色。

图13-9 “@北京发布”政务微群“新闻发言人”账号集合

新闻发言人之所以能作为职能部门政务微博的有益补充，在于相互之间的互动，以具体的人格化的力量弥补机构账号的非人格化缺陷，以个体魅力增强公共账号的传播力。但据笔者观察，部分新闻发言人的账号近乎“闲置”——关注少、互动少、更新少。如“@带您游北京”（北京市旅游发展委员会副主任 新闻发言人），从第一条微博发布（时间为2011年11月17日）至最近一条更新（时间为2012年7月16日），其间总共发布83条微博，关注对象为1人（数据记录时间为2013年3月27日17:45），活跃性、互动性相对较差，其发挥的真正作用令人质疑。

政务微博无论是通过聘请微博名人作为政务监督员也好，还是设立网络新闻发言人，都应该真正落到实处，为政务职能的执行助力。

（五）激活其他电子政务平台，合力引导网络社会动员

电子政务，顾名思义，就是借助电子信息技术而进行的政务活动。从20世纪90年代，以因特网为基础的全球信息高速公路建设全面铺开，政府信息资源共享与公开也随着政府上网工程不断推进，由此造就了新型的“电子政务”。因此，归根结底，政务微博就是现代电子政务平台的一部分，服务于政府施政。相对于传统政务手段，电子政务有助于实现政府组织机构和工作流程的优化重组，有助于促进政府管理和服务的透明化、规范化、立体化，从而更好地为公众服务。

电子政务之所以成为执政、施政的主流手段，与整个社会顺应互联网发展产生的变化密切相关，尤其体现在社会动员方式、规律、影响等方面的巨大变化。

社会动员，参照学者郑永廷的理解，指人们在某些经常、持久的社会因素影响下，其态度、价值观与期望值的发展变化的过程。[①] 从广义上来讲，即强调人们社交格局、社会化模式、行为方式的改变。美国政治学家亨廷顿把社会动员看作一种政治发展的手段，认为社会动员与政治参与有密切关系，“社会和经济的变化，如城市化、文化和教育水平的提高、工业化以及大众传播的扩展等，使政治意识扩展，政治要求剧增，政治参与扩大”。

多起引发互联网舆论井喷的社会事件，足以说明亨廷顿的观点——大众传播的扩展会影响到现实的政治、经济行为。如多年前“孙志刚事件”促使“城市收容遣送制度”的废除；如网民对“杭州飙车案”的集体声讨促使相关部门介入事件，杭州警方对“70码”的说法公开致歉，依法惩治肇事者；如多位遭网友爆料而被查的贪腐官员身陷囹圄等，都对现实行为

① 郑永廷：《论现代社会的社会动员》，《中山大学学报（社会科学版）》，2000年第2期。

产生了积极的效应。但也有很多产生负面效应的情况，尤其表现在谣言和非理性从众的危害，如“抢盐”风波、“保钓”活动中的打砸抢行为等。

所有这些都显示出网络社会动员越来越大的能量和影响力，也可以预见到这种动员方式将成为未来社会的主要动员方式之一。作为政府的职能部门，如何在这股巨流中改变被动局面，如何介入互联网社会动员，进而引导其有序地开展，将成为未来执政施政的主要挑战。

政务微博以及各类电子政务平台，应利用其天然的开放性、互动性，拓宽民意渠道，提升民众政治参与程度，增进官民的相互理解与信任，重构政府公信力，有效引导网络社会成员。

例如，部分网络公知在微博上宣布要以“独立候选人”身份参加人大代表选举，引发网民热切讨论，但官方的回应只停留在否定“独立候选人”这个称谓的合法性，并没有就具体情况作更进一步的解释，谨小慎微到让人觉得缺乏底气。其实问题本身并不足以成为敏感话题，相关部门需要做的应该是通过微博平台加强沟通，强调参选的合法性程序，利用微博的广泛传播特性和互动性鼓励民众参与对候选人的讨论，保证选举的公开、公正。甚至可以考虑让每一个选举委员会设立自己的微博平台，既可以宣传有关选举的各种知识，又可以集中发布候选人的相关信息供选民了解和监督。

政务微博可利用其广泛的网民基础，激活其他电子政务平台，盘活已有资源，深化网络执政改革，合力引导网络社会成员。

第十四章　如何运用政务微博传播良好的政府形象

一、政府形象概述

对于政府而言，良好的形象可以提升政府的公信力、号召力和凝聚力，增加政府行为的合理性和有效性。所以，政府形象是政府的无形资产，是一个国家、地区实力的体现。良好政府形象的塑造需要政府自身的努力和公众的客观评价相结合。如果政府形象不良或是存在部分偏差，就有可能失信于民或是引发更严重的后果。[①]

为了更好地传播政府形象，首先我们要认清当今的传播大环境。要知道在过去，政府形象通常由大众传媒塑造，在发布相关信息前进行了严格的筛选、把关，统一了传播口径，所以呈现于媒体之上的都是政府的正面形象。而今，新媒体蓬勃发展，“网络谣言”和事实信息同时作用于政府形象，多元价值观左右舆论，大众传媒和地方政府机关或部门在控制舆论、引导舆论方面发生冲突的现象越来越多，[②] 人们不再满足于信息的单一性，有关政府的信息常常以爆料的方式进入舆论场并受到广泛关注。其中，负面信息一经扩散，对政府形象造成的损害往往是难以弥补的。

在这样的大背景下，需要政府部门加强执政能力建设，建立更完善的沟通机制和表达渠道，否则就有可能损害到良好政府形象的塑造。对此，政府应努力提高维护自身形象的意识，另外将形象传播的阵地开拓至微博场域也十分必要。好在政府对此也多有感知，纷纷开通了政务微博，在微博世界争夺话语权。据新华社消息，全国已没有政务微博为零的省份，并

---

① 延晶津：《基于营销视角的政府形象塑造研究》，陕西师范大学硕士学位论文，2012 年。

② 关清：《政务微博对政府形象的塑造和传播》，安徽大学硕士学位论文，2012 年。

正向基层各级政府和部门铺开。①

如果说2011年政务微博还停留在“小试牛刀”的阶段，那么2012年政务微博已开始“大显身手”。下面我们将深入分析具体案例，探究政务微博在运营方面的失当之处并试图找出应对策略。

二、政务微博运营不当，损害政府形象

（一）“商业广告”引质疑

在传播政府形象时，最忌讳的就是政务微博不明其自身定位及其服务方向，只是不加筛选地一味发布所谓的“便民信息”。要知道政务微博发布信息时设置栏目不一定越多越好，要结合自身定位，发布具有一定的延续性、系统性及完整性的信息，只有这样，才能使受众对政府形象有一个长期连续的认识，才能培养受众对信息栏目的忠诚度，从而获得对政府形象的认同。

在开通的政务微博中，福田区政府官方微博“@福田发布”就曾因发布疑似商业广告的信息而受到网友的关注和质疑。

事件起源于网友八分斋的发帖，其在帖子中指责福田区政府官方微博“@福田发布”频繁发布商业广告，在网上引起广泛关注。随后，围绕着福田区政府官方微博发布商业广告信息的舆情高涨，这场起源于网络的事件，甚至走入了传统媒体的视野。

《南方都市报》对此进行了报道，虽然福田区相关负责人回应称，“他们发布的属便民资讯，绝对和利益无关”②。但是其在微博内容及配图方面都或多或少地透露了具体商家的名称及地址，这是外界的质疑所在。

也许“@福田发布”不是有意为之，但是其做法显然不够专业，政府虽然解释说这些信息都来自传统媒体，只是作为生活资讯转发，不存在从中牟利的问题，但这样的解释显然无法消解其背后体现出的政府行为失当问题。

对此，深圳大学传播系副主任孙海峰认为福田官方微博发布商业广告

① 张哲、夏以华：《夺回互联网上的“麦克风”——政务微博背后的政府逻辑》，《南方周末》，http://www.infzm.com/content/83649，2012年12月07日。

② 王烨：《深圳福田区政府微博被指频发商业广告》，《南方都市报》，2012年9月6日。

损害了政府的公信力。“这是在用政府的政务资源和影响力来干预市场公平竞争。”孙海峰认为，这些被政务微博披露的商家是通过什么机制选出的，如果没有透明公开的遴选方式，背后就有很大的寻租空间，难免会遭到市民和网友的质疑。

另外，此类便民信息并不能够凸显政府的服务特性。要知道，微博世界里服务类信息的发布平台比比皆是，政府发布这样的信息其实是由其对自身职能行为的模糊认识所致。这样的微博信息显然与民众期待中的政府形象不符。

#玩乐福田#【华强茂业：9周年店庆启动】华强茂业“九闻大名•礼谢宾朋”9周年店庆盛情启动。即日起至8月27日，夏装出清、秋装抢鲜上市；周一至周四推出不同餐饮项目，凭会员卡享超低折。唤上你的闺蜜们，周末一起大血拼吧！

2012-8-24 15:24 来自新浪微博 转发(20) 收藏 评论(17)

图 14－1 “@福田发布”发布“华强茂业 9 周年店庆活动”的微博

无独有偶，广东省东莞市人民政府新闻办公室官方微博“@莞香花开”也曾因发布扫货信息而引发网友围观讨论。

#微分享#【折扣商品喊你来扫货】19元一条打底裤，59元一条亚麻床单，350元一床蚕丝被……刚刚结束的这个周末，东莞折扣商品购物节在市体育馆中心广场上演，物美价廉的折扣商品，让购物狂们彻底hold不住啦！活动将从即日起持续到11月13日结束。还没有去扫货的筒子抓紧啦！

2012-11-5 10:08 来自 新浪微博 转发 (22) | 收藏 | 评论 (10)

图 14－2 “@莞香花开”发布的“扫货”微博

以上这条与商业广告相差无几的微博，引发了大批网友围观讨论。有网友留言道，这是便民信息还是广告？政务微博能否做些带有便民性质的增值服务呢？“@莞香花开”此举值得关注和思考。发布较多的“便民信息”，是否会改变政务微博的内容和性质？成为网友关注的重点。一条微博激起千层浪，“@莞香花开”的尝试再次吸引人们把关注重点放在了政务微博的发展问题上①。

虽然“@福田发布”、“@莞香花开”在发布微博时隐去了具体的商家名称，以保证政务微博的“非商业性”，但是由于其做法仍与民众对政府的期待有一定差距，所以引起了网友的围观讨论。

随着网络、微博技术的发展，政务微博的形式也会发生变化——表达可以更活泼，可以更符合传播规律，但政务微博的主旨内容始终都应该与商业广告划清界限。这是政务微博的特色，也是政务微博的底线。②

（二）掩盖真相降威信

2012年1月28日上午8时，有网友通过新浪微博发布信息称朋友三亚吃海鲜被宰，短时间内引起网友和媒体的极大关注。当被宰旅客自发微博引起广泛讨论和转发后，29日“@三亚市政府新闻办”试图掩盖真相、对网友的质疑进行全盘否认：“没有接到一个投诉、举报电话，说明整个旅游市场秩序稳定、良好。”这种试图推脱责任的言论不但没能说服网民，反而使得网民对其逻辑产生了质疑。另外，相关官员置网友舆论于不顾，于31日再次通过微博表态：“将对恶意攻击三亚的人依法追究责任。”两次错误的微博发言尽显了三亚政府极力推脱责任的形象，且其发布微博应对质疑时态度不诚恳，发言不基于实际调查，试图用“恐吓”、掩盖等方式粉饰太平。其文本构建中也呈现出了官僚化的特点，所以最终这次掩盖式的回应大大破坏了三亚市政府的形象。

现在，在新浪微博中输入“三亚”、“宰客”等相关关键词进行搜索时，依旧有网友微博表达出对三亚的不信任，三亚政府及三亚市要完全走出负面形象的阴影还需要作出努力。

再如北京暴雨事件，北京曾于7月21日公布“因暴雨遇难37人，失踪7人”。7月22日，新闻称，北京城区死亡10人，已有人开始质疑数字的真实性。此后，一条博文表示“37真是个充满着诡异色彩、充满死亡气息的数据”，并列出一长串灾难事件的死亡人数均为37人，引发了群众对暴雨伤亡数据更加强烈的质疑。在微博舆论和媒体报道的双重压力下，北

① 《政务微博运营案例》，新浪微博策划出版，2012年第17期。

② 郭杨阳、朱晋：《“莞香花开”发布扫货信息引发网友围观讨论》，《加入时尚元素 政务微博更Style》，http://epaper.nfdaily.cn/html/2012-11/06/content_7139387.htm，2012年11月6日。

京市政府“7·21”特大自然灾害善后工作领导小组举行了第一次会议。北京市委常委、常务副市长李士祥表示：“会适时公布因灾死亡和失踪人员消息。”为应对舆论危机，北京市政府新闻办官博“@北京发布”连续发布了数条微博播报伤亡数据统计情况。这才避免了一场信任危机的发生。①

从以上案例中我们可以看出，试图掩盖信息、掩而不报的方式在自媒体时代已行不通。政务微博应牢记其促进官民沟通的初衷，要多发布、披露民众关注的信息，及时释疑解惑并与民众互动。要知道，掩盖信息的方式不但在技术层面上行不通，而且也会为政府的形象蒙上阴影。

（三）不实微博引谣言

在网络世界信息繁杂的大背景下，作为官方开通的微博，政务微博可以说是权威的信息发布平台，对其他普通微博而言，本应被更多微博用户信任。然而，这种信任并不是一种得天独厚、取之不尽的资源，倘若其运营不当，便可能致使信任丧失。现实中这样的教训不计其数，政务微博由于缺失严密的审核环节而“引火烧身”的现象屡见不鲜。

如“天价切糕”事件中“@岳阳公安警事”的不当删博行为。12月3日10点21分，“@岳阳公安警事”在微博发布了一条警情快报：“村民凌某在购买新疆人核桃仁糖果时，因语言沟通不畅造成误会，双方口角导致肢体冲突引发群体殴打事件。事件造成两人轻伤，损坏核桃仁糖果约16万。加损坏的摩托车和受伤人员共计20万。”该微博发布后引发网友热议，微博中所提到的16万核桃仁糖果就是网友所说的切糕，不久岳阳公安警事删除了该微博。

由于岳阳公安警事删掉了微博，在缺乏权威信息对此事件进行解释的情况下，网民想象力的发挥拥有了更广阔的空间，“切糕事件”逐渐演变成为一个互联网世界中的娱乐狂潮，普通网友纷纷以切糕为主角编造各种话题，从唐诗宋词到国际外交及经济金融，切糕已经渗入网友交谈的各个角落。②

① 《新浪政务微博应用案例分享》，政务微博培训组，2012年第8期。

② 朱明刚、庞胡瑞：《“@新疆发布”积极回应“天价切糕”事件 人民网舆情监测室发布天价切糕事件舆情报告》，人民网舆情监测室，http://yuqing.people.com.cn/n/2012/1206/c210118-19812649.html，2012年12月6日。

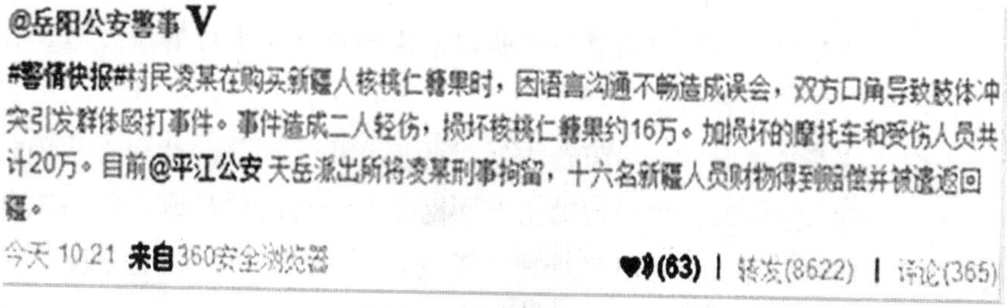
@岳阳公安警事V

#警情快报#村民凌某在购买新疆人核桃仁糖果时，因语言沟通不畅造成误会，双方口角导致肢体冲突引发群体殴打事件。事件造成二人轻伤，损坏核桃仁糖果约16万。加损坏的摩托车和受伤人员共计20万。目前@平江公安 天岳派出所将凌某刑事拘留，十六名新疆人员财物得到赔偿并被遣返回疆。

今天 10:21 来自360安全浏览器 (63) | 转发(8622) | 评论(365)

图 14－3 “@岳阳公安警事”发布的“切糕事件”原始微博

12 月 3 日 16 时 43 分，“@新周刊”在微博上发布了一张切糕的图像，并配上一句“硬通货”。该微博发布后，网友纷纷跟帖吐槽。16 时 58 分，“@南都深度”介入切糕的传播，并调侃“买得起这东西的都是高帅富”。“@南都深度”的这则微博短时间内被转发近 2 万次。与“@新周刊”和“@南都深度”等传统媒体微博不同，普通网友“@吴大掌柜”在 20 时 16 分发布主题为“切糕呀，你为啥这么沉”的微博，受到网友的热捧，被网友转发评论 4 万多次，他也因此成为此事件传播中影响力较大的草根网友。[①]

12 月 4 日 9 时 05 分，“@薛蛮子”发表简短微博：“我呼吁：必须治理切糕党！同意请疯狂扩散！”薛蛮子的这则微博在当天转发、评论总计 6 万余次，为 4 日微博平台上“切糕话题”的疯涨奠定了基调。不同于“网络知名人士”薛蛮子，普通网友“@羞贼”发表了一则微博，展示了自己买切糕的经历，并指出买提大哥对自己很好。“@羞贼”的这则微博被转发、评论合计超过 10 万次，成为此次事件中传播度最高的微博之一。“@人民网”、“@凤凰视频”、“@财经网”等媒体微博在 4 日也加入了“切糕”传播扩散之中，从而使“切糕事件”在微博平台上的关注度快速飙涨[②]。

在删除微博后，传统媒体介入，一方面炒作“删除”话题，另一方面炒作“天价切糕”话题，从而使得媒体和网民的关注度能够于短时间内聚

①② 朱明刚、庞胡瑞：《“@新疆发布”积极回应“天价切糕”事件 人民网舆情监测室发布天价切糕事件舆情报告》，人民网舆情监测室，http://yuqing.people.com.cn/n/2012/1206/c210118－19812649.html，2012 年 12 月 6 日。

焦于此，进而导致舆情的大爆发。[①] 而“@岳阳公安警事”却没有及时发声，争夺自己在微博世界的话语权，所以最终导致切糕事件升温发酵，在一定程度上影响了政府形象。

在舆情高涨的情况下，岳阳警方针对此事作出了回复。然而，岳阳公安的有效回应却是借助新华网传递给普通网民，在自己的阵地“@岳阳公安警事”却只字未提，把自己的阵地拱手相送，在微博网友的围观下，失去了政府应有的行政作为。[②]

由以上案例我们可以看出，政务微博在发布信息前一定要对信息进行严格审核，这样才能避免“秒删”行为的出现。要知道，民众对于政府越是试图噤声的事件越是有着一种强大的探索欲，对符合显著性、接近性、趣味性特点的信息更是如此。倘若政务微博不做任何解释便删除了具有以上特性的微博信息，那么人们的关注热情便会被掀起。在信息沟通渠道缺失的情况下，在网络媒体和传统媒体集合报道的攻势下，更大的舆论热潮将被激发。而倘若被卷入此类热点事件当中，政府形象的传播便会举步维艰。

（四）缺乏互动惹抱怨

2013 年 3 月 26 日，《佛山日报》刊登的一篇报道显示了政务微博不作为的情况，“连日来，记者观察佛山 120 个新浪政务微博，统计显示 72 个‘政微’跟网友无公开互动，占总数的 6 成”。缺乏互动的政务微博分为两类：一类如“@佛山防震”、“@三水天气”、“@南海天气”等，不转发也不评论任何微博；另一类如“@佛山教育局”、“@禅法城院”等，只转发和评论认证用户（政务用户）的微博，从不回应一般网友。此外，如“@佛山环保”微博首页只开通了留言板，留言板上有 35 个微博线索或投诉，却无一有回复，不少网友都在留言板上吐槽[③]。

以上报道显示的问题绝非个案，它暴露了政务微博在运营过程中存在的一大问题——缺乏沟通。这样的政务微博明显与其开通的初衷相悖，它

---

①② 朱明刚、庞胡瑞：《“@新疆发布”积极回应“天价切糕”事件 人民网舆情监测室发布天价切糕事件舆情报告》，人民网舆情监测室，http://yuqing.people.com.cn/n/2012/1206/c210118-19812649.html，2012 年 12 月 6 日。

③ 聂亮超、张少鹏、朱伟良：《佛山政务微博热的冷思考》，《佛山日报》，http://www.fsonline.com.cn/articles_50193.html，2013 年 03 月 26 日。

既无法做到上情下达，让民众了解政府新政策，也无法做到下情上达，传达民众对政策的理解和建议。这样的政务微博显然无法成为政府和民众间沟通的桥梁，而只会成为引发民众怨气的摆设。它对政府威信的树立、对增强民众对政府的信任而言，有百害而无一利。

要知道，互联网上信息繁杂，政府想要让民众接收自己的信息并借机传播良好的政府形象，前提便是满足受众需求。对此，使用满足理论表示，“受众是有着特定需求的个人，他们的媒介接触活动是有特定需求和动机并得到满足的过程”①。

从长期对党政机构微博的观察来看，在党政机构微博中声誉较好、有较多粉丝的一般都是与公众互动较多，并能够回答公众咨询或质疑的党政机构微博。这样的党政机构微博满足了受众特定的需求和动机，所以易被接受。公安系统微博能如此一枝独秀，很大原因也是这类微博与公众的互动较多，并且能及时满足公众需求。②

在此之前，佛山南海区政府曾颁布了政务微博工作考核管理办法，“今后，佛山南海区政府部门‘玩不好’的微博将被追究责任。羊城晚报记者1月31日从南海区获悉，近日该区公布的《南海区政务微博工作考核管理办法》（以下简称《办法》）明确规定，政务微博将作为重要指标，纳入年度绩效考核。针对有可能出现的为了拿高分买‘僵尸粉’（微博上的虚假粉丝），假转发微博等行为，《办法》也要求杜绝③”。

其对政务微博的考核在全国尚属首例，从现实情况来看，考核办法真正落实并发挥效能可能还需一段时间。

政务微博虽然在数量上有了较大的发展，但从以上的案例中我们可以看出，其在质量的表现上显然是参差不齐的。这些负面案例的背后其实反映了政务微博在运营过程中“微力”不足的状况。下面就让我们具体谈谈怎样运用政务微博传播政府良好形象的问题。

① 罗春：《网络传播与传播效果理论》，四川大学硕士学位论文，2006年3月。

② 孙逊：《通过网络自首还须向警方投案》，法制网，http://news.jinghua.cn/351/c/201109/21/n3471975.shtml，2011年9月21日。

③ 郑诚：《南海政务微博将纳入绩效考核 要求杜绝假转发和“僵尸粉”》，《羊城晚报》，2013年2月1日。

三、怎样传播良好的政府形象

在传播政府形象时，政务微博首先要有明确的定位：外宣系统、公安系统、团委系统、旅游系统等政务微博在传递信息时要明确自己的定位是宣传型、互动型、问政型还是综合型。这样在设计页面及发布信息时才能从定位出发，在进行形象传播时才会有较强的指向性，从而给受众以深刻的印象，使受众对政府的职能形象有一个明确的认知。

有了明确的定位之后，在进行形象传播时，最好具备以下条件：

（一）人才配备

充足的人才储备是政务微博专业化运营的前提。具体而言，拥有以下“人才”十分必要：

1．专业的美工人员

从大的方面看，美工人员要负责建立政务微博的视觉识别系统，从小的方面看，则要具体到发布每一条微博信息的配图。

要知道，在形象传播过程中，视觉识别系统的建立十分重要，它往往能够通过页面在第一时间传播政府的形象及特色。倘若给微博用户留下了良好的第一印象，那么接下来在传达信息时便会凝聚起相应受众的注意力，传达的信息才会得到响应，而这也是信息得以更广泛传达的前提。在设计页面时，美工人员要负责设计页面的整体布局，还要设计头像、logo、背景图片等。如外宣系统可以在页面上显示该城市的特定 logo，在页面背景及微博标签的设置上也要凸显城市特色；公安系统可以在页面上显示可爱的卡通形象，在背景和标签设置上，都要凸显公安行业的特征等。总之，在页面设置上，政务微博要通过运用一些具体的配图和视觉元素凸显其职能定位。

从小的方面看，为体现出发布微博的原创性，具体到每一条信息的发布上，美工的配图也十分必要。如“@南京市公安局白下分局”的“三国杀通缉令”，该局将犯罪分子的姓名、头像及犯罪情况等信息设计合成在“三国杀”卡牌中，发动合力寻找通缉犯。这则“微博通缉令”形象生动且颇具创意，引起了网友巨大的关注，传播力极广。这给犯罪嫌疑人造成了一定的压力，在发布不到 3 天时间里，有 3 名嫌疑人自首，白下分局办案效率提高的同时，良好形象得以传播。①

2．数据分析及评估方面的专业人才

该人才要能够结合政务微博“粉丝”的增长趋势、微博信息的转发评论状况等指标，通过科学的计算分析，评估政务微博整体发展态势，为政务微博的长期发展提供决策支持。另外要能够及时发掘互联网上的民意动向，发现与政府有关的谣言并在舆情危机时及时预警，使政务微博能够即时发声，消除误解，维护政府形象。

3．微博营销专员

营销专员需擅长策划活动，通过活动塑造政府形象，并用营销的方式将政府形象广泛传播。例如，2012 年 6 月 15 日至 17 日，公安部新闻中心、新浪网和新浪微博共同主办“派出所的一天”微博直播活动，全国 1.3 万余个公安微博共同参与，4 000 多个派出所和数万基层民警通过微博进行工作直播。从 15 日凌晨至 17 日下午，“派出所的一天”相关的原创微博数量已超过 32 万条。

据不完全统计，在本周新浪微博上所有微博关键词和热门专题中，“派出所的一天”均名列第五，话题数持续暴增，在本周微话题榜、本周微博热搜榜、时事搜索榜、1 小时微博榜、当天微博榜上等都有很好的表现。

本次活动有 13 家党报或都市报刊发了 15 篇报道、2 条电视新闻、50 多家国内知名网站 100 多条网络新闻。主流媒体的介入使得该活动在更大范围内获得关注，使得民众增进了对警营与基层民警生活的认识，该活动体现了公安微博的最大价值——架起警民沟通的桥梁、密切警民联系，②同时也传播了良好的公安形象。

微博营销专员要擅于发起此类活动，调动本微群内微博参与或全国同类政务微博参与，这样一方面可以使政府形象传播的营销策略发挥最大效能，另一方面这种聚合效应也会吸引传统媒体关注并报道，这样才会出现 1 + 1 > 2 的共赢结果。

4．微博顾问

聘请专业人士做微博顾问，一方面在举行访谈时能够给予微博用户专

---

① 《政务微博运营规范手册》，新浪微博策划出版，2012 年版。

② 《新浪政务微博应用案例分享》，政务微博培训组，2012 年第 6 期。

业的解答，使政府的服务更专业、到位；另一方面可以对微博运营行为制定规范，使政务微博规范化运营。在这方面，“@济南公安”的做法值得借鉴。在政务微博中，“@济南公安”不仅是国内政务微博中首先聘用微博运营与顾问团队的，另外它还从比较活跃的粉丝中聘请了两名热心公益事业的专业律师担任“@济南公安”微博的法律顾问。他们将与济南公安合作进行微博普法教育，对一些专业的案例进行法律点评，同时还专门为济南公安微博解答网友的法律咨询，开展法律援助。政务微博引入法律顾问，借助专业机构和民间的力量壮大微博运营团队，这在全国尚属首次。

正因为其在运营微博中拥有先见性并乐于做人才“投资”，所以其在政务微博中走在前列。微博自成立两年来，济南公安开展了微访谈、微博大走访等系列活动。“@济南公安”微博已累计发布各类信息近2万条，粉丝数近160万，网友转发和评论20余万次，回复、解答疑难问题2万余条，帮助群众、网友解决户籍、治安、交通等实际困难3 500余次，先后八次获得“全国十大政务机构微博”称号。作为全国最早实施微博问政的政府机关之一，引入“微博顾问”机制是其又一大创新之举。[①]

微博顾问的引入无疑会为政务微博的权威性加分，另外其也将增加微博信息的说服力，有利于传播政府的权威形象。

（二）运营策略

1. 全盘策划发信息

发布信息时要全盘策划，围绕自身定位展开。这里我们以广州政府为例。

2011年12月9日，随着广州市官方微博“@中国广州发布”和广州24个政府部门、社会机构的官方微博在新浪、腾讯微博平台正式亮相，一日之间，广州政务微博群上线成了微博上最热门的话题之一。

2012年12月19日下午，广州市举行互联网信息办公室揭牌暨“@中国广州发布”官方微博平台第二批52家单位上线启动仪式，标志着广州市以“@中国广州发布”为中心的政务微博集群已基本形成。

广州政务微群的整体设置，体现出了其全盘策划的思想。整个微群中的微博呈现出了合而不同、各有特色的特点。“在我们的设计中，广州将

---

① 《政务微博运营案例》，新浪微博策划出版，2012年第9期。

会形成一个完善的政务微博群，很多实际的事务应当由职能部门来回应，我们不能越俎代庖，所以一般情况下，我们会将意见转交给各区县或者具体部门，由他们办理并作出回复。”①

其中，作为宣传性为主的政务微博，“@中国广州发布”大到栏目设置，小到每条信息的发布都进行了严密的策划和严格的审核。“@中国广州发布”拒绝随意发布微博，管理者效仿传统媒体的做法，每天上午都安排一个报题会对当日可能成为热点的话题进行梳理并研究，确定当日要发布的主要微博内容。在进行了全盘策划后管理人员才发布微博信息，这保证了其稳定的信息发布频率，同时也符合微博的权威性定位。同时，为确保每一条微博具有最权威的可信度，工作人员还会进行大量的审核、求证、协调工作。②

“@中国广州发布”主要设置以下栏目：①“#广州早晨#”，通常会介绍天气情况，语言风格较为中肯，有一定的权威性；②“#食在广州#”，介绍广州特色小吃；③“#广州要闻#”，发布涉及民生的重大消息；④“#广州城事#”，介绍广州最新开展的活动；⑤“#当年今日#”，发布历史知识类信息；⑥“#服务知多D#”，介绍一些实用的生活小窍门；⑦“#微提醒#”，传达一些便民信息；⑧“#羊城建筑#”，介绍广州的标志性建筑；⑨“#回复网友#”，和网友互动，就网友关心的问题进行答疑；⑩“#区县动态#”，介绍广州市各区县热点、最新动态，打开全面了解广州的窗口；⑪“#广州晚安#”，用一句充满哲思的话语道别“今天”。另外，其在具体的“运营”过程中也会根据时事热点增加相应栏目并发布相应话题，比如“#高考#”、“#垃圾分类#”等。

从整体来看，“@中国广州发布”微博内容丰富，极大地满足了微博用户的多样化信息需求。其微博栏目的设置不仅有对广州形象的直接凸显，如“食在广州”、“羊城建筑”、“漫走广州”、“广州夜景”、“广州城事”、“区县动态”等，同时还有对广州形象的深入挖掘。如“当年今日”栏目传播了广州的知性形象，“广州晚安”栏目则总是以一句哲理性强、耐人深思的话语结束一天的微博发布，如“生活不是用来妥协的，您退缩

---

①② 戎飞腾、冯俊程、黄晓璞：《南方问政记者实地体验政务微博运作流程》，《南方日报》，2012年10月25日。

得越多，能让您喘息的空间就越有限。日子不是用来将就的，您越凑合，也就失去了追求其他幸福的机会”等。这些信息的传达从某种程度上凸显了政府相关职能部门的内涵，传播了良好的政府形象；此外微博中发布的健康、生活类小知识也为民众所喜闻乐见，同时一些有关广州的安全、天气、交通等便民信息也不在少数，如“失眠时，可按压手腕上的内关穴和外关穴。内关穴位于手腕掌侧横纹上两寸，两条筋之间，属手厥阴心包经。外关穴在手腕背侧，与内关相对，属手少阳三焦经。两穴相配，一阴一阳，不但连通所属两条经脉，且能达到调节人体阴阳气血作用。希望大家睡个好觉哟”等。这些信息则传播了亲民的政府形象。

经过策划后，“@中国广州发布”对内、对外都传播了良好的政府形象。

2. 坦诚公开树信任

在遇到突发事件时，政务微博要坚守阵地，及时发声通报真相，树立政府形象。

2012年7月21日至7月22日，河北省多个地区遭受严重洪涝灾害，河北省民政厅于7月27日上午发布长微博，公布了已确认身份的25名遇难者名单，截至当天下午，该条微博的转发量已近1 700条。

“@河北发布”以长微博形式公布了遇难者名单并置顶发布后，该微博被广泛转发，其中许多传统媒体官方微博也加入了转发的行列。微博用户对河北省面对灾害对公众坦诚布公的做法表示赞许，有网友表示：“在重大灾害发生后，政府如何面对公众，这次算是开了个好头。”①

在这场暴雨中，北京同样受灾严重。前面提到过，在暴雨中北京政府曾因掩盖死亡人数信息而遭到质疑，随后“@北京发布”连续披露暴雨灾害相关信息，才挽回了政府形象。不能否认，北京政务微群随后的表现也是可圈可点的。

在随后应对暴雨的过程中，北京政务微群团结合作，积极地随着事态发展在微群内共享、更新并补充关于灾情的相关信息，权威的信息发布大大减少了民众对信息的不确定性认知，减少了民众不必要的恐慌。该微群内微博不但携手合作应对灾害性天气，而且吸引了网民的共同参与，引起

---

① 《新浪政务微博应用案例分享》，政务微博培训组，2012年第8期。

社会关注的同时也弘扬了北京精神。政务微博集群化发展的优势在这次灾害应对中得到了充分体现。[①] 在政务微博和网民联手应对灾害的进程中，北京政府的良好形象也得以传播。

当天，“@北京发布”于第一时间发布灾情的相关信息并根据事件的进展实时公布灾害造成的伤亡人数：“7月21日，本市发生暴雨到大暴雨天气，截至22日17时，在本市境内共发生因灾死亡37人。其中，溺水死亡25人，房屋倒塌致死6人，雷击致死1人，触电死亡5人。目前，死者已有22人确定身份，其余15人正在确认中。”

在整个暴雨过程中，北京的政务微博群以“@北京发布”为中心，不断发布相关灾情信息以满足市民迫切的信息需求并且针对外界的疑问、批评等也在第一时间作出回复。同时气象局、卫生局、交通局等各职能部门官方微博及时发布各自领域的专业救援知识，为公众应对灾害天气答疑解困。另外市民也积极参与对灾情的“爆料”这一互动中。他们发布微博时会经常“@”政务微博，这样一方面灾情得以被相关部门知晓，另一方面这样的积极互动也有利于问题的解决。另外，各政务微博多层次滚动发布信息的方式也利于外界在第一时间了解北京灾情。微博成为外界了解北京的权威窗口。

全方面、立体化的灾害预警应对以及协同一致的高效行动力，体现了北京政务微博群在坦诚公开信息、传递真相方面强大的联动效应。北京政府及时、高效的应对，网友的积极互动，都是相关问题得以顺利解决的条件。

政务微群群体联动公开信息的举措大大增进了有效信息的传播效率，暴雨事件过后，政府先前因公开信息不当而形成的负面印象也得以消除。

3. 严格审核传真相

（1）在日常发布信息的工作中要严格审核信息。

政务微博只有形成一整套严格的信息审核制度，才能够在日常发布信息时做到防患于未然，不给任何错误以成长的空间。

如“@南京发布”的审核机制，“小布”们每找到一条消息，就通过

---

① 周勇：《北京微博发布厅上线一周年　服务民生植入北京经验》，速途网，http://www.sootoo.com/content/364221.shtml，2012年11月18日。

QQ 群发布，第一关为所有人一起讨论。群审通过后，还要通过执行主编的第二关，把握措辞和导向，决定能不能发。第三关，如果出现政策、政务类的信息，还需要报给兼任主编的宣传部新闻处处长。这被他们称为“三审机制”，每一条微博都要经过仔细推敲。历经“生产线”重重工序之后的微博，最后才到达博主手指下，改成一贯的“清新”风格，与现在的 170 多万粉丝见面。①

又如“@上海发布”办公室内有 9 名成员：两人来自市政府综合处、应急处，4 人来自媒体，3 人来自新闻办。他们分工把握政策、发布新闻、研判舆情，都有较强的编辑能力，还能自创微博。

每天，他们也开编前会：每条微博至少需 3 名编辑考量通过；重大微博，要 9 人共同讨论；突发事件，需报市政府秘书长审核，且要秘书长迅速“敲定”。每天有一名成员值守到晚上 12 点。9 人手机全天开机，市政府 24 小时有人值班，有突发事件立即通知他们回应。

工作规矩是清晰的，定位是适当的：海量政务信息，哪些上微博？磨合下来的标准是“有定论的、成熟的、应该发布、适合发布的”，后来还强调“不空洞的”——那些搬弄概念的，网友不爱看。②

再如“@中国广州发布”的审核机制，“每条微博看似简短，其实都包含着工作人员大量的审核、求证、协调工作。我们要求确保每一条微博具有最权威的可信度，这就需要一定的审核程序，从目前来看，情况还比较理想”③。

正因为以上政务微博在发布日常信息时具备严格的信息审核机制，所以才不会发生损害政府形象的不当信息发布行为。

（2）审核热点信息，对不实信息要及时辟谣，争做争议事件的权威定义者。

如 2012 年 2 月 21 日，针对日本名古屋市市长河村隆之在南京市代表团访问名古屋期间关于“不存在南京大屠杀”的言论，“@南京发布”一

---

① 庆庄鸿、苏希杰：《“南京发布”管理员多为 80 后：为显人情味装女孩》，《中国青年报》，http://js.people.com.cn/html/2012/10/09/169105.html，2012 年 10 月 9 日。

② 陈辰：《“@上海发布”咋吸引千万“粉丝”》，《人民日报》，2012 年 4 月 17 日。

③ 戎飞腾、冯俊程、黄晓璞：《南方问政记者实地体验政务微博运作流程》，《南方日报》，2012 年 10 月 25 日。

日三回应：21 日 00 时 13 分进行驳斥："【南京快讯】对河村隆之的言论，南京市代表团严正指出：侵华日军南京大屠杀历史事实不容抹杀，铁证如山，国际社会对此早有定论。你的这番言论是不负责任的，是对历史的歪曲和对南京人民的不尊重。我们希望能够正确地认识和对待那段历史，切实汲取历史教训，多做有益中日友好和两市人民友谊的事情。"当天 13 时 54 分公开抗议信，"侵华日军南京大屠杀遇难同胞纪念馆网站消息：朱成山馆长发表公开抗议信"，当日 22 时 26 分宣布断交，"【南京快讯】南京市人民政府外事办公室新闻发言人经授权发布：鉴于现任名古屋市市长河村隆之否认南京大屠杀史实，严重伤害了南京人民的感情，南京市暂停与名古屋市政府间的官方交往"。这一事件的微博转发高达 2.5 万余次，创造了"@南京发布"转发频次最高纪录。①

广泛的转发使得民众知晓了南京市政府的态度，南京不忘历史、捍卫真相的形象也得以传播。

4．积极互动增满意

良好的政府形象总是存在于公众的感知之中，公众总会以自身经验为依据，对政府形象存有某种预期，倘若政府在具体的实践中能够满足这种预期，放下身段，增加与公众的互动，倾听公众的需求，了解公众的期望，为公众提供更好的公共服务，那么便能满足公众对良好政府形象的期待。②

所以政务微博要积极与民互动，及时解决民众反映的问题，这样在满足受众预期的情况下才能传播良好的政府形象。另外，只有在满足了受众的信息需求，帮助民众解决了生活中遇到的小困难后，其在后续发布微博信息时才会获得更多人的关注，才能更好地为受众所接受，其传播的政府形象也才能够得到更多人的认可并深入人心。在互动方面，"@上海发布"一直走在前列。

据统计，在新浪微博平台上，"@上海发布"平均每条微博被转发 300 次以上，评论超过 100 次。在腾讯微博平台上，"@上海发布"吸引了全国关心上海的庞大听众圈，单条微博最高转发、评论甚至高达 1.4 万次。

---

① 张建军、黄伟清：《"南京发布"，小微博搭建舆论引导大舞台》，《群众》，2012 年第 7 期。
② 张雨：《政务微博的政府形象管理》，《新闻与写作》，2012 年第 5 期。

可以说，“@上海发布”擅于用服务性信息与利益攸关者建立关联，能够很好地对内传播良好的政府形象；另外其对外传播政府形象也同样十分突出，这得益于其在全国搭建起的庞大粉丝圈。

这些骄人成绩的取得，与其发布信息时的积极互动、高效传播密不可分。正如“@上海发布”在上线第一天回应网友时说：“我们会一直倾听，及时传递，努力为关心上海的‘听友’们服务。我们将踏踏实实走好今后的每一步。”正是践行了倾听、互动的信息发布策略，“@上海发布”才吸引了众多粉丝。

“@上海发布”内容不脱离日常生活、服务细致，其发布信息以服务性强的政务信息为主，表达方式十分亲民：侃天气常套用微博“新文体”，既要“推荐书”也会“比菜价”，“定位像个普通市民”。普通市民的定位使其在发布微博时充分把握好市民的作息规律，见缝插针地发布“符合时宜”的微博：“清晨，它同你一道感慨冷空气从‘重口味’转‘小清新’；上下班途中，它为你刷新路况和当日新闻；午休时光，它建议有空去航海博物馆看‘泰坦尼克号’船模；晚间，它书香绵绵送出枕边书一册……”①

总之，该微博语体特点活泼、生动，被网友称为“有点可爱、有点萌”。内容是根本，别致的语言风格充分考虑了受众接受信息的习惯，这是其吸引众多粉丝关注的魅力所在。如“【每日一书·《此生未完成》】#灯下夜读#有些旅行，距离并不远，但一路风景迤逦，更留下悠长的回忆。斯人已逝，于娟生命的呼喊却铿锵依然。之于我们，如果天气不是很好，身体不是很妙；但至少心情不是很糟，精神不是很差，活着便是王道”。这样的语言特点极大地吸引了网民参与进行互动，从而使其发布的信息能够高效传播。

“@上海发布”信奉每一条“@”都是民意。“在微博上集中讨论的问题会被决策层重视”，2012年2月底，市民秦岭给中共中央政治局委员、上海市委书记俞正声写网络公开信，陈述癌症晚期的父亲辗转就医无医院收治之惨痛。公开信后来被发在新浪微博，2万多次转发中，好多网友不约而同“@上海发布”。俞正声致电秦岭家人表示慰问，“@上海发布”也很快登载了俞正声的回信，“你的心痛也是大家的心痛”、“争取在制度上

---

① 包蹇：《“@上海发布”咋吸引千万“粉丝”》，《人民日报》，2012年4月17日。

有所前进”。秦岭本人告诉记者，“家人得到很大安慰，现在心里很平静”。在市、区两级政府的关怀下，秦岭的父亲住进了医院，最终平静地离去。

“@上海发布”在与民众的积极互动中认真倾听民众心声，满足了民众对于政府的期待，增加了民众对政府的满意度，政府良好形象得以传播。①

5. 思维创新促发展

2011年4月11日，南京市委宣传部新闻官方微博“@南京发布”上线。短短一年多来，“@南京发布”以“日均发布20条信息、日均吸引1万名粉丝”的速度迅速成长着，粉丝现已超过120万。目前，“@南京发布 ”的影响力已位于全国政务微博前列。“@南京发布”之所以取得如此卓越的成绩，与其运营政务微博时的新潮思维密不可分。

“@南京发布”在运营微博的过程中实时树立产品意识，在“@南京发布”眼中，包括“@南京发布”在内所有媒介的信息都是一种产品。不可否认的是，传统的信息产品带着“计划经济”的烙印，在市场竞争中不及时、不主动，内容粗糙，还不善于推广，很难想象，这样的产品会有销路。

政务微博作为沟通政府和公众感情的纽带和载体，不是冷冰冰的发布和回应，根本在于真正树立服务意识、创新意识、产品意识。也正是基于这样的认识，“@南京发布”一直在尝试引进市场的手段，来进一步做好全媒体时代背景下的信息产品营销。②

如其发起的“寻找‘最南京’”活动：“瑰丽的风景名胜古迹，极富现代感的创意产业园，甚至是无论任何时候永远排着长队的鸭子店……什么最能体现南京的美，最能代表南京特色？明天，@南京发布将正式启动#寻找‘最南京’#活动——全城大搜罗，向所有市民有奖征集最能反映南京特色的照片。”

活动公开征集自然风景、人文景观、校园风光、民俗风情等五类最能反映南京特色的图片。活动开展期间，其不断筛选优秀照片并在“@南京发布”上展示配以最能突出南京特色的清新文字，由于图片和文字都极具美感，所以获得了网友的大量转发和评论。

---

① 包蹇：《“@上海发布”咋吸引千万“粉丝”》，《人民日报》，2012年4月17日。

② 张建军、黄伟清：《“南京发布”，小微博搭建舆论引导大舞台》，《群众》，2012年第7期。

整个活动始于2011年12月22日，结束于2012年5月22日，最终评选出20张最具南京特色的图片制作成明信片，由邮局公开发行。该活动时间跨度长，通过微博用户之微视角传播了南京美丽的形象，效果十分明显。活动结束后，也即5月22日，南京市委常委、宣传部部长徐宁还从其中抽出了一张明信片，写下了自己对青奥会的期待并送给罗格主席。要知道，这套明信片是“@南京发布”策划的活动成果之一，也是第一套由网友拍摄、网友投票、网友评选的邮资明信片。在让百姓充分做主的过程中，政府的良好形象得以传播。

此外，“@南京发布”团队采取了沙画、微电影、微杂志、民谣等多种形式推广歌曲“南京，我爱你”。其中沙画版和微杂志版的“南京，我爱你”，在微博上赢得了不少人气。“@南京发布”还策划了诸如大家一起“晒幸福”、独创“我爱南京体”、南京文化美景街拍等活动，随着一个个活动的展开，网友对活动的相关微博进行了密集转发及评论。在活动持续升温的同时，南京政府也赢得了更多的民心。

“微博搭台，政府唱戏”，政府若想传播好形象，关键还在于其对自身角色定位有一个清晰的认知。倘若政府履行了其服务者、引导者、合作者的角色，并且有大局意识、新锐眼光，积极践行“人才强博战略”，那么运用政务微博广泛传播政府的良好形象便不是难事。

第十五章　微政务管理者应具备怎样的新媒体素养

不同的时代有不同的教养。麦克卢汉认为不同的媒介形态作用于人的感官各有侧重，因此信息处理的方式也各异。媒介影响人们的理解与思考习惯，带来社会行为和社会生活的变化。“教养”一般强调言语态度及行为的合宜与恰当，因此不同的时代对“教养”的定义也不同，只有适应当前的媒介形式，其相应的教育才会成功，如互联网时代。

政务微博作为适应互联网社会发展现状的一种新型政务手段，其运营管理者必然需要具备相应的新媒体素养，在把政务管理从后台推向前台的过程中，需重点打理好几种关系，即与普通民众的关系、与其他电子政务平台的关系、与新闻媒体的关系及个人与公共职能的关系等，以上几类关系所需的能力与素养，便是一位合格且优秀的微政务管理者必备的。

一、与普通民众的关系

政务微博作为现实政务职能的延伸，其主要功能仍在于为民办事、服务公众，微政务管理者须了解并适应新媒体的传播特性，掌握理论与技术，利用微博这一平台重构社会信任，切实维护好与民众的关系，充当起公共服务者的角色。在政务微博这个官民直接对话的平台上，政务微博管理者面对的是一个个独立的个体，需要积极运用“人际交往”原理与民众建立良好关系。

（一）强化服务意识，转变职能理念

一个新事物的产生与运用推广，往往有多种社会要素的推动，也通常会反作用于整个社会系统，互联网乃至微博就属此列。运用第十三章提到的“社会动员”理论解释，即互联网这一社会元素持久作用于人们的态度、价值观与期望值的发展与重建，改变人们的社交格局、社会化模式及

行为方式。

尤其在当前我国社会转型期，矛盾冲突集中、利益纷争、意见多元，互联网的出现与普及，拓宽了话语渠道，使民众的政治参与热情空前高涨，在相对自由的言论中也逐渐提升了公民的政治参与能力。这一日益强烈的要求倒逼着现行政治进行改革，近几年中央政府释放的改革信号便是有力证明。因此，政府职能部门的微博管理者或运营者更要顺应时代主流，从管理型角色向服务型角色转变，增强服务民众的意识，逐步转变职能理念。

最直观地体现政务微博定位与角色的，就在于其各自的“简介”，虽然只是静态的话语，但作为公开的“誓言”，也可以成为衡量其工作意识的一个侧面，如果“空说不做”，亦可以成为民众批评的说辞。

如“@昌邑交警”的简介：“各位亲，这是一道桥梁，我在这头，您在那头，欢迎您的关注，也说说吧，我们在听。”不仅语言风格非常“入流”，其口吻语气同样可亲可近。再如“@广州公安”：“我们办博的指导思想：公开为先、服务为本，警民心连心、微博系真情，天天都在线、沟通无界限。”非常直接地传达其政务微博的开办理念，而且将微博平台的传播特性与自身职能特性对应结合，诚意十足。

（二）各种诉求需面对，理性宽容是首要

有了指导性质的服务意识与理念，接下来就是实践过程中的态度问题。微博相异于其他媒介的最大特点在于个性和交互性，因此，与微政务管理者对话交流的都是现实中真实存在的独立个体，他们都有各自的利益诉求和价值观念，意见和要求多元，有合理的也有不合理的，有善意的也有恶意的，有主流的也有非主流的，有冷嘲也有热讽……这些相互对立的话语同时发声与出现，都是非常合理的现象。微政务管理者要能够以理性的态度和宽容的心理看待这一问题，并且要能够从中有所分辨，通过舆情的收集与分析研究，关心维护民众的真正利益与权利，争取满足不同人群的合理需求。

体现在沟通交流中，便是一种真诚与诚恳的态度，用非常人际化的语言赢得民众的信任。如“@成都扬尘治理”，是四川省成都市扬尘整治工作指挥部办公室官方微博。据观察，其第一条微博的发布时间为2013年3月16日10:23，推测其正式上线运营不久。下图中用方框标记的时间分别为市民反映问题的时间与政务微博回应的时间，之间仅有8个小时的间隔，而且已派相关人员实地处理问题，“@成都扬尘治理”还是以非常客气的口吻回复市民，所以才得到市民“@采花的猫”的理解：“理由有点雷，不过看到希望，接下来的一周继续观望效果。”3月22日“@成都扬尘治理”再次以“【投诉回复】”的方式公布处理结果并致谢投诉市民，“@采花的猫”转发此条微博并评论：“非常感谢，能够看得到的变化……”其好友“@超级小豌豆”赞称：“不错！这个好。”这样一件看似微小的事件却展示出环环相扣的沟通交流，相关部门用实际行动和真诚的态度赢得了市民的信任与称赞。

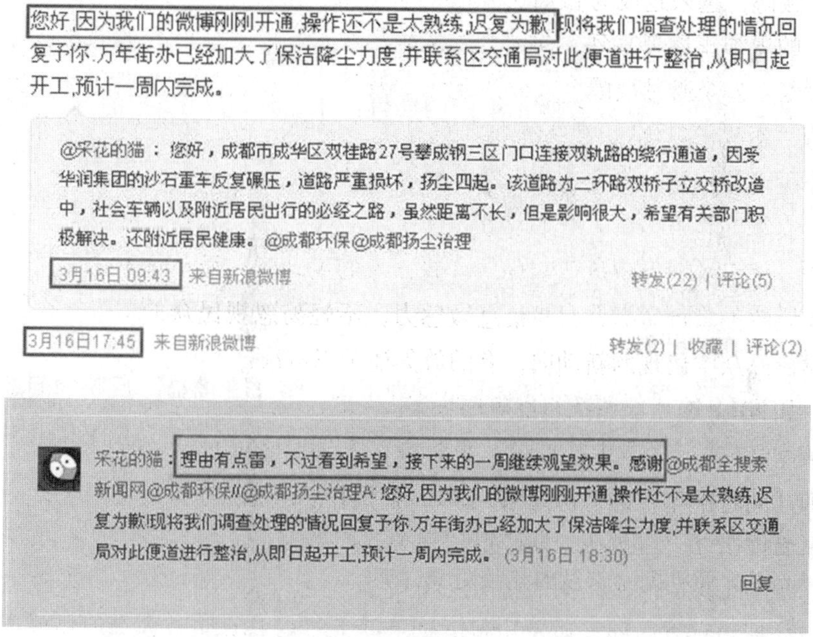

图15－1 “@成都扬尘治理”回应“@采花的猫”投诉处理

（三）讲求实用，避免“泛信息化”

“喊破嗓子，不如甩开膀子。”这是新一届总理李克强在回答央视记者提问时说的，前一句为“改革贵在行动”，将其用在政务微博运营理念上，再恰当不过。建立政务微博的目的其一在于部门形象的宣传与建立，其二在于微施政，即受理民众诉求，且后者为根本功能。因此，政务微博的信息发布与公开应以“实用”为基本原则，其他类信息都应该控制在适度的水平，如笑话、励志语、动情故事、日用常识等，数量不宜过多，否则会将民众真正需要的信息淹没，削弱其本职作用。

公安部门政务微博应多发布有关公共安全事务的信息，介绍相关业务办理的程序及注意事项等，用“提醒”、“提示”的方式提升民众的安全意识。如“@平安北京”在临近清明节时，不仅连发数条“#清明话安全#”的信息，更通过转发的形式整合相关内容，告知民众清明节出行及上坟烧纸应该注意的细节问题。再如上文提到的职能非常细化的“@成都扬尘治理”，由于工作职责非常明确细致，即受理民众关于扬尘的投诉，所以微博信息发布多为“【投诉处理】”、“【工作动态】”等，重在用实际行动解决问题。

（四）把握民众“观望”心理，重视口碑传播

从2011年“政务微博元年”的尝鲜试水，经过2012年的迅猛发展，至今不过短短十几个月的时间，普通民众和相关部门都还在适应磨合的成长阶段，许多民众对政务微博仍持“观望”甚至质疑的心理，往往要经过亲自试探来最终确认态度。所以微政务管理者应充分了解这一心理过程，尤其在账号推广宣传的运营初期，更要花费心思赢得民众的关注与信任，以利于工作的开展。

以上文的“@成都扬尘治理”受理市民“@采花的猫”反映的问题为例，其好友“@溪海1981”在问题得到解决后评论道：“还真有用啊。”这句话中的逻辑再明显不过，这位好友对类似政务微博的心理就处于“观望”的阶段。

（五）随机应变，及时切换话语体系

一般情况下，政务微博作为信息集散平台，会发布各类性质迥异的内容，所以应该针对不同内容采取不同表达方式、说不同的话：该严肃时别嬉皮笑脸，该严谨时讲求逻辑推理，该逗笑时别紧绷着脸，该简短时别拖沓，该详细解释时别语焉不详，复杂问题简单化，简单问题明了化等。应随机应变，灵活切换话语体系。

如网友总结出的“淘宝体”、“咆哮体”、“甄嬛体”等各种语言风格，俏皮亲民、幽默风趣、新潮，颇受民众追捧和喜欢。再如“@翠苑派出所”（杭州市公安局西湖区分局翠苑派出所官方微博）引发的“表白贴”热。

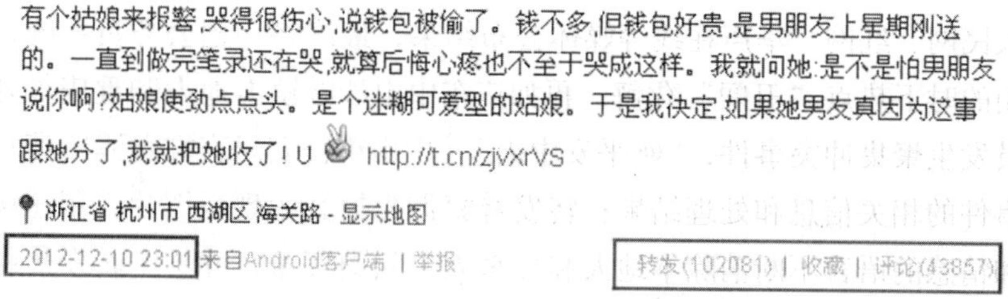
有个姑娘来报警,哭得很伤心,说钱包被偷了。钱不多,但钱包好贵,是男朋友上星期刚送的。一直到做完笔录还在哭,就算后悔心疼也不至于哭成这样。我就问她:是不是怕男朋友说你啊?姑娘使劲点点头。是个迷糊可爱型的姑娘。于是我决定,如果她男友真因为这事跟她分了,我就把她收了!U http://t.cn/zjvXrVS

浙江省 杭州市 西湖区 海关路 - 显示地图

2012-12-10 23:01来自Android客户端 | 举报　　转发(102081) | 收藏 | 评论(43857)

图 15－2 “@翠苑派出所”“表白贴”

虽然经证实，该条微博是一位女警官所写，但将这一非常细微的普通案件用平实的语言说出来，从中透露出来的质朴、关切和率性，颇受网民热捧。如上图标识，从 2012 年 12 月 10 日 23:01 发布，到 2013 年 3 月 29 日，共被转发 102 081 次，评论 43 857 条，并且直到现在都还在扩散传播。

除了在文字风格上做好拿捏，还可以使用表情、图片、漫画、音频、视频、flash 动画等多种方式来传递信息，在明白畅晓不会产生歧义的基础上，尽可能“面目”平和可亲，易被接受认可。

（六）具备公关意识，擅于扭转事态

公关，公共关系的简称，英文为 Public Relations，也称公众关系，是社会关系的一种，指机构组织与构成其生存环境、影响其发展的那部分公众之间的关系。因此公关意识就是要有维护公众关系的理念，即通过具体行动促进公众对其认识，最终树立良好形象、取得公众的理解与支持。

政务微博作为政府职能部门的信息平台，在塑造部门公共形象、构建与公众的关系上扮演着关键性的角色，尤其体现在回应质疑、应对突发与危机事件上，所以微政务管理者首要具备公关意识，并要以掌握一定的公关技巧作支撑，能够有效扭转事态。如事件发生后，官方响应速度要快，要充分利用微博平台的实时发布功能；应对态度要明确，信息发布要足够透明；响应层级不能仅仅长久停留在低层，要从警方发声到部门领导人再到党政主要领导人层层上升；随着舆情的发酵和矛盾的转移，党政部门能够迅速调整立场更换手法；对不作为的公职人员做出公正问责等。

如对“湖南湘潭‘90 后’副局长”事件的处理：2012 年 4 月 18 日“湘潭神女”被曝光，19 日岳塘区委书记即宣布暂缓任用当事人，并通过个人微博进行回应；20 日湘潭市委组织部决定撤销任用；28 日公布的结果不仅处理了当事人，还免去其父公职，对岳塘区委书记立案调查，并利用人民网、红网、华声在线等媒体公布结果，最终将一起公务员系统违规任用的时下热点“丑闻”化解。再如广东中山沙溪镇本地人和重庆等外地人员发生聚集冲突事件，“@平安中山”（中山市公安局官方微博）滚动发布事件的相关信息和处理结果；转发警察彻夜执勤的现场图片，用充满理性和情感的语言不断消除本地人和外来人之间的芥蒂，并集中转发传统媒体的相关报道，如《中山日报》、《中山商报》、南方电视台等。对微博散布谣言者依法处理与公布等，很好地维护了当地治安。

（七）提升信息敏感力，及时发现不良动向

微博，越来越成为普通民众要求伸张正义的渠道，遇事“发一条微博”的思维正逐渐蔓延，期望通过这种发声方式得到关注、重视的心理愈发强烈，公众通过微博介入公共事件、表达个人观点与诉求，成为社会发展的“不可逆现象”。政务微博如何能适应时势，疏通民众发声渠道，切实维护民众权益，将成为政府网络执政的终极考量。

收集、监控舆情，作为政务微博主要功能之一，其最大的用处就在于预警，通过及时发现危机信息，掌握介入的主动权，最小化不良后果。这需要微政务管理者提升自身信息敏感力，不轻易忽视民众的诉求，认真严肃对待民众中出现的新动向，有的放矢地予以解决。

如 2011 年“江西抚州连环爆炸案”，有人说这是“相关部门无视微博舆情的结果”。据新华社报道，犯罪嫌疑人钱明奇很早就开通了微博，由于拆迁问题十年申诉上访无果，2010 年下半年，他在搜狐、新浪等开通了实名微博讲述自身遭遇，期望得到相关部门的回应。据统计，钱的新浪微博在案发前共发布 362 条信息，在他的关注里不仅有网络名人，更有“@抚州市公安局官方微博”，公开的微博信息曾几次流露出以极端方法报复对抗之意，但有关部门却选择视而不见，毫无沟通与回应，终酿成惨案。

“网络无法改变钱明奇在现实世界中利益表达渠道的缺失”，这是对地方职能部门如何利用网络收集社情民意的拷问。

二、与其他电子政务平台的关系

微政务管理者不仅要学会利用自身平台与民众建立良好关系，还应该学会调动其他电子政务平台，如政府门户网站、“办事厅”等，盘活已有资源，合力为民服务。

（一）掌握“周边”政务微博，提升联动效率

作为单个部门的政务微博，如果不能和其他部门有效联动，仍然如同现实职能部门之间各自为政的话，将失去微博这一平台最大的特性，即交互性。

要想实现部门之间的通联，微政务管理者首先应该掌握“周边”的其他政务微博账号，也就是与自身职能相关的其他部门微博，方便通过“@”的方式形成联动。

如市级公安部门应全面掌握地县级公安部门的政务微博账号，“@广州公安”政务微群的成员单位就既包括市公安局直属单位，也包括各区分局、县级市局。再如交通部门类政务微博管理者除了需要掌握同类微博，还需要了解环卫部门、公安部门，甚至气象、地质部门的微博，以备不时之需。

（二）学习借鉴经验，打造优质平台

通过舆情监测分析类机构的数据统计和排名，可以很清晰地看到优秀政务微博的特色所在。微政务管理者要善于从中学习借鉴经验，提高自身平台的质量。

可以按照专业机构的评定指标来逐项提升自身平台的质量。如人民网舆情监测室拟定的排行榜综合考察一级指标有：微博数，即一年内发布微博总数；微博频率，即日均所发微博数；微博原创率，即原创性微博占所发全部微博的比例；微博被转发量、被评论量等；粉丝数、粉丝活跃度、认证率等；媒体关注度等。二级指标有：微博政务指数，表示微博内容政务含量的高低；微博情感指数，表示微博表达的情感积极或消极，内容正面或负面；评论倾向指数，表示网友对微博评论内容的正面或负面；与此类似的媒体倾向指数，衡量媒体相关文章的正负面态度。这些指标的设定都经过舆情研究专业人士的科学论证，具有较高的参考价值，应成为各政务微博靠拢的方向。

（三）提高整合能力，做好“信息管家”

之所以要加强平台之间与部门之间的联动，最终目的仍在于有效整合政务信息资源，降低民众获取和利用信息的注意力成本，为公众提供有效

处理信息的方法，有助于他们的理解，实现服务的个性化。

具体的操作方法，请参看本书第十三章《政务微博如何有效整合利用信息资源》的相关内容。

三、与新闻媒体的关系

从事信息工作的新闻媒体，在专业分工日益深化的复杂社会里，越来越扮演着至关重要的角色，任何个人所接触的一切几乎都经过媒体的过滤，人们活在媒体的“二手”世界里，它已成为公众构建常识经验和感知真实世界的主要力量，并因其职业客观性与新闻专业主义的强调，在多数情况下都受到民众的高度信任。

作为党的耳目喉舌，我国的新闻媒体向来坚持以正确的舆论引导人，各党政部门在为新闻媒体提供信息的同时，也要接受新闻媒体的批评与监督，促进自身建设。微政务管理者应学会与新闻媒体打交道，让政府在阳光下运行的同时助力“微施政”。

（一）关注本地新闻，了解社情民意

具有专业化采编系统的新闻媒体，它的探针几乎伸向社会的每个角落，在一定程度上可以将其视为整个社会运行的晴雨表，内容涵盖衣食住行等各个方面，并且经过新闻工作者的有效规整，常能准确反映当地社情民意。

微政务管理者要有关注新闻的习惯，不仅要掌握宏观的舆情走向，更要能挖掘与所在部门职能相关的新闻动态，及时发布信息。要主动关注与自身职能相关的新闻媒体机构的官方微博，并邀请对方关注，实现信息的流通和共享。

与新闻媒体的互动方式详见本书第十三章第二部分中“借力传统媒体，拓宽扩散渠道”的相关内容。

（二）掌握新闻传播规律，主动提供新闻线索

新闻媒体的条线型“分口报道”，一般依据的就是政府职能部门的划分标准，如常说的教育线、医疗线、交通线、时政线等，由特定的记者专门负责跟进，一只眼盯着社会动态，另一只眼紧盯着政府部门，上情下达，下情上传，成为官民对接的主要中介。

虽然电子政务平台增加了官民直接对话的机会，但新闻机构的桥梁作用丝毫不减，微政务管理者应具备一定的新闻敏感性，了解新闻传播与运作规律，主动提供新闻线索，增强政务信息的传播力。

新闻敏感，也称为新闻鼻，指能够快速准确地捕捉客观世界变动的信息，判断并衡量其新闻价值的大小的能力。一般认为新闻价值包括以下几点：时新性，即事件新近发生，内容新鲜；重要性，即与公众利益密切相关，影响时间长、范围广；显著性，即事件本身突出或涉及具有高知名度的人物；接近性，指与受众在地理、心理、职业、年龄等方面的接近，易产生共鸣；趣味性，即信息能够带来娱乐和情趣。

除此之外，微政务管理者还应坚持新闻的真实性原则，要通过多方核实保证所发布信息的准确性，避免误导公众。

四、个人与公共职能的关系

作为政务微博平台幕后的运营者，始终面临着个体身份与组织机构公共属性之间的矛盾与冲突，既不能完全掩盖人性化、人格化的一面，当然也不可能完全避免，更不能罔顾组织的公共职能角色。微政务管理者须平衡这二者之间的轻重关系，做到视情况灵活调整，无论是言语风格还是发布方式，都应该以“合宜”为主，即满足公私的合理界限。

（一）把握公私尺度，树立全局意识

微政务管理者要谨记自身定位，作为职能部门的前台代表，作为国家公职人员，首先应具备足够的政治敏锐性，了解相关政策方针，树立全局意识，即从国家、部门等客观整体的利益出发来看问题、想办法，维护公共利益。

创作、转发的微博及做的评论，一定意义上代表政府的观点和立场，忌轻率随意和浓厚的个人色彩，注意发布信息的真实性、权威性和高水平，避免误导公众。

（二）避免个人好恶情绪，悦纳异己之见

在面对网民的不理解、质疑、非理性，甚至谩骂、人身攻击的时候，微政务管理者要学会“忍”，能够宽容对待公众的冷嘲热讽，转换立场设身处地为民着想，用科学理性的头脑和开放的胸怀为意见的讨论搭建平

台，疏通民意表达渠道，慎用“关闭评论”和“拉黑”。

诚如约翰·斯图亚特·穆勒在《论自由》中所说：一个人之能够多少行近于知道一个题目的全面，其唯一途径只是聆听各种不同意见的人们关于它的说法，并研究各种不同心性对于它的观察方式。这种做法不仅有助于提升微政务管理者个人的认知水平，更能提高公众参与政治的能力，也是政府关注民意、收集舆情的基本逻辑所在和根本保证。

第十六章　政务微博未来发展的突破点有哪些方面

一、从“问政”到“施政”，政务微博还有很长的路要走

政务微博的最终目标应该是什么？通过本书的分析，笔者认为，政务微博最终将会指向虚拟的网络世界与现实世界的合二为一，在这样的愿景下，社会公众不仅是社会公共服务的使用者、政府机构服务的对象，也是公共社会建构的参与者，因而具有双重身份属性；而政府也不再仅扮演管理者的角色，而是走向管理者、协商者、服务者三种角色的结合；同时，政务微博的重要作用之一是，以最小的资源投入达到最大的机构职能、效用发挥，降低行政成本，减少甚至消除双向信息传播的阻碍，使民众与政府的沟通更加畅通无阻，从而从机构运行层面整合行政资源、改善工作流程，因此政务微博不应该出现人员冗余、信息周转不灵等消极现象。

学者杜治洲曾撰文指出，政府主要有两大职能：针对各种社会问题制定相应的公共政策，表明政府态度，以及推行和实现公共政策，将所表明的态度加以落实。此外，政府与公众的互动有三种不同的模式：管理型、协商性、参与型（见下表）。

表 16－1　电子政务中政府与公众互动的三种模式比较

	管理型	协商型	参与型
政府的角色	管制，应对新经济，为公众提供高效的服务	管制，满足社会利益的需要，给公众提供更好的政策	保护自由与权利，提供基础设施，同时存在市民社会

（续上表）

	管理型	协商型	参与型
主要参与者	政府和它的顾客、企业、大众传媒	政府及其顾客、企业、利益集团	志愿者组织和利益集团（自发地收集信息并通过与政府商讨影响政府政策）
信息传输方式	信息可由政府向顾客或由顾客向政府单向传递，但重点在提高政府内部信息传递效率	信息由政府向公众或由公众向政府单向传递	信息由公众向公众、公众向政府或政府向公众进行发散式的、复杂的传递
互动机制	网上报税、一站式政务超市、政府信息公开	电子投票、民意调查、电子会议	自治和多元治理机制、政治参与和网络市民社会得以加强
电子政务的使用	市场化；政府基本不管制，几乎不为顾客提供应用技能的培训	市场化；政府很少管制，很少为公众提供应用技能的培训	全面开放，普遍使用
逻辑关系	提供服务和公开政策	提高技术精确度和政策成功率	商讨，参与和提高民主

在此分析的基础上，杜治洲进一步指出，在当前的电子政务建设中，管理型互动较为普遍，协商型、参与型互动较少。①

而正如前文提到的，目前政务微博的使用还主要在“问政”阶段，以单向信息传播为主，在此基础上实现政务公开和提供公共服务可以说仍然是基于微博作为传播媒介的性质，而微博作为社交媒体的特性尚未真正发挥。

2011 年 7 月 26 日，澳大利亚首都直辖区政府在 Twitter 上进行了社区内阁会议，这也是澳大利亚史上第一次在社交网络 Twitter 上举行政府会

① 杜治洲：《电子政务条件下政府与公众互动的三种模式》，《中州学刊》，2008 年第 2 期。

议。会议持续了1个小时，直辖区的4个部长于12点30分开始回答网友提问，提问通过一个大屏幕显示，部长们通过笔记本电脑进行回复。其中，澳大利亚首都特区大臣长凯蒂·加拉格尔表示，她不确定Twitter上的政府会议到底成效如何："我不知道你们到底能不能将回答简化到140字内，事实上这对很多政客来说都有一定难度……但这是让更多人直接与政府接触的另一个方式。"司法部长西蒙·科贝尔称这是一个有意思的尝试："通过这个创新的方式，我们政府可以跟一些不怎么用传统媒体的民众进行互动。"[①] 而同年10月14日，有媒体报道称，英国下议院投票决定，允许下院议员在会议中使用Twitter发布消息。[②]

由此笔者是否可以推想：我国的政务微博的使用是否还可以更加多样，尤其是在提高"技术精确度和政策成功率"上有所作为，从而进一步提高政治生活的民主性？例如，在微博实名制的基础上推行民意调查，举行社区内的微博选举，进行公共话题的讨论进而做出公共决策等。

二、现实保障，政务微博要敢做"意见领袖"

制度是政务微博运行的现实支撑力量，在具体的操作层面，可以从机构组织建设、独立化团队运营、人员配置和管理等方面入手。此外，在诸如硬件设备等物质支持、领导干部等公务人员的新媒体素养提高等方面也不应忽视。

首先，要完善信息发布和纠错机制，政务微博也要致力于成为网络意见领袖。这要求相关工作人员在增加日常原创内容发布数量和提高质量的基础上，加强对突发事件的主动应对和舆论引导，并团结网络意见领袖，做信息的发布者、公众的服务者和意见的领导者。

其次，政务微博运营团队的建设要向专业化、集中化发展。曾有工作人员指出，每天"@"给政务微博的信息有千余条，想要全部阅读、分类、转发给各分局和业务处室需要消耗大量时间。目前大部分政务微博有

① 胡超平、林徵道：《政界网事》，南方网，http://gcontent.oeeee.com/3/88/388ce397608c1464/Blog/cc2/d24a4f.html，2011年7月31日。

② 《英下议院投票决定允许议员会议中使用Twitter》，cnBeta中文业界资讯站，http://www.cnbeta.com/articles/158418.htm。

限的兼职人手远远不够。而学者张志安认为，政务微博一定要及时更新，指定专人负责。他说，想要完善运营一个微博，需要1~3个在对外宣传、媒体运营等方面有丰富经验的专业专职人士。另有专家建议，可借鉴美国白宫做法，不仅开出白宫微博，还能体现当天值班责任人情况。政务微博也可将当天值班编辑“挂牌”，让公众明确了解当班编辑有哪些特点，甚至参与评估，加强微博负责人员的责任感、政策掌握水平和与公众网络沟通的能力。①

目前，在政务微博的应用探索上，各级政府都在进行新的尝试。如近年来，为政务微博建立绩效考核的呼声日益高涨。2011年4月，银川市印发《银川市党务政务网络平台管理暂行办法》，将微博客工作纳入全市绩效考评范围；2011年6月，南京市出台了《关于进一步加强政务微博建设的意见》，明确对于灾害性、突发性事件要及时进行微博客发布；2011年12月，北京市发布《北京市微博客发展管理若干规定》，规定注册微博客账号要用真实身份信息；② 广东省佛山市南海区政府部门也于2013年1月公布《南海区政务微博工作考核管理办法》，将政务微博作为重要指标纳入年度绩效考核。③

此外，“@上海工商”政务微博列入上海市工商行政管理局政府信息公开网站《2011年上海市工商行政管理局政府信息公开工作年报》，济南市公安局为全国最早实施微博问政的政府机关之一“@济南公安”聘任“微博顾问”，在顾问团队中，济南市公安局还从比较活跃的粉丝中聘请了两名热心公益事业的专业律师，任“@济南公安”微博法律顾问……④

三、集群、“跨界”，政务微博可以更大声

随着社会的快速发展，现代传播技术的力量变得无远弗届，社会人文

---

① 周琳、陆文军：《专家呼吁政务微博注重品格不打混仗　增强亲民效应》，中国新闻网，http://www.chinanews.com/gn/2013/01-06/4462603.shtml，2011年1月6日。

② 《2012年中国政务微博客评估报告》，国家行政学院电子政务研究中心，http://www.egovernment.gov.cn/publicfiles/business/htmlfiles/ChinaEgovForum/zxzx_zjwdt/201303/20293.html。

③ 郑诚：《广东佛山市南海区政务微博将纳入绩效考核》，南方网，http://www.southcn.com/jsfw/zxdt/content/2013-02/04/content_63401585.htm，2013年2月4日。

④ 张志龙、娄辰：《“济南公安”政务微博国内首聘“微博顾问”》，凤凰网，http://news.ifeng.com/gundong/detail_2012_08/16/16861824_0.shtml，2012年8月16日。

形态和人们的交往方式也发生了变化，“地球村”这一概念生动地描绘了我们现今所居住的世界。在一定程度上，互联网无形中消解了传统层级社会的立体集权关系，政务微博也使得政府信息的发布结构和发布局面趋于平面化。同处在微博的舆论场，政务微博也要注重营造共识，立足社区化服务，创建品牌影响力。

在立足本地的基础上，专业内的政务微博可以进行区域联合，如公安微博可以尝试同一平台的跨地区合作，促进信息沟通顺畅，进而发挥出政务微博的集群化效应。

目前，各大微博平台陆续推出政务微博“发布厅”、“服务咨询日历”、“办事厅”等服务，如人民微博平台推出的“政务通”，涵盖了绝大部分入驻人民网的政务微博。新浪微博平台联合上海、重庆、四川、江西、河南、吉林6个省市政府机构推出政务微博办事厅之民生主题日系列活动，各地纷纷就交通出行、医疗卫生、消费维权等民生热点问题设置“服务咨询日历”，由“当日值班微博”提供实时咨询解答，北京、新疆、江苏、广西、湖北、湖南与福建，也加入政务微博办事厅行列。①

其中，2011年11月17日，“@北京微博发布厅”作为全国首个省级政务微群在新浪微博平台正式开通。首批有21个北京市政府部门的微博加入该发布厅，6个部门的新闻发言人开通个人微博；第二批共计北京市16个区县及委办局集体入驻；第三批则有28个北京市政府部门齐聚新浪微博。② 从而形成了集群效应，为北京市政府信息发布、公共服务的拓展和社会效能的聚合起到了促进作用，也为政务微博的发展提供了新的思路。作为社交媒体的微博平台，在实现信息、资讯的实时传达的同时，也能够实现社会资源整合、提升政府形象的多重作用。此外，以“@上海发布”领头的“上海微博发布厅”也为政务微博的集群化发展提供了借鉴。

而从技术层面来说，政务微博的群体效应发挥也受到平台支撑条件的限制，这虽然主要取决于网络服务平台间的竞合态势，但在目前的条件下，可以尝试层级机关单位、中央到地方政府机构官网主页与微博平台的

① 《政务微博发展新模式　微博变身“办事厅”》，国家林业局信息化管理办公室，http://www.forestry.gov.cn/portal/xxb/s/2519/content-591420.html，2013年3月22日。

② 《北京微博发布厅第三批成员两项政务微博体系化》，新浪网新闻中心，http://news.sina.com.cn/c/2012-03-01/141424041848.shtml，2012年3月1日。

互通，从而实现多平台的协同统一发展，进而增强双方的实用性和服务性。据《2012年联合国电子政务调查报告（中文版）》的研究，通过提供综合的信息、更多地跨部门综合性服务以及政府官员与公众更多地互动，中国政府提高了官方门户网站的质量。① 而目前各微博平台间还存在一定的技术障碍，而政府门户网站与政务微博之间的沟通、对接也亟待加强。

四、营造共识，互动使政府形象更加阳光开放

在社会文明发展过程中，人与人之间传统的血缘、地缘关系与现代文明的制度、契约关系交汇、碰撞，人们的交往形态越来越多样化、复杂化。我国目前正处于社会转型期，营造社会共识、促进社会信任成为公众关注的热点问题。作为一种“快媒体”，微博能实时传递信息、表情达意。这一方面减少了时间延宕，提高了传播效率；另一方面也对人们的信息获取和处理能力提出了新的要求。碎片化的叙事往往夹带着感情的抒发，也正因如此，微博的传播更接近人的自然表达，嬉笑怒骂无奇不有。在一条信息的“收”与“发”背后，是各色各样的公民表情和社会世态。

政府公共管理部门通过开设政务微博，结合新闻发言人等信息公开的手段，发布权威信息，应对突发事件。与此同时，政务微博也应该有自己的“表情”和特色，要敢于“说话”，敢于行使话语权，敢于走到网络的广场上与民众交流沟通。在网络世界里，任何参与者都是平等的，不管是草根还是精英，不管是老百姓还是政府官员，他们面对的都是成千上万的网络听众。遗憾的是，目前许多政务微博主要的活动还仅限于“发”，在“收”这方面还比较薄弱，对于新闻信息、生活资讯的发布、转发很积极，但是由于不注意网友的回复或“@”信息，或是未开放评论、私信等功能，这无形中就减弱了微博传播的效力。政务微博不仅仅是一个传播通道，更是政府进行社会交往的有力工具。

目前，部分政务微博的使用还是具有一定的行政传播色彩，互动性、可参与性不够强。“互动是微博的生命”，应该提倡“有来有往”的微博互

① 《2012年联合国电子政务调查报告（中文版）》，国家行政学院电子政务研究中心，http://www.egovernment.gov.cn/publicfiles/business/htmlfiles/ChinaEgovForum/zxzx_ zjwdt/201303/20293.html。

动，用微直播、微访谈、长微博等多样的交流方式，在网友的围观中晒出自己的包容和开放。

五、线上线下结合，“微博力”要转化为行动力

作为政府的公开发布平台，网友希望能通过微博使得下情上传，更希望看到所反映的具体问题得到关注和解决，真正实现微博维权、微博问政；而政府也希望通过这种信息公开的方式促进政令的流通和社会的有序管理。其实，微博只是政府实现信息公开、进行社会管理的手段之一，是一种补充完善的措施。要使线上的正能量传递到线下，必然离不开线下实际行动的呼应。政务微博要在加强线上沟通的同时，更要加强线下行政资源的调动和整合，以及与报纸、电视、广播等大众媒体的协同合作，为建成和谐有序的公民社会构建良性发展的舆论环境。

现在有一些政务微博热心实践微公益、微活动、微探讨，在实名开设政务微博之余还成立了应急工作小组，启动有效的应对策略，并且借助传统媒体平台扩大影响，使虚拟的“微博力”与现实的行动力对接，将线上资源整合与线下资源调动结合在一起，获得了社会的肯定，推进了参与型政务微博的建设实践。

因此，政务微博不仅可以在政务工作上发挥作用，在商务事务、社会公益等方面也可以对政府、对社会有所助益。

六、基层组织政务微博发展有待加强

据报道，目前我国基层政务微博成为中流砥柱，5.8 万个基层政务微博中，县处级以下占 80%，① 并且在功能发挥上主要侧重于招商引资和进行地区联合。在实际情况中，基层政府机构微博在受关注度上不如厅局级微博，这是因为在政治话语场域，主体话语权的大小与主体所拥有的政治地位密切相关，即政治地位越高的就越具有权威性和象征意义。但基层政

① 桂杰：《中国政务微博数量持续增加　基层成为中流砥柱》，中国新闻网，http://www.chinanews.com/gn/2012/12-23/4430334.shtml，2012 年 12 月 23 日。

府机构微博由于地域性强，其所关注的对象和收获的“粉丝”往往也具有同一地域特征，因此用户的黏度也越高，更容易构成基于现实地理空间的微博关系，基层政府机构更容易通过微博实现微博力向现实行动力的转化。

怎样用微博这种宣传、沟通方式来改善农村地区的社会管理，这也许是政务微博未来工作的新突破口。

基层政府机构作为国家机构的“毛细血管”，是直接为社会大众提供公共服务的窗口。基层政府机构的执政效能往往直接影响国家的大政方针执行程度，也更能体现政府管理方式的特征和执政理念的转变。

那么是否可以通过微博这种社交媒体来促进农村地区、边远地区的社会管理？如宣传国家基本政策、促进地区间的交流、招商引资等工作是否可以通过政务微博公开进行？笔者认为是可能的。

其中有一个不容回避的问题是：在城市大发展的社会背景下，乡村无疑是“弱势群体”，城乡之间存在不小的数字鸿沟。在基层组织发展政务微博，一方面要加大制度、机制、程序的支持，保障充足的人力、物力供应；另一方面，农村居民的物质生活水平、文化程度和技术素养也是影响政务微博接入和使用的重要因素。这涉及不同地域、不同年龄、不同性别和不同收入群体的微博赋权，包括语言、读写、微博使用等各方面的影响。在农村基层地区发展政务微博、推进地区建设，是一项长期的工程。因此，笔者提倡在大力发展农村、提高农民物质生活水平的同时，推进基层信息公开和电子政务建设。

后　记

自媒体时代的到来使得整个媒介生态发生了深刻变化，而以微博为代表的自媒体，通过对广大民众在个人层面、人际交流层面和社会参与层面的赋权，成功开启了社会话语的平权化变革，构建了舆论监督的公共化空间，催生了社会运动的协作式平台，让普通大众在话语表达、舆论监督和政治参与等方面有了显著的权能扩充与能力提升，其对社会信息传播的解放力量，开启了政治权力"信息化"的转移进程，由此在社会生活的多个层面带来了广泛而深刻的影响。"微博问政"也是在这种环境下得以产生并深入人心。

政务微博的应运而生，作为政治在互联网上的一个重要延伸和电子政务为公众提供公共服务的一个突破，一经出现就受到广大民众的欢迎。在本书中，首先，我们认为，执政环境变化促使政府的社会管理范围由现实延伸到网络，并需要利用政务微博进行网络舆情管理，主动承担起相应的社会责任。其次，民众对政务微博的关注是一种"有条件的关注"，而平等姿态的网络空间对话则是政务微博"存在"的根本，因此需要以坦诚、平等的态度作为政务微博与民众互动的基础，放低姿态，跳出官腔官话窠臼。再次，政务微博的开通缩短了政府与民众的距离，使得信息传播渠道更为畅通，这些都是运用微博传播良好政府形象的优势所在，而这个基础则是政府需要利用微博进一步促进政务信息的公开，将政务微博的政务信息公开纳入日常工作计划，实现政务信息从申请公开向主动公开转化。最后，我们还认为，当前的政务微博主要处于"问政"阶段，是在以信息传播为主的基础上实现政务信息公开和提供公共服务，而在未来的发展里，政务微博最终将会从"问政"走向"施政"。

此外，本书在编撰过程中，走访了有关党政部门的领导和公务人员，吸纳了他们在操作中的经验，听取了他们的建议和在工作中使用微博的困惑。针对这些问题，本书中都有体现。因此，本书是针对当前政务微博使用中存在的问题编撰而成，我们归纳为16个要诀。

本书由薛国林、王厚启制订编写计划和大纲，最后由薛国林、王厚启修改定稿。具体分工如下：

第一章、第五章 赵晶；第二章、第十二章 王厚启；第三章、第十一章 许晓洁；第四章 宋清；第六章、第十六章 王红丽；第七章、第八章 朱玉璞；第九章、第十四章 张彩阳；第十章 邹夏菲；第十三章、十五章 刘艳。

书中难免有不当之处，敬请指正。

薛国林　王厚启

2013年5月15日